Für Werner H. Kelber

Vorwort

Seit einigen Jahren beschäftigen mich Fragen nach der frühen Jesusüberlieferung: den Möglichkeiten ihrer Rekonstruktion, ihrem Zusammenhang mit der Entstehung des christlichen Glaubens sowie ihrer Einbindung in eine Geschichte des Urchristentums. Diese, für die neutestamentliche Wissenschaft – wie für die christliche Theologie überhaupt – grundlegenden Fragen werden in neuerer Zeit wieder verstärkt diskutiert. In den hier vorgelegten Studien wird nach den Voraussetzungen, den Plausibilitäten sowie den historischen Konsequenzen dieser Entwicklung gefragt. Dabei werden zugleich Vorschläge zur Beantwortung der oben genannten Fragen unterbreitet.

Die Grundlage des Buches bilden einige Beiträge, die zuvor an anderen Orten publiziert wurden. Sie waren jedoch von Anfang an als Teile eines zusammengehörigen Projektes konzipiert worden. Für die Publikation dieses Bandes wurden sie grundlegend überarbeitet, ergänzt und aufeinander abgestimmt. Zugleich wurde jedoch Wert darauf gelegt, daß jedes Kapitel auch in überarbeiteter Fassung als in sich geschlossene Studie gelesen werden kann.

In zahlreichen inspirierenden und hilfreichen Gesprächen habe ich Anregungen und Denkanstöße erhalten, die in diese Studien eingegangen sind. Besonders danken möchte ich hierfür Werner Kelber, Bernard Lategan, Jörn Rüsen, Cilliers Breytenbach und David du Toit. Die offene Atmosphäre am Fachbereich Evangelische Theologie der Universität Hamburg hat das Ihre zur Arbeit an dem Band beigetragen.

Danken möchte ich des weiteren Prof. Dr. Ferdinand Hahn sowie Prof. Dr. Wolfgang Schrage für die Aufnahme des Bandes in die Biblisch-Theologischen Studien, Dr. Volker

Hampel für seine freundliche und stets hilfsbereite Betreuung sowie meiner studentischen Hilfskraft Antje Eddelbüttel für ihre Hilfe beim Korrekturlesen.

Das Buch ist Werner H. Kelber gewidmet, mit dem mich nicht nur ein gemeinsames fachliches Interesse, sondern darüber hinaus eine freundschaftliche Beziehung verbindet. Er hat die neutestamentliche Wissenschaft durch seine Arbeiten zur Mündlichkeitsforschung um eine wichtige Perspektive bereichert. Diese Sicht wird unser Bild von der Entstehung der Evangelien, das gewöhnlich in den Grenzen eines literarischen Paradigmas verbleibt, vermutlich noch nachhaltig beeinflussen und verändern. Werner Kelber verfolgt diesen Weg, der abseits ausgetretener Pfade durch faszinierendes Neuland führt, beharrlich seit vielen Jahren. Dafür gebühren ihm Respekt und Anerkennung.

Inhalt

Einleitung

Seit etwa zwei Jahrzehnten zieht die Frage nach dem historischen Jesus wieder verstärktes Interesse auf sich. Die wesentlichen Anstöße für diese Wiederbelebung der Diskussion stammen aus dem nordamerikanischen Bereich. In programmatischer Absetzung von früheren Forschungsphasen spricht man hier von einer „Third Quest" und bringt damit zum Ausdruck, daß man sich der Frage nach Jesus auf eine gegenüber vorangegangenen Forschungsetappen neue Weise zuwenden möchte.

Für viele Neutestamentler (gemeint sind immer auch die Neutestamentlerinnen) im europäischen Raum kam dieser Aufbruch überraschend. Er hat jedoch auch hier auf eigene Weise zum Überdenken alter Forschungskonsense geführt. Dieser Prozeß ist keineswegs abgeschlossen. Er betrifft nicht nur die Frage, wie wir uns aus späterer Perspektive auf die in verschiedenen Schriften auf je eigene Weise gedeutete Person Jesus von Nazaret beziehen, sondern berührt darüber hinaus die Reflexion der Möglichkeiten und Grenzen einer Rekonstruktion der Anfänge des christlichen Glaubens überhaupt. In der gegenwärtigen Situation erscheint es angemessen, einige Überlegungen zu den hiermit verbundenen methodischen Prämissen und exegetischen Problemen anzustellen.

Die hier vorgelegten Studien verstehen sich vor diesem Hintergrund als Anstöße für eine notwendige Diskussion innerhalb der neutestamentlichen Wissenschaft. Sie wollen zu methodologischen Reflexionen anregen, die die Auslegung der frühchristlichen Schriften mit erkenntnistheoretischen, sprachwissenschaftlichen und hermeneutischen Einsichten vermittelt. Eine derartige Besinnung auf die Prämissen exegetischen Arbeitens ist sowohl für die methodologische Basis des Faches selbst als auch für den interdisziplinären Dialog erforderlich. Sie wird hier vornehmlich im Blick auf solche Aspekte vorgenommen, die sich aus geschichtstheoretischen Erkenntnissen für die Jesusforschung sowie für Entwürfe einer Geschichte des Urchristentums ergeben[1].

Dies geschieht in enger Bindung an die Interpretation der Quellen, der eine solche Besinnung dienen soll. Auf dieser liegt deshalb ein zweiter Schwerpunkt. Die Diskussion um den historischen Jesus und die Anfänge des christlichen Glaubens ist hierfür ein besonders geeignetes, weil methodische und historische Fragen gleichermaßen berührendes Feld. Daß ihr innerhalb der christlichen Theologie zudem eine zentrale Rolle zukommt, bedarf keiner weiteren Begründung. In den hier vorgelegten Studien werden insbesondere solche Texte diskutiert, die den christlichen Glauben auf die bewahrende Erinnerung an Jesu Wirken und Geschick gründen. Damit tritt zugleich ein die Entstehung der Christologie auf eigene Weise beleuchtender Bereich in den Blick.

Die Jesusfrage muß als eine historische erkenntnistheoretisch bedacht werden. Im ersten Kapitel wird sie deshalb in den Kontext geschichtstheoretischer Überlegungen gestellt. Sich vergangener Personen und Ereignisse zu erinnern, diese Erinnerungen zu einem Bestandteil der eigenen Identität werden zu lassen, bedeutet eine bewußte Zuwendung zur Vergangenheit, die als bedeutsam für die eigene Gegenwart und Zukunft angesehen und deshalb bewahrt wird. Vergangene Ereignisse sind dabei nicht einfach mit ihrer späteren Aufnahme in historische oder biographische Erzählungen identisch. Sich des Vergangenen zu erinnern, bedeutet vielmehr einen produktiven Akt, in dem manches aufbewahrt, anderes dagegen dem Vergessen anheim gegeben wird. Die Konsequenzen dieser Einsichten für Jesusdarstellungen in der Zeit des historisch-kritischen Bewußtseins sollen im zweiten Kapitel untersucht werden.

---

[1]   Einige generelle methodologische Überlegungen finden sich in *Schröter*, Zum gegenwärtigen Stand der neutestamentlichen Wissenschaft.

Die frühesten literarischen Zeugnisse über Jesus liegen mit dem Markusevangelium und der von Matthäus und Lukas zusätzlich verarbeiteten Logienquelle Q vor. Das dritte Kapitel deutet diese beiden Entwürfe als „produktive Erinnerungsschriften", die den erkennbaren Ausgangspunkt der Wirkungsgeschichte des irdischen Jesus darstellen. Dabei lassen sich nicht nur parallele Traditionen feststellen, die auf einen gemeinsamen Überlieferungsbereich hinweisen[2]. Markus und Q verbindet vielmehr darüber hinaus die Konstruktion einer Zeitspanne, innerhalb derer das Wirken Jesu angesiedelt wird. Diese wird durch das Auftreten des Täufers einerseits, die Wiederkunft des Menschensohnes Jesus andererseits, begrenzt. Die Gegenwart erscheint damit als die Zeit zwischen dem mit Jesu Auftreten verbundenen Anbruch der Gottesherrschaft und ihrer Vollendung bei seiner Wiederkunft.

Im vierten Kapitel wird zur gegenwärtigen Q-Forschung Stellung genommen. Die gegenwärtig virulenten Probleme einer Gattungsbestimmung sowie der Entstehung von Q lassen sich bis an die Anfänge der Q-Hypothese zurückverfolgen. Sie sind deshalb im Rahmen derjenigen geistesgeschichtlichen Konstellation, die mit der Entstehung der Zwei-Quellen-Theorie (von nun ab: ZQT) verbunden ist, zu bedenken. Die Q-Diskussion ist zudem bisher kaum für eine Sichtweise fruchtbar gemacht worden, die die Evangelien als Texte versteht, deren Gesamtkomposition, narrative Strukturen und sprachliche Eigenheiten erfaßt werden müssen, um sie angemessen zu interpretieren. Die hier angestellten Überlegungen wollen die Q-Forschung in dieser Richtung weiterführen, um sie in das in diesen Studien entwickelte Paradigma einzubinden.

Das fünfte Kapitel konkretisiert den vorgestellten Ansatz an einem weiteren für die Jesusforschung zentralen Bereich: der Stellung Jesu zur Tora. Im Hintergrund steht die Frage, ob sich die Absetzung des Christentums vom Ju-

---

[2] Vgl. hierzu *Schröter*, Erinnerung, wo zusätzlich die Analogien des EvThom untersucht werden. Ein Ergebnis dieser Untersuchung lautet, daß Mk und Q historisch und literarisch enger zusammengehören als jede dieser Quellen mit dem EvThom.

dentum bereits mit Jesus selbst in Verbindung bringen läßt
oder es sich hierbei um eine spätere Entwicklung handelt,
die erst allmählich nach Ostern einsetzt. Der Beitrag zeigt,
daß Jesus jedenfalls in einer der frühen Quellen – nämlich
der Logienquelle – nicht als *gesetzeskritisch* dargestellt
wird. Die Frage nach der vermeintlichen Gesetzeskritik
Jesu wäre – nicht nur aus diesem Grund – einer Neubewertung zu unterziehen. Die Logienquelle kann dabei –
neben weiteren, im MtEv aufbewahrten Traditionen[3] – als
Vertreterin der Auffassung angesehen werden, das Christentum sei *innerhalb* der Identitätsmerkmale des Judentums zu definieren. Für die Rekonstruktion einer Geschichte des Urchristentums hat dies nicht unerhebliche
Konsequenzen.

Die Frage nach den frühen Rezeptionen des Wirkens und
Geschickes Jesu kann nur im größeren Zusammenhang der
Entstehung der Christologie bedacht werden. Die neuere
Jesusdiskussion ist auch diesbezüglich von Bedeutung.
Zum einen sind die traditionsgeschichtlichen Hintergründe
einiger wichtiger Hoheitsbezeichnungen Jesu erneut zu
diskutieren. Des weiteren kann das Netz zwischen seinem
Wirken und der Ausbildung christologischer Überzeugungen vermutlich enger geknüpft werden als in der Forschung mitunter angenommen. Damit wäre zugleich eine
Brücke zwischen vor- und nachösterlicher Zeit geschlagen. Das sechste Kapitel unternimmt einen Vorstoß in diese Richtung, indem es der Frage nachgeht, wie sich die
Auffassung von der Bedeutung Jesu im MkEv und der Logienquelle vergleichend beschreiben läßt. Dabei zeigt sich,
daß in denjenigen Entwürfen, die in enger Bindung an sein
Wirken und Geschick verfaßt wurden, dem von Jesus
selbst verwandten Menschensohn-Ausdruck eine zentrale
Bedeutung zukommt. Dieser stellt darum auch den Horizont für seine Deutung als Christus und Sohn Gottes dar.

---

[3]   Zu nennen wäre auch die in Apg 15,1.5 sowie in Gal 2,11-14
erkennbar werdende, in Jerusalem offenbar einflußreiche Position,
die eine Übernahme der Identitätsmerkmale des Judentums durch
die Christusgläubigen forderte.

Im Horizont dieser Überlegungen liegt schließlich die Konzeption einer Geschichte des Urchristentums. Auf die alte Frage „Jerusalem und Galiläa" könnte von der gegenwärtigen Jesusdiskussion her neues Licht fallen. Lassen sich die Aufnahme der Jesusüberlieferung sowie die hiermit verbundene Ausprägung christologischer Überzeugungen als ein gegenüber der Entstehung der Jerusalemer Gemeinde eigenständiger Strang der urchristlichen Geschichte wahrscheinlich machen, wären die Entwicklungen der ersten Jahrzehnte neu zu überdenken. Argumente für eine solche Sicht werden im siebten Kapitel zur Diskussion gestellt. Sie führen vor die Frage, ob trotz der in der historisch-kritischen Forschung herausgearbeiteten *Pluralität* von einer *Kohärenz* der urchristlichen Geschichte gesprochen werden kann[4].

In der Schlußbetrachtung wird der eingeschlagene Weg im Blick auf seine wichtigsten Resultate resümiert. Der Bereich der Jesusüberlieferung, maßgeblich repräsentiert durch Markus und Q, besitzt eigene Merkmale, die aus der narrativen Verarbeitung von Wirken und Geschick Jesu herrühren und gegenüber dem (vor)paulinischen „Kerygma" eigenständig sind. Gleichwohl zerfällt die urchristliche Geschichte damit nicht in zwei völlig disparate Bereiche. Die Auffassung, Jesus sei in einzigartiger Weise der Repräsentant Gottes, läßt sich vielmehr hier wie dort feststellen. Wird sie innerhalb der Jesusüberlieferung auf eigene, an der Überzeugung von der jetzt anbrechenden Gottesherrschaft sowie am Menschensohn Jesus als deren Repräsentanten ausgerichtete Weise formuliert, so tut sich hier ein Bereich urchristlicher Theologiegeschichte auf, der erst später mit dem Bekenntnis zu Jesus als dem erhöhten Herrn sowie der Auffassung seines Sterbens für die Sünden anderer verbunden wurde. Sollte sich diese historische Entwicklung plausibel machen lassen, so könnte hierin ein wichtiger Ertrag der neuen Jesusdiskussion im Blick auf die Geschichte des Urchristentums liegen.

---

[4] Vgl. hierzu auch *Schröter*, Partikularität und Inklusivität.

I
Die Frage nach dem historischen Jesus und der Charakter historischer Erkenntnis

Die Frage nach der historischen Person Jesus von Nazaret ist zentral für das Christentum als einer Religion, die sich an ihre geschichtlichen Ursprünge gebunden weiß. Eine gegenwärtige Beschäftigung mit dieser Frage unterliegt dabei den Verstehensbedingungen des historischen Bewußtseins der Neuzeit. Dieses hat sich in der Aufklärung herausgebildet und im 19. Jahrhundert zur Entstehung von Geschichte als einer eigenen, auf Empirie gegründeten wissenschaftlichen Disziplin geführt[5]. Jeder rational verantwortete Bezug auf die Vergangenheit erfolgt angesichts dieser geistesgeschichtlichen Situation. Die Jesusfrage ist deshalb im Horizont derjenigen Entwicklungen zu bedenken, die sich seit dem Durchbruch des neuzeitlichen historischen Bewußtseins in der Geschichtswissenschaft vollzogen haben. Den größeren Rahmen stellt dabei die Hermeneutik als Reflexion auf den Prozeß historischen Verstehens dar[6].

[5] Vgl. *Iggers*, Geschichtswissenschaft, 16-25. Die für den Historismus zentrale Auffassung von der Einmaligkeit und Individualität aller historischen Erscheinungen wurde freilich gerade in kritischer Auseinandersetzung mit der Aufklärungsphilosophie gewonnen. Auf der anderen Seite stellen die Naturrechtsidee und der Fortschrittsgedanke der Aufklärung, gerade auch dann, wenn sie im entstehenden Historismus kritisch beurteilt wurden, wichtige Voraussetzungen für die Entstehung des konsequent geschichtlichen Denkens dar. Beide Richtungen haben somit auf je eigene Weise zur Entstehung des historischen Bewußtseins der Neuzeit beigetragen und können deshalb unter diesem Blickwinkel zusammengefaßt werden. Vgl. hierzu auch *Jäger/Rüsen*, Geschichte des Historismus, 11-40.

[6] Daß historische Arbeit von einer Methodik der Textinterpretation nicht zu trennen ist, ist evident, seit *Ranke* und *Droysen* die historische Forschung methodisch auf das Studium der Quellen gegrün-

Eine Ausgangsüberlegung bezieht sich auf den Charakter geschichtlicher Überlieferung. Nach Johann Gustav Droysen, dem Begründer der neuzeitlichen Historik, ist die Vergangenheit in den Quellen so überliefert, „wie menschliches Verständnis sie aufgefaßt und sich geformt hat, zum Zwecke der Erinnerung"[7]. Diese Formung der Vergangenheit erfolgt durch ihre Versprachlichung. Sprache bildet jedoch Wirklichkeit nicht einfach ab, sondern ist ein Zeichensystem, das unsere Wahrnehmung der Wirklichkeit in bestimmter Weise steuert[8]. Wird Vergangenheit durch die Quellen somit in das System der Sprache überführt[9], so ist deutlich, daß jede historische Quelle zugleich eine Interpretation derjenigen Ereignisse ist, die sie repräsentiert. Wir haben demzufolge keinen unmittelbaren, sondern einen durch die Quellen vorstrukturierten Zugang zur Vergangenheit. In dieser Hinsicht unterscheiden sich die Evangelien zunächst nicht von anderen historischen Quellen: Sie berichten, wie andere Quellen auch, in sprachlicher Form vom Wirken und Geschick einer Person

---

det und damit zu einem wichtigen Teil als eine philologische Tätigkeit bestimmt haben. Damit war zugleich die Verbindung zwischen Geschichtswissenschaft und Hermeneutik vorbereitet, insofern deutlich wurde, daß das Verstehen vergangener Ereignisse einer hermeneutischen Reflexion bedarf. Nicht bei *Ranke*, wohl aber in *Droysens* Historik wird diese Fragestellung ausdrücklich thematisiert. Man kann dieses Verhältnis schlagwortartig so skizzieren, daß *Droysen* das hermeneutische Problem in die Geschichtswissenschaft eingeführt hat, während *Dilthey* und *Gadamer* eine Historisierung der Hermeneutik vorgenommen haben. Für eine heutige Grundlegung der Geschichtstheorie sind diese Ansätze mit den Entwicklungen in der Sprachwissenschaft seit dem *linguistic turn* in Beziehung zu setzen.

[7]   *Droysen*, Historik, 427. *Droysen* unterscheidet beim „historischen Material" die „Quellen" von den „Überresten". Der Unterschied besteht darin, daß sich die Quellen bewußter Formung der Vergangenheit *zum Zweck der Erinnerung* verdanken, wogegen die Überreste unmittelbare Zeugnisse darstellen, wie etwa Gesetze, Korrespondenzen oder Rechnungen (a.a.O., 426).

[8]   Einen guten Überblick hierzu bietet *Lategan,* Reference, der die Ansätze *Ricoeurs* und *Ecos* aufgreift.

[9]   Vgl. *Lorenz*, Konstruktion, 28-33. Wichtige Ausführungen finden sich auch bei *Mommsen*, Sprache, bes. 65-81.

der Vergangenheit. Zweifellos sind sie damit noch nicht hinreichend beschrieben. Nach den Evangelien wäre es gerade nicht angemessen, Jesus *nur* als eine Person der Vergangenheit zu verstehen. Dennoch ist seine Bedeutung nicht *ohne* sein irdisches Wirken zu erfassen. Aus diesem Grund wird die Erinnerung daran bewahrt, weshalb die Evangelien als historische Quellen aufgefaßt werden können.

Für die Jesusforschung unter den Bedingungen des neuzeitlichen historischen Bewußtseins ergibt sich hieraus die Frage, wie sich die in den frühen Zeugnissen überlieferten Ereignisse des Wirkens und Geschicks Jesu zu der „historischen Wirklichkeit" verhalten. Einerseits ist deutlich, daß jeder Zugang zur Person Jesu auf die Quellen angewiesen ist, die über ihn Auskunft geben. Andererseits verbietet es das kritische Bewußtsein, die in diesen entworfenen Bilder mit der Vergangenheit gleichzusetzen. Wie aber ist dann ein Zugang zu der „historischen Wirklichkeit" *hinter* den Quellen möglich, wenn diese nur *in* den Quellen aufbewahrt ist und jeweils neu *durch Interpretation* der Quellen erhoben werden muß? Dieser Frage soll im Folgenden nachgegangen werden. Eingesetzt wird mit einigen Bemerkungen zum gegewärtigen Diskussionsstand in der Jesusforschung.

1   Die Wiedergewinnung der historischen Dimension der Jesusfrage in der „Third Quest"

1.1 Charakteristika der „Third Quest"

a) Ein wichtiges Merkmal der in den achtziger Jahren einsetzenden und sich bald als „Third Quest" bezeichnenden Jesusforschung[10] liegt in der Betonung der *historischen Dimension* der Jesusfrage[11]. Die durchaus unterschiedli-

---

[10]   Einen instruktiven Überblick über die neuere Diskussion bietet *Telford*, Major Trends. Für die Literatur bis zur Mitte der 90er Jahre vgl. zudem *Evans*, Life of Jesus Research.

[11]   Vgl. *Meier*, Present State. *Meier* fordert eine „purely empirical, historical quest for Jesus that prescinds from or brackets what is

chen Jesusdarstellungen dieser, im deutschsprachigen
Raum bislang nur ansatzweise rezipierten[12] Forschungse-
tappe stimmen darin überein, daß sie sich als Produkte historischer Forschung, basierend auf einer intensiven Auswertung der verfügbaren Quellen, verstehen.

Damit verbunden ist ein kritischer Akzent gegenüber einer
früheren Forschungsphase, die mit Namen wie Martin
Kähler, Albert Schweitzer, Rudolf Bultmann und Günther
Bornkamm verbunden ist. Dieser wird vorgeworfen,
theologische Interessen mit der historischen Fragestellung
vermischt zu haben, wodurch die letztere nicht wirklich zu
ihrem Recht gekommen sei[13]. Erkennbar werde dieses Defizit daran, daß ihre Darstellungen nicht an einem aus den
maßgeblichen Quellen gewonnenen Bild des Judentums
orientiert seien[14]. Von anderen Forschern wird dagegen
vor allem die Vernachlässigung der außerkanonischen
Quellen über Jesus beklagt, die zu einer einseitigen Bevor-
zugung der kanonischen Evangelien geführt habe.

Die neue Zuwendung zu den Quellen ist demgegenüber
zum einen durch eine umfassende Berücksichtigung derjenigen Zeugnisse gekennzeichnet, die für die Beschreibung
des politischen, religiösen, kulturellen und sozialen Umfeldes Jesu zur Verfügung stehen. Anders als in früheren
Darstellungen wird deshalb der zeitgeschichtliche Rahmen
durch eine detaillierte Analyse des entsprechenden literarischen, epigraphischen und archäologischen Materials erfaßt, um die Person Jesu aus ihrem historischen Umfeld
heraus zu verstehen[15]. Dies hat dazu geführt, Jesus in we-

---

known by faith" (463). Vgl. weiter *Evans*, Jesus and his Contemporaries, 10f.: „Unlike earlier quests, the Third Quest is not driven by
theological-philosophical concerns. There has been a shift away
from a philosophical orientation to a historical orientation."

[12]   Am weitesten in die Richtung der „Third Quest" bewegt sich
das Buch von *Theissen/Merz*, Jesus. Die hermeneutische Grundlegung (a.a.O., 31) ist freilich anders gelagert als in den soeben (s. die
vorige Anm.) angeführten Zitaten.

[13]   Vgl. *Meier*, A Marginal Jew, I, 25-31.

[14]   Vgl. *Sanders*, Jesus and Judaism, 23-51.

[15]   Vgl. etwa *Charlesworth*, Jesus within Judaism. *Charlesworth*
geht auf die atl. Pseudepigraphen, die Qumranrollen, die Nag Hammadi Codices und Josephus sowie archäologische Daten als histori-

sentlich stärkerem Maß, als dies zuvor der Fall war, als
einen galiläischen Juden des 1. Jahrhunderts zu sehen und
nicht in Absetzung vom jüdischen Kontext zu zeichnen.

Wird etwa noch im Jesusbuch von Günther Bornkamm das Bild des
Judentums mit Hinweisen auf den Kommentar von Paul Billerbeck
fundiert und der Verkündigung Jesu als Kontrast gegenübergestellt[16], so wird in neueren Darstellungen Jesu Wirken in das Spektrum eines in sich vielfältigen Judentums eingezeichnet, dessen
Merkmale aus den jüdischen Quellen selbst erhoben werden[17]. Die
Einordnung in das – selbst differenziert wahrzunehmende – Judentum Palästinas kann somit als eines der wichtigen Charakteristika
der neuen Jesusforschung angesehen werden[18].

Eine Konsequenz dieser Neuorientierung ist, daß sich for-
schungsgeschichtlich einflußreiche Kategorien wie „zwi-

schen Kontext Jesu ein. Vgl. auch seinen Überblicksartikel: Jesus,
Early Jewish Literature, and Archaeology.

[16]   *Bornkamm*, Jesus. Markant kommt dies in dem Kapitel „Der
Wille Gottes" (a.a.O., 85-126) zum Ausdruck, wo Jesu Haltung zum
Gesetz „jüdischer Gesetzlichkeit" kontrastiert wird. In dem seit der
10. Auflage (1975) beigefügten Nachwort (a.a.O., 205-211) hat
Bornkamm in Erwiderung auf Einwände von *Keck* noch einmal bekräftigt, daß sich Jesu Gesetzesverständnis sowie seine Botschaft
vom anbrechenden Gottesreich vom „traditionell jüdischen Verständnis" abheben. Die Darstellung des Judentums hat sich auch seit
der überarbeiteten und ergänzten Fassung, die dann wiederum verschiedene Auflagen erlebt hat, nicht entscheidend verändert und
wird auch nicht auf eine breitere Quellenbasis gestellt.

[17]   Wesentlich anders als bei *Bornkamm* lesen sich etwa die Ausführungen über Jesu Stellung zum Gesetz bei *Becker*, Jesus, 337-
387, wo diese in das Spektrum jüdischer Positionen seiner Zeit eingezeichnet wird und gerade auf diese Weise in ihrem eigenständigen
Profil zutage tritt. Sein Fazit (a.a.O., 387) „So bleibt Jesu Standpunkt innerjüdisch und ist doch zugleich eine relativierende Um-
wertung der Reinheitstora mit den Folgen von Toraverletzungen
beim Nahen der Gottesherrschaft anläßlich von Wundern und Mahl-
zeiten." unterscheidet sich charakteristisch von Urteilen, wie sie
etwa von *Käsemann* oder *Bornkamm* gefällt wurden.

[18]   Dies kommt schon durch einen Blick auf Titel von charakteristischen Jesusbüchern der „Third Quest" zum Ausdruck: *Vermes*,
Jesus the Jew; *Sanders*, Jesus and Judaism; *Charlesworth*, Jesus
within Judaism; *Meier*, A Marginal Jew; *Charlesworth*, Jesus' Jewishness; *Chilton/Evans*, Jesus in Context.

schentestamentlich", „normatives Judentum" oder „häretisch werdendes Judenchristentum" für eine historische
Analyse als untauglich erweisen[19]. Eine weitere Konsequenz ist die Neuformulierung derjenigen Kriterien, die
seit der sog. „Neuen Frage" in der Jesusforschung als heuristische Prinzipien entwickelt worden sind. Das im deut-
schen Sprachraum von Gerd Theissen und Dagmar Winter
anstelle des Differenzkriteriums in den Vordergrund gestellte Kriterium der historischen Kontext- und Wirkungsplausibilität bringt diese Ausrichtung treffend zum Ausdruck. Wird die Jesusfrage an die Prinzipien historischer
Forschung gebunden, müssen sich die Darstellungen daran
messen lassen, ob sie Jesus auf überzeugende Weise in den
jüdischen Kontext Palästinas im 1. Jahrhundert einzeichnen[20].
Die historische Kontext- und Wirkungsplausibilität impliziert eine Neubewertung des Verhältnisses des Wirkens
Jesu zur Entstehung der Christologie. Wurde dieses in der
älteren Forschung entweder so beurteilt, daß die Geschichte des Urchristentums erst mit den Auferstehungs-
zeugnissen datiere und somit auch die Christologie als ein
nachösterliches Phänomen zu betrachten sei, oder aber,
daß bereits mit Jesus selbst die Trennung vom Judentum
datiere, so tritt an deren Stelle nunmehr verstärkt das Bemühen, Jesus und die von ihm initiierte Bewegung als in-
nerjüdische Phänomene verständlich zu machen.

b) Eine zweite Facette der Erweiterung der Quellenbasis
betrifft die programmatische Einbeziehung außerkanonischer Quellen[21]. Deren Beurteilung ist allerdings strittig.
Die Einschätzung des historischen Quellenwertes der apo-

---

[19] Vgl. *Charlesworth*, Foreground, bes. 65-70, wo sich eine Pro-
blematisierung dieser Termini findet.
[20] Vgl. *Theissen/Winter*, Kriterienfrage, bes. Teil III: Das historische Plausibilitätskriterium als Korrektur des Differenzkriteriums:
Methodologische Aspekte der Kriterienfrage, a.a.O., 175-232.
[21] Einen prominenten Entwurf dieser Forschungsrichtung stellt
Crossan, Jesus, dar. Ein Modell, in dem die Evangelienliteratur auf
der Grundlage vorausliegender Quellenschriften erklärt wird, hat
Koester, Gospels, vorgelegt. Vgl. auch *Theissen/Merz*, Jesus, 38-41.

kryphen Jesusüberlieferung divergiert ebenso wie die
Möglichkeit, aus den jüngeren Schriften ältere Vorlagen
literarkritisch rekonstruieren zu können, unterschiedlich
eingeschätzt wird. Nur einige Vertreter der neuen Jesusforschung halten es deshalb für wahrscheinlich, durch
Einbeziehung von Fragmenten außerkanonischer Evangelien und Schriften aus Nag Hammadi (oder hinter diesen
vermuteter Vorlagen) die Quellenbasis für das 1. Jahrhundert maßgeblich erweitern zu können. Unstrittig ist dagegen, daß die spätere Kanonisierung einer Schrift von der
Frage nach ihrem historischen Quellenwert zu unterscheiden ist. Auch wo die synoptischen Evangelien weiterhin
als die maßgeblichen Zeugnisse über Jesus betrachtet werden, wird dies nicht mit ihrer Kanonisierung, sondern mit
einem Urteil über ihren historischen Quellenwert begründet[22].

c) Es ist somit deutlich, daß die neue Phase der Jesusforschung ihren Beitrag vornehmlich in einer erneuten, aus-
geweiteten Beschäftigung mit den Quellen sieht. Dabei ist
jedoch strittig, ob die Nag Hammadi-Schriften und pagane
popularphilosophische Texte oder aber jüdische Quellen
für eine Beschreibung des historischen Umfeldes Jesu
maßgeblich sind[23]. Wäre ersteres der Fall – was hier für
wahrscheinlicher gehalten wird – dann ließe sich die apokryphe Jesusüberlieferung nicht ohne weiteres für die *Anfänge* der Rezeption des Wirkens Jesu auswerten, da sie
sich von seiner ursprünglichen historischen Verwurzelung
bereits entfernt hat.

---

[22]   Vgl. etwa *Karrer*, Jesus Christus, 183: „Das Neue Testament
bietet nach wie vor den repräsentativsten Querschnitt durch das insgesamt mögliche Jesusgut. Der Schwerpunkt liegt auch nach kritischer Prüfung der Quellenlage auf ihm." Zu einem ähnlichen Resultat gelangt *Meier*, A Marginal Jew, I, 140: „Contrary to some
scholars, I do not think that the rabbinic material, the *agrapha*, the
apocryphal gospels, and the Nag Hammadi codices (in particular the
Gospel of Thomas) offer us reliable new information or authentic
sayings that are independent of the NT." Vgl. auch *Charles-
worth/Evans*, Jesus in the Agrapha and Apocryphal Gospels.
[23]   Vgl. hierzu etwa die Kritik an *Crossan* und dem *Jesus Seminar*
von *Evans*, Jesus and his Contemporaries, 26-45.

Das zuvor einflußreiche Argument, die Frage nach dem historischen Jesus sei theologisch unfruchtbar und historisch aufgrund des Charakters der Quellen nicht wirklich zu beantworten, hat seine Überzeugungskraft in der neuen Diskussion dagegen weitgehend eingebüßt. Einer solchen Position hat die „Third Quest" entgegengehalten, es sei nicht plausibel, wenn sich theologische Forschung von der Jesusfrage mit der Begründung zurückziehen würde, der Glaube dürfe nicht auf historische Tatsachen gegründet werden. Vielmehr sei es eine notwendige, mit Hilfe der zur Verfügung stehenden Quellen auch durchaus lösbare Aufgabe, ein Bild der historischen Person Jesu und ihrer Wirksamkeit zu entwerfen[24].

Die hermeneutische Frage nach der Aneignung der Vergangenheit ist in der neueren Diskussion dagegen weitgehend in den Hintergrund getreten[25]. Die notwendige Diskussion über bereits bekannte und neu hinzugekommene Texte muß jedoch auf der Grundlage eines geschichtsmethodologisch reflektierten Modells geführt werden, welches Vergangenheit und deren spätere Rekonstruktion zueinander in Beziehung setzt. Droysen hatte diesbezüglich „Heuristik", „Kritik" und „Interpretation" als drei Arbeitsschritte unterschieden und die Beschäftigung mit dem historischen Material damit bereits im Ansatz in ein hermeneutisches Verfahren integriert[26].

Um diese Einsichten fruchtbar zu machen, sollen im nächsten Abschnitt zunächst zwei Argumente diskutiert werden, die in der Jesusforschung eine wichtige Rolle gespielt haben und für eine geschichtsmethodologische Grundle-

[24] Vgl. etwa *Crossan*, Jesus, xxvii–xxxiv; *Meier*, A Marginal Jew, I, 140.

[25] Sie wird allerdings ausdrücklich thematisiert bei *Theissen/Winter,* Kriterienfrage. Auch dem Jesusbuch von *Theissen/Merz* steht eine hermeneutische Reflexion voran.

[26] Vgl. *Droysen*, Historik, 230f.: „Diese erkannte historische Wahrheit ist freilich nur relativ die Wahrheit; es ist die Wahrheit, wie sie der Erzähler sieht, es ist die Wahrheit von s e i n e m Standpunkt, seiner Einsicht, seiner Bildungsstufe aus; in einer verwandelten Zeit wird sie, kann sie anders erscheinen; man könnte sagen, jede Zeit hat von neuem die Gesamtheit der Geschichte durchzuarbeiten, zu begreifen." (Gesperrt im Original.)

gung vorab zu bedenken sind. Der Blick ist auf zwei Kor-
rekturen zu lenken, die gegenüber Positionen der älteren
Jesusforschung anzubringen sind. Die Namen, mit denen
diese Positionen verbunden sind, lauten Albert Schweitzer
und Martin Kähler.

1.2 Jesusfrage und historische Forschung

a) Einen Wendepunkt der Forschung stellte Albert
Schweitzers Werk „Geschichte der Leben-Jesu-
Forschung" dar. Die Kritik an den von ihm untersuchten
Darstellungen des 19. Jahrhunderts lautete, sie hätten sich
einer naiven Angleichung der Person Jesu an ihre eigene
Wirklichkeitssicht schuldig gemacht. Demgegenüber for-
derte Schweitzer, die Fremdheit Jesu als eines jüdischen
Apokalyptikers zu wahren, dessen Weltsicht sich nicht in
unsere Zeit übertragen lasse. Diese Respektierung seiner
Fremdheit erachtete Schweitzer als die einzig angemessene Form eines Bezugs auf Jesus. Den Ertrag historischer
Jesusforschung beurteilte er darum negativ: Der Jesus, den
sie in die Gegenwart holen wollte, hat nie existiert[27].
Die Unvereinbarkeit des Weltverständnisses Jesu mit gegenwärtiger Wahrnehmung der Wirklichkeit ist freilich
selbst einer bestimmten Auffassung über das Verhältnis
von Vergangenheit und Gegenwart verpflichtet. Schweitzer beschreibt dieses als Kontrast: Zwar sei es geschichtlicher Erkenntnis möglich, Gegenwart und Vergangenheit
zu versöhnen, sie könne jedoch niemals Gegenwart aufbauen, ohne ihr historisches Fundament unzulässig zu ver-
einnahmen[28].
Diese Auffassung macht zu Recht auf die Gefahr eines
Bezugs auf die Vergangenheit aufmerksam, bei dem die
Quellen nur noch als Bestätigung, jedoch nicht mehr als
Korrektur und Infragestellung der Gegenwart wahrgenommen werden. Ihre Grenze hat diese Position indes
darin, daß sie einen von geschichtlicher Erkenntnis unab-

---

[27]   *Schweitzer*, Geschichte, 620f.
[28]   A.a.O., 621.

hängigen Bezug auf die Vergangenheit postuliert[29]. Damit
unterläuft sie jedoch die Einsicht, daß *jede* Rekonstruktion
der Vergangenheit aus der jeweiligen Perspektive der Gegenwart vorgenommen wird. Eine hiervon ausgenommene
Beschäftigung mit den Quellen, die des „wahren, unerschütterlichen historischen Fundaments" ansichtig würde,
kann es dagegen nicht geben, denn vergangene Wirklichkeit ist nie objektiv, sondern nur durch Interpretation des
historischen Materials zugänglich[30].
Aus der Kritik an Schweitzer folgt somit, daß sich die Jesusforschung als historische Disziplin um eine methodologische Basis der Interpretation der Quellen bemühen muß.
Grundlegend hierfür ist die Einsicht neuzeitlicher Geschichtswissenschaft, Dokumente der Vergangenheit seien
aus ihrem eigenen Kontext heraus zu verstehen, eigene
Deutungen und Werturteile demnach nicht ungebrochen in
diesen wiederzufinden[31]. Der perspektivische Charakter
historischen Urteils ermöglicht es gerade, die Zeugnisse
der Vergangenheit in ihrem Eigencharakter wahrzunehmen und von der eigenen Zeit zu unterscheiden[32]. Wenn
dies in der Leben-Jesu-Forschung des 19. Jahrhunderts *de
facto* nicht oder nur ungenügend geschehen ist, so stellt
dies die Möglichkeit historischen Erkennens in bezug auf
die Person Jesu nicht *prinzipiell* in Frage. Vielmehr liegt in
der Verhältnisbestimmung von Gegenwart und Vergangenheit genau das Problem historischer Forschung.
Das Wesen historischer Erkenntnis ist somit dadurch charakterisiert, die Deutung der jeweiligen Gegenwart durch
eine Konfrontation mit der Vergangenheit einem Span-

---

[29] Ebd.: „Die Arbeit, welche die historische Theologie durchfüh-
ren zu müssen glaubte … ist nur die Backsteinumkleidung des wahren, unerschütterlichen, historischen Fundaments, das von jeder geschichtlichen Erkenntnis und Rechtfertigung unabhängig ist, weil es
eben da ist."
[30] Vgl. *Lorenz*, Konstruktion, 62-64.
[31] Vgl. *Koch*, Form, 39f.
[32] *Koselleck* hat den Durchbruch zu dieser Einsicht mit *Chladenius*
in Verbindung gebracht. Vgl. sein Vorwort zu *Chladenius*, Geschichtswissenschaft, VII-IX sowie *ders.*, Vergangene Zukunft,
184-189. 278-284. 313f. 325f.

nungsverhältnis auszusetzen, durch welches sich beide
verändern[33]. Die Interpretation des historischen Materials
wird so zu einer „Konstruktion der Vergangenheit" (so der
Titel des Buches von Lorenz), die Gegenwart und Vergangenheit in ein dialektisches Verhältnis zueinander setzt,
ohne letztere dem eigenen Vorverständnis unreflektiert
anzugleichen[34]. Dieses Verhältnis wäre somit weder als
bruchlose Kontinuität noch als prinzipielle Diastase zweier
unvereinbarer Welten angemessen bestimmt.

b) Die zweite Korrektur bezieht sich auf das Argument,
christlicher Glaube könne nicht auf historische Tatsachen
gegründet werden. Dieses wurde durch Martin Kählers
Unterscheidung von historischem Jesus und biblischem
Christus wirksam[35], es findet sich dann bei Rudolf Bultmann[36] sowie neuerdings bei Luke Timothy Johnson[37]
wieder und wird mit dem Charakter der Evangelien als aus
der Perspektive des Osterglaubens verfaßter Glaubens-
zeugnisse begründet. Angesichts dessen sei es fragwürdig,
sie als Schriften zu betrachten, die über das Christuszeug-
nis hinaus an der Geschichte Jesu interessiert gewesen sei-
en. Auch diese, gegen eine dem Historismus verpflichtete
Form der Jesusforschung[38] gerichtete Position ist jedoch
zu hinterfragen.
Zweifellos ist die Weise, in der die Evangelien Wirken
und Geschick Jesu verarbeitet haben, bei ihrer historischen

---

[33]   Dies hat auch *Crossan* in einem neueren Beitrag betont. Vgl.
ders., Historical Jesus as Risen Lord, 3: „The past and present must
interact with one another, each changing and challenging the other
… That is the historical dialectic of interactivism and, as distinct
from either narcissism or positivism, it is both possible and necessary … This, then, is my working definition of history: *History is the
past reconstructed interactively by the present through argued evidence in public discourse*" (dort kursiv).
[34]   Das hatte bereits *Bultmann* klar gesehen. Vgl. *ders.,* Ist voraussetzungslose Exegese möglich?
[35]   *Kähler,* Der sogenannte historische Jesus.
[36]   *Bultmann,* Das Verhältnis der urchristlichen Christusbotschaft
zum historischen Jesus.
[37]   *Johnson,* The Real Jesus; *ders.,* The Humanity of Jesus.
[38]   Vgl. hierzu *Wittkau,* Historismus, 102-107.

Auswertung zu berücksichtigen. Daß sie nur als Schriften, die von der *bleibenden* Bedeutung Jesu Zeugnis ablegen wollen, angemessen zu interpretieren sind, steht außer Frage. Dennoch wird eine einseitige Gewichtung des nachösterlichen Bekenntnisses, welches den Erzählungen über Weg und Wirken des irdischen Jesus zugrunde liege und die historische Figur dahinter völlig überlagert habe, ihrem Charakter nicht gerecht. Die Geschichte Jesu wird hier so erzählt, daß vielfältige Einzelerinnerungen an seine Herkunft, die Zugehörigkeit zum Kreis des Täufers, an Orte seines Wirkens, seine Familie, Nachfolger und Gegner, Umstände seiner Hinrichtung sowie an zentrale Inhalte seines Wirkens und seiner Verkündigung aufbewahrt werden. Diese Merkmale weisen die Evangelien als *historische Erzählungen* aus, deren besonderer Charakter freilich zu bedenken ist[39]. Die *gegenwärtige* und *zukünftige* Bedeutung Jesu kann ihren Darstellungen zufolge nur so zur Sprache gebracht werden, daß sein *vergangenes* Wirken erzählt wird.

Lassen sich die Evangelien somit nicht als narrative Ausgestaltungen eines nachösterlichen Kerygmas beschreiben[40], so bleibt der Einspruch Kählers ebenso unbefriedigend wie dessen Aufnahme und Weiterführung durch Bultmann und Johnson. Diese Position ist darin unzureichend, daß sie das Verhältnis von vergangenen Ereignissen und deren späterer Repräsentation in den Evangelien einseitig vom nachösterlichen Bekenntnis her gewichtet und dem historischen Charakter dieser Schriften damit nicht wirklich gerecht wird. Damit begibt sie sich jedoch der Möglichkeit, die historischen Erinnerungen an Jesus theologisch fruchtbar zu machen.

Zusammenfassend zeigt sich somit: Die „Third Quest" hat die Jesusfrage als eine Aufgabe historischer Forschung

[39] Darauf hat jetzt auch *Byrskog*, Story, 2f., hingewiesen. Ob sich daraus seine These, die Evangelien beruhten auf zuverlässiger, durch Augenzeugen vermittelter mündlicher Überlieferung, zwingend ergibt, ist eine andere Frage.
[40] Vgl. hierzu auch die Kritik von *Kelber*, Quest, bes. 87-94, an *Johnson*.

wieder zu Bewußtsein gebracht. Eine Reflexion der Positionen Schweitzers und Kählers zeigt zudem, daß sowohl der Projektionsvorwurf als auch die einseitige Sicht auf die Evangelien als vom Osterkerygma bestimmter Schriften keine stichhaltigen Einwände gegen die historische Jesusforschung sind. War die Jesusfrage mit den genannten Argumenten der Relativität historischer Forschung vermeintlich entzogen worden, so rückt sie nunmehr wieder in diesen Horizont. Sie ist damit zugleich dessen Prämissen, Möglichkeiten und Grenzen unterworfen. Um die derart neu gestellte Jesusfrage zu bearbeiten, ist es notwendig, nach einem erkenntnistheoretischen und hermeneutischen Paradigma zu fragen.

2   Weitsprung über Lessings Graben? Hermeneutische Überlegungen

2.1 Eine Vorbemerkung zum erkenntnistheoretischen Problem

„Niemand hat bisher in dieser merkwürdigen theologischen Disziplin gesiegt, die man ‚Weitsprung über Lessings Graben‘ nennen könnte." Mit diesem Diktum charakterisiert Gerd Theissen die Jesusforschung seit dem Aufkommen der historischen Kritik[41]. Nach Theissens Überzeugung ist dieser bis dato unentschiedene Wettkampf jedoch nicht auf mangelnde Sprungkraft der Beteiligten zurückzuführen, sondern auf eine Verkennung der Disziplin: Nicht der Weitsprung *über*, sondern das Hineinspringen *in* den Graben historischer Relativität und vorläufiger Erkenntnis nämlich sei das für historisches Forschen und mithin auch für die Jesusforschung angemessene Bild. Bei dieser gehe es nicht um die Feststellung unwiderlegbarer, für alle Zeiten gültiger Ergebnisse. Vielmehr sei davon auszugehen, daß historische Erkenntnis stets vorläufig ist – abhängig von dem Kenntnisstand und der jeweiligen Wirklichkeitsdeutung der Interpretierenden –, jedoch ge-

---

[41]   Vgl. *Theissen/Winter*, Kriterienfrage, 236.

rade in dieser Vorläufigkeit ihre theologische Aufgabe erfüllt. Dieser Beschreibung der Tätigkeit des Jesusforschers
als eines Schwimmers in Lessings Graben soll im Folgenden genauer nachgegangen werden.

Die historisch-kritische Jesusforschung arbeitet oft mit der
impliziten Annahme, aus den Quellen ließe sich ein Bild
der Vergangenheit erstellen, das von der Perspektive des
jeweiligen Betrachters weitgehend unabhängig sei. Die
Annahme, man könne trotz der Mannigfaltigkeit der Jesusdarstellungen, die schon in dem Nebeneinander von
vier kanonischen Jesusbildern einen sprechenden Ausdruck findet, sowie über eine nahezu 2000jährige Wirkungsgeschichte hinweg auf die historische Gestalt Jesu
zugreifen, versteht sich jedoch keineswegs von selbst.
Vielmehr ist die hermeneutische Frage nach dem Zirkel
des Verstehens, die sich in Droysens Historik als Schritt
der „Interpretation" des historischen Materials findet, auch
auf die Jesusfrage zu beziehen. Dies führt zu der Frage,
wie das Verhältnis von Quellenforschung und interpretie-
render Tätigkeit bei Jesusdarstellungen, die auf der Basis
historischer Quellenforschung verfaßt wurden, näher zu
bestimmen ist.

Eine Ausgangsthese lautet: Historische Erkenntnis kann
nicht dazu dienen, die Vergangenheit wirklichkeitsgetreu
wiedererstehen zu lassen. Ein solches Unterfangen ist
schon deshalb unmöglich, weil Ereignisse in einer späteren, notwendig perspektivierenden und selektierenden Betrachtung anders erscheinen als zum Zeitpunkt ihres Ein-
treffens. Die Beschäftigung mit der Vergangenheit dient
vielmehr dazu, Orientierung für die je eigene Gegenwart
zu finden. Dies macht die kritische Sichtung des Quellenmaterials keineswegs überflüssig. Vielmehr liefert eine
solche Bewertung allererst die Grundlage dafür, Vergangenheit und Gegenwart miteinander zu konfrontieren. Daß
jede Beschäftigung mit historischem Material dessen kritische Analyse voraussetzt, versteht sich somit von selbst.
Auch ein auf der Basis kritischer Quellenanalyse erstellter
Entwurf der Vergangenheit ist jedoch das Produkt einer
deutenden Retrospektive und somit niemals identisch mit
der vergangenen Wirklichkeit selbst.

Der Neuaufbruch in der Jesusforschung wird deshalb die Bedingtheit und Relativität der Jesusbilder auch durch eine intensivierte und ausgeweitete Hinwendung zu den Quellen nicht überwinden. Einen durch historische Forschung gesicherten Jesus wird es nicht geben, sondern nur vorläufige, der Veränderung unterworfene Rekonstruktionen. Die hermeneutische Frage nach den Bedingungen der Aneignung des Vergangenen ist deshalb zu reflektieren und auf die Jesusforschung zu beziehen. Das Streben nach Vereindeutigung mit dem Ziel der Wiedergewinnung des Vergangenen ist demgegenüber erkenntnistheoretisch unzureichend. Es ist deshalb zu fragen, wie historisches Erkennen anders zu begründen wäre.

2.2 Anstöße aus der geschichtstheoretischen Diskussion

Eingangs sei hierzu auf eine Bemerkung des Geschichtstheoretikers Jörn Rüsen verwiesen. Rüsen stellt die Frage nach der Bedeutung Jesu von Nazaret in den Kontext der Vergegenwärtigung menschlicher Vergangenheit in Form von Geschichten und verweist dabei auf das Erzählen als „spezifische Form der historischen Erinnerung", die „immer auch eine Sinnermittlung und Sinngebung gegenüber den Tatsachen der Vergangenheit, die erzählend vergegenwärtigt werden" darstelle[42]. Die historische Erzählung habe demnach nicht lediglich eine „Vehikelfunktion" zur Präsentation von Wahrheiten, die jenseits ihrer selbst liegen würden, vielmehr komme ihr eine konstitutive Bedeutung innerhalb des historischen Erkenntnisprozesses zu. Es gehe in ihr nicht um die „Darlegung der puren Faktizität der menschlichen Vergangenheit, sondern um die Darlegung von Sinnzusammenhängen des menschlichen Handelns in dessen zeitlicher Dimension", weshalb das Erzählen als „deutende Erinnerung an die menschliche Vergangenheit" anzusehen sei, in der diese erst als Geschichte erkennbar werde und dadurch für die Gegenwart Sinn und Bedeutung erhalte[43]. Nach Rüsen zielt das Er-

---

[42]   *Rüsen*, Anmerkungen, 90f.
[43]   *Rüsen*, Anmerkungen, 91.

zählen der Vergangenheit somit auf die „Orientierung gegenwärtig handelnder und leidender Menschen"[44], insofern Normensysteme stets einer historischen Begründung, mithin einer „Legitimation durch Rekurs auf die Geschichte" bedürften[45].

In diesen Bemerkungen tritt das Verhältnis von historischer Forschung und erzählender Darstellung als zentrales Thema des historischen Erkenntnisprozesses zutage[46]. Rüsens Position[47] zeigt beispielhaft, daß sich das Verhältnis von Historiographie und Dichtung, von Aristoteles einst als Gegensatz bestimmt[48], in der neuzeitlichen Geschichtswissenschaft eher als eines der Komplementarität darstellt. Das Erzählen der Vergangenheit ist keine sekundäre Erkenntnisoperation, sondern eine kreative, poetische Leistung des Historikers, die das Verstehen der Vergangenheit allererst ermöglicht[49]. Johannes Fried hat das Verhältnis von Tatsachen und Geschichtsschreibung ähnlich bestimmt und in dem Satz zusammengefaßt: „Es gibt so viele Geschichten wie Darstellungen von der Vergangenheit, und Phantasie heißt ihrer aller Architekt."[50] Die Ursache hierfür sieht Fried darin, daß nur *Erinnerungen an Geschehenes*, niemals jedoch *dieses selbst* festgehalten und

---

[44]   *Rüsen*, Anmerkungen, 92.

[45]   *Rüsen*, Anmerkungen, 93.

[46]   Vgl. hierzu auch *Rüsen*, Geschichtsschreibung, sowie die abschließenden Bemerkungen in: *Jäger/Rüsen*, Geschichte des Historismus, 188-192.

[47]   Vgl. hierzu *ders.*, Typen sowie seinen Entwurf: Grundzüge einer Historik, bes. Band III.

[48]   Aristot, Poet 9 (1451b, 4-6): ἀλλὰ τούτῳ διαφέρει, τῷ τὸν μὲν τὰ γενόμενα λέγειν, τὸν δὲ οἷα ἂν γένοιτο. διὸ καὶ φιλοσοφώτερον καὶ σπουδαιότερον ποίησις ἱστορίας ἐστίν.

[49]   Vgl. *Rüsen*, Geschichtsschreibung, 34: „Man kann in der Theorie der Geschichtsschreibung nicht hinter die Einsicht zurückgehen, daß dem historischen Erzählen im Prozeß des historischen Denkens keine sekundäre Funktion, nämlich die des bloßen Darstellens, zukommt, sondern eine primäre, diejenige einer elementaren und fundamentalen Sinnbildungsleistung. Man kann also die Geschichtsschreibung nicht als bloße Funktion der historischen Forschung definieren."

[50]   *Fried*, Wissenschaft und Phantasie, 297.

weitergegeben werden kann. Die Aufgabe des Geschichtsschreibers bestehe demzufolge darin, die Quellen durch
„phantasiegeleitete Konstruktionen"[51], also durch die Imagination in der historischen Erzählung, zum Leben zu erwecken, weil dies der einzige Weg sei, Vergangenheit für
die Gegenwart zugänglich zu machen.

Die im Anschluß an die Diskussion in der griechischen
Antike[52] aufrechterhaltene – jedoch gegenüber Aristoteles
anders eingeschätzte[53] – Differenzierung zwischen Dichtung als Darstellung *potentieller* und Geschichtsschreibung als *faktisch geschehener* Wirklichkeit wird somit in
der Historik der Neuzeit einer Neubewertung unterzogen[54].
Grundlegend hierfür ist die Auffassung, daß in der interpretierenden Darstellung der Vergangenheit historische
Zusammenhänge hergestellt, Ereignisse in ein Kausalitätsverhältnis zueinander gesetzt, Anfang und Ende eines historischen Verlaufs bestimmt werden. Sinn und Bedeutung
der Vergangenheit stehen somit nicht unveränderlich fest
und müssen nur zutage gefördert werden. Vielmehr unterliegt das Urteil über das historische Material ständiger Revision, es ist zudem abhängig vom Kenntnisstand und der
Betrachtungsweise späterer Historiker[55]. Die Rationalitätsansprüche der Historiographie werden durch diese Einsicht
nicht unterlaufen. Vielmehr wird, gerade umgekehrt, der
wissenschaftliche Charakter historischer Erkenntnis gerade
auf diese Weise erkennbar: Sie basiert auf an die Quellen
gebundener Forschungsarbeit, die zur Erstellung eines der

---

[51]   *Fried*, Wissenschaft und Phantasie, 309.

[52]   Zu dieser vgl. *Rösler*, Fiktionalität.

[53]   *Aristoteles* hatte die Dichtung im Vergleich mit der Geschichtsschreibung als φιλοσοφώτερον καὶ σπουδαιότερον bezeichnet. Diese Bewertung kehrt sich in der Folgezeit – in Anknüpfung an *Platos*
Verurteilung der Dichter – wieder um, was sich noch bei *Humboldt*
feststellen läßt, wenn er der „Wirklichkeit", die der Geschichtsschreiber erforscht, einen höheren Status beimißt als der „flüchtigen
Erscheinung", die der Künstler von dieser abstreift. Vgl. *ders.*, Aufgabe, 594.

[54]   Vgl. *Süssmann*, Geschichtsschreibung oder Roman?.

[55]   Vgl. hierzu die Analyse erzählender Sätze bei *Danto*, Philosophie, 232-291.

Orientierung in der jeweiligen Gegenwart dienenden, revi-
dierbaren Bildes der Vergangenheit führt.

Die Grenze zwischen Wissenschaft und Phantasie, Fakten
und Fiktionen wird sich dann im Bereich der Geschichtswissenschaft weniger deutlich ziehen lassen, als es auf den
ersten Blick erscheinen mag. Die skizzierte Reflexion des
Charakters historischer Erkenntnis zeigt vielmehr, daß
Tatsachen oder Ereignisse der Vergangenheit nur dadurch
zum Bestandteil von Geschichte werden, daß sie durch
Prozesse historischer Sinnbildung angeeignet werden. Eigene Wirklichkeitsdeutung und kritische Sichtung des historischen Materials gehen deshalb von Beginn der historischen Arbeit an eine unlösliche Verbindung ein. Eine Geschichtsauffassung, der zufolge ein unvermittelter, nicht
durch die Prämissen der jeweiligen Sprache und Wirklichkeitssicht präfigurierter Zugang zur Vergangenheit möglich sei, erscheint demgegenüber ebenso fragwürdig wie
eine Sicht auf die Vergangenheit als Reservoir von Ereignissen mit unabänderlichen Sinnstrukturen. Für die Jesusforschung bedeutet dies, daß ihre Darstellungen als Bestandteil historischen Verstehens im Sinne deutender Erinnerung aufzufassen sind. Die Hintergründe dieser geistesgeschichtlichen Entwicklung werden in dem folgenden
Exkurs etwas näher beleuchtet[56].

Exkurs: Wilhelm von Humboldt und Johann Gustav
        Droysen als Wegbereiter der neueren geschichts-
        theoretischen Debatte

In der Historik als derjenigen Disziplin, die geschichtswissenschaft-
liches Erkennen theoretisch reflektiert, spielt das *Verhältnis von
Fakten und deren Interpretation* seit ihren Anfängen im 18. Jahrhundert eine wichtige Rolle[57]. Die Ergründung eines Zusammen-

---

[56]   Damit sollen zugleich Gedanken weitergeführt und methodisch
ausgebaut werden, die ich bereits andernorts angedeutet habe. Vgl.
Schröter, Erinnerung, 462-486 (dort im Anschluß an *J. Assmanns*
Konzept des kulturellen Gedächtnisses).

[57]   Als Beispiel für die neuere Diskussion sei verwiesen auf *Lorenz*, Konstruktion, der seine Darstellung mit einem Kapitel „Fakten
und Interpretation" (17-34) beginnt. Ähnlich setzt *Sellin*, Einführung, mit den Kapiteln „Die historische Tatsache" (17-31) und „Das

hangs der Einzelereignisse, der diese miteinander verbindet und dadurch verstehbar macht, kann dabei als ein Konstitutivum der Geschichtsauffassung der Neuzeit angesehen werden. Gegenüber früheren Epochen ist damit insofern ein wichtiger Unterschied markiert, als für die antike Geschichtsauffassung die Erforschung und Darstellung der Einzelereignisse bzw. längerer Ereignisfolgen mit einem besonderen Augenmerk auf dem politisch-militärischen Bereich[58], für das Mittelalter dagegen die Unmittelbarkeit des Zugriffs auf die Vergangenheit aus der jeweiligen Gegenwart ohne Berücksichtigung des historisch Einmaligen vergangener Konstellationen und Ereignisse als charakteristisch gelten kann. Der Gesamtzusammenhang war dabei durch die Überzeugung einer nach göttlichem Plan verlaufenden Heilsgeschichte gesichert[59].

Für neuzeitliches Geschichtsbewußtsein ist demgegenüber kennzeichnend, daß ein auf übernatürliche Autorität gegründeter Geltungsanspruch von Überliefertem in Frage gestellt wurde und mithin die Frage entstand, wie Sinnzusammenhänge und Wahrheitsansprüche des quellenkritisch gesicherten Materials zu begründen seien[60]. Terminologisch ist dies schon daran ablesbar, daß erst in der zweiten Hälfte des 18. Jahrhunderts der Terminus „Geschichte" als Metabegriff begegnet, mit dem alles Geschehene als *ein* Sinnzusammenhang erfaßt werden sollte[61]. Damit ist insofern eine neue Perspektive eingenommen, als einerseits die Beschäftigung mit der Vergangenheit deren Eigencharakter gegenüber der eigenen Zeit hervortreten läßt, andererseits das Bewußtsein dafür entsteht, daß die Herstellung eines Sinnzusammenhangs das Produkt des historisch Forschenden ist und nicht in dem historischen Material selbst bereitliegt. Die Fragen, auf welche Weise sich die Einzelgeschichten zu „der Geschichte" organisieren, ob es ein oder mehrere Subjekte der Geschichte gibt, ob in ihr Ideen oder Kräfte wirken, die alles Geschehen lenken und ihm einen Richtungssinn verleihen, werden damit zu Vexierproblemen neuzeitlicher Geschichtstheorie.

Verdeutlicht werden kann dies zunächst an Wilhelm von Humboldt, der sich in seiner wichtigen Schrift von 1821[62] mit der Tätigkeit des

---

historische Urteil" (32-43) ein, in welchen er darlegt, daß die Feststellung von Tatsachen und das spätere Urteil über diese als ein Prozeß zu verstehen ist, in dem bestimmten (keineswegs allen!) geschichtlichen Erscheinungen aus späterer Perspektive eine Bedeutung zugeschrieben wird.

[58]   Vgl. *Meier*, Geschichte.

[59]   Vgl. *Goetz*, Gegenwart.

[60]   Vgl. *Dümpelmann*, Überschreit/bungen.

[61]   *Droysen*, Historik, 354: „Über den Geschichten ist die Geschichte."

[62]   Vgl. *Humboldt*, Aufgabe.

Geschichtsschreibers befaßt und damit Gedanken vorbereitet, die dann von Droysen, der Humboldt nicht von ungefähr als den „Bacon für die Geschichtswissenschaften" bezeichnet hat[63], methodisch ausgearbeitet werden. Humboldt unterscheidet die „Absonderung des wirklich Geschehenen" als den Stoff der Geschichte von dieser selbst und beschreibt die Aufgabe des Historikers als zwei Wege, sich der historischen Wahrheit zu nähern. Diese sind die „genaue, partheilose, kritische Ergründung des Geschehenen" sowie das „Verbinden des Erforschten, das Ahnden des durch jene Mittel nicht Erreichbaren."[64] Mit der „nackten Absonderung des wirklich Geschehenen"[65] ist nach Humboldt also noch keineswegs Geschichte erkannt oder dargestellt. Das Geschehene ist nämlich „nur zum Theil in der Sinnenwelt sichtbar, das Uebrige muss hinzu empfunden, geschlossen, errathen werden."[66] Die Tätigkeit des Geschichtsschreibers vollzieht sich deshalb in Analogie zu derjenigen des Künstlers, da er wie dieser die Natur nachahmt, indem er darauf dringt, deren innere Wahrheit zu ergründen, die für den Geschichtsschreiber die „Wahrheit der Begebenheit", für den Künstler dagegen die „Wahrheit der Gestalt" ist[67].

Wir lassen die Frage, ob die idealistisch inspirierte Suche nach einer den Ereignissen zugrunde liegenden „inneren Wahrheit" heute noch als zustimmungsfähige Beschreibung der Aufgabe des Geschichtsschreibers angesehen werden kann, beiseite. Wichtig ist dagegen Humboldts Hinweis, daß die Aufgabe des Geschichtsforschers mit der Ermittlung von Fakten keineswegs erledigt ist, sondern erst die interpretierende Tätigkeit vom Geschehenen zur Geschichte führt. Für Humboldt stellen sich die Tätigkeiten des Geschichtsschreibers und des Dichters darum nicht zufällig in Analogie zueinander dar, weil beide auf die Phantasie angewiesen sind. Die Differenz besteht dagegen darin, daß ersterer sie „der Erfahrung und der Ergründung der Wirklichkeit unterordnet"[68], wogegen der Dichter hier freier verfährt. Die Position Humboldts ist deshalb von grundlegender Bedeutung, weil sie deutlich macht, daß die methodologische Reflexion historischer Forschung unter den Erkenntnisbedingungen der Neuzeit immer auch vor der Frage steht, wie sie den zwischen den erforschten Tatsachen hergestellten Zusammenhang begründet[69].

---

[63]   *Droysen*, Historik, 419.
[64]   *Humboldt*, Aufgabe, 586f.
[65]   A.a.O., 586.
[66]   A.a.O., 585.
[67]   A.a.O., 595.
[68]   A.a.O., 586.
[69]   Zur Bedeutung von *Humboldts* Schrift für die Geschichtstheorie vgl. *Jäger/Rüsen*, Geschichte des Historismus, 38-40, wo sie als „Erarbeitung einer hermeneutischen Position, die sich als Vermitt-

Dies führt zu dem nächsten hier anzuführenden Aspekt, nämlich dem *Verhältnis von jeweiliger Gegenwart und Perspektive auf die Vergangenheit.*

In Weiterführung der Gedanken Humboldts stellt Droysen fest, daß geschichtliche Forschung nicht die Vergangenheiten erforscht, sondern das, was von ihnen *nicht* vergangen ist, nämlich Erinnerungen und materiale Überreste[70]. Die Aufgabe des Historikers bestehe darin, die Bedeutung dieser Phänomene nach deren kritischer Sichtung durch die Interpretation zu erheben. Die Kritik historischer Quellen sucht darum nach Droysen nicht die „eigentliche historische Tatsache", sondern bereitet das Material auf eine Weise, die eine „verhältnismäßig sichere und korrekte Auffassung" ermöglicht. Die Interpretation besteht sodann in der Rekonstruktion des „einst wirklichen Sachverlaufes" durch Ergänzung des lückenhaften Materials sowie in der Herausarbeitung der Bedingungen, Willensakte und Ideen, die zu den Sachverhalten geführt haben bzw. in ihnen zum Ausdruck kommen. Droysen bleibt mit dieser Definition historischen Arbeitens auf den Spuren Humboldts, legt jedoch einen besonderen Schwerpunkt auf die Bindung historischen Verstehens an die Ermittlung des kritisch gesicherten Quellenbefundes. Die Darlegung des Erforschten bestimmt er dagegen als ein nachgeordnetes Verfahren, welches als dritter Teil seiner Methodik (nämlich in der „Topik") behandelt wird.

Für die hier verfolgte Frage sei Droysens Einsicht notiert, daß der Sinn vergangener Ereignisse nicht einfach in den Quellen selbst liegt, sondern durch das Zusammenwirken von Heuristik, Kritik und Interpretation aus ihnen erhoben werden muß. Die Aufgabe des Historikers besteht demzufolge nicht lediglich in dem Sammeln, Sichten und Bewerten von Überresten der Vergangenheit, sondern kommt erst in deren Einordnung in einen übergreifenden Zusammenhang an ihr Ziel. Die Resultate der historischen Kritik sollten dabei nach Droysen nicht überstrapaziert, der je eigene Stellenwert von Kritk und Interpretation genau bedacht werden, denn: „Die Gewissenhaftigkeit, die über die Resultate der Kritik nicht hinausgehen will, irrt darin, daß sie der Phantasie überläßt, mit ihnen weiter zu arbeiten, statt auch für die weitere Arbeit Regeln zu finden, die ihre Korrektheit sichern."[71]

Droysen hat damit der Methodologie historischen Arbeitens die Einsicht mit auf den Weg gegeben, daß historisches Erkennen seinen Ausgangspunkt beim Bewußtsein der Geschichtlichkeit der eigenen Situation nimmt und diese forschend zu verstehen sucht. Seine im-

---

lung der Positionen Hegels und Rankes interpretieren läßt" (38) beschrieben wird.

[70]   *Droysen*, Historik, 422.

[71]   *Droysen*, Historik, 431.

plizite hermeneutische Prämisse, daß nämlich historisches Verstehen
Erkennen der „sittlichen Mächte", die in der Geschichte wirken,
bedeutet, ist dagegen für heutiges Geschichtsdenken so kaum nachzuvollziehen[72]. Fraglich bleibt auch, ob das historische Verstehen in
der Tat erst nach Heuristik und Kritik bei der Interpretation einsetzt
und nicht bereits von Anfang an bei der historischen Arbeit im Spiel
ist. Fraglich ist schließlich, ob die erst nachträgliche Behandlung der
Darstellung historischer Zusammenhänge in der Topik die Bedeutung der Herstellung von Sinnzusammenhängen genügend gewichtet. An diesen Stellen wird über Droysen hinauszugehen sein.

Der Blick auf Humboldt und Droysen zeigt, daß die Frage
nach dem Verhältnis von quellenkritisch ermitteltem Befund und Entwurf eines Zusammenhangs, durch den ein
historischer Verlauf entsteht, ein Problem historischer Erkenntnis der Neuzeit darstellt. Die eingangs skizzierte Position Rüsens deutet dabei bereits auf eine wichtige Modifikation hin. An die Stelle, die bei Humboldt und Droysen
die „Ideen" bzw. „sittlichen Mächte" als überindividuelle
Instanzen, die eine Einheit der Geschichte garantieren,
eingenommen hatten, tritt bei ihm und anderen nunmehr
die historische Erzählung als sinnbildende Tätigkeit des
Forschers.
An Droysens Sicht auf den Charakter historischer Erkenntnis erscheint dann die Vorstellung revisionsbedürftig,
es könne eine *unvoreingenommene* Analyse des Quellenmaterials geben, das dann interpretiert wird. Die verste-
hende Interpretation tritt nicht nachträglich zum kritisch
gesicherten Material hinzu, sondern bestimmt bereits die
Analyse der Quellen selbst. Sie ist deshalb bei der historischen Arbeit von Beginn an präsent[73]. Somit muß schließlich auch als Differenzpunkt konstatiert werden, daß die
narrative Darstellung des Erforschten nicht länger als et-

---

[72] *Droysen* bleibt hier im Bannkreis der spekulativen Geschichts-
philosophie, die mit seiner Betonung der Bindung historischer Forschung an empirisch überprüfbares Wissen letztlich unvereinbar ist.
Vgl. auch *Wittkau*, Historismus, 32f.
[73] Vgl. *Goertz*, Umgang mit Geschichte, 113: „Im Grunde ist es
aber doch so, daß schon die erste, auch nur tatbestandssichernde
Beschäftigung mit den Quellen bereits ein Stück Textverstehen ist.
Schon das ist Interpretation."

was betrachtet werden kann, das dem historischen Erkenntnisprozeß nachgeordnet ist[74]. Vielmehr ist der historischen Erzählung selbst Erklärungskraft zuzuschreiben.
Dies ergibt sich schon daraus, daß die Art und Weise, wie
Ereignisse miteinander verknüpft werden, welches Gewicht sie innerhalb eines historischen Entwurfs erhalten,
welche Tatsachen und Ereignisse ausgelassen werden,
worin schließlich der Sinn des derart zu einer Erzählung
gewordenen Geschehens gesehen wird, auf der Entscheidung des Verfassers der historischen Erzählung beruht[75].
Festzuhalten ist somit die Einsicht, daß der Sinn vergangenen Geschehens nicht unabhängig von der konstruierenden Tätigkeit des Historikers zu haben ist. Im Blick auf die
Jesusforschung bedeutet dies, daß auch in dieser die Darstellung selbst ein konstitutiver Bestandteil des historischen Erkenntnisprozesses ist. Die Konsequenzen dieser
Einsicht seien im Folgenden etwas genauer ausgeführt.

2.3 Konstruktion der Vergangenheit im historischen Text. Zum Verhältnis von Fakten und Fiktionen

Eingangs wurde bereits darauf hingewiesen, daß Sprache
kein System ist, welches das zuvor Erkannte nachträglich
bezeichnet, sondern eine im Erkenntnisprozeß apriorisch
gegebene Voraussetzung[76]. Texte sind demzufolge deutende Entwürfe, die sich im Modus des „Sehens als" auf
Wirklichkeit beziehen[77]. Für die Interpretation historischer
Texte folgt daraus, daß hierbei nicht die Vergangenheit
rekonstruiert, sondern wiederum ein Modell vergangener
Ereignisse, gebunden an frühere Versprachlichungen, entworfen wird. Geschichte wird somit herausgelöst aus der
Vorstellung purer Faktizität. Sie erscheint statt dessen als
auf Erinnerung basierende Konstruktionsarbeit. Der Begriff der Erinnerung erweist sich somit als für die Ge-

---

[74] Vgl. auch die Kritik an *Droysen* bei *Jauß*, Gebrauch.
[75] Vgl. *White*, Text.
[76] Vgl. *Braun*, Paradigmenwechsel.
[77] Vgl. *Ricoeur*, Narrative Function; *Lategan*, Reference.

schichtstheorie – und mithin auch für die Jesusforschung –
methodisch angemessener Leitbegriff[78].
Wir treten damit ein in die Diskussion um Fakten und Fiktionen. Bereits Reinhart Koselleck hatte darauf aufmerksam gemacht, daß die aristotelische Unterscheidung von
Dichtern und Historiographen, die den ersteren die Aufgabe zuschrieb, das Mögliche, den letzteren dagegen, das
tatsächlich Geschehene darzustellen, in der Neuzeit
durchlässig geworden sei. Damit sei zugleich das Opposi-
tionsverhältnis von *res fictae* und *res factae*, welches unter
Fakten wahre, unter Fiktionen dagegen frei erfundene Tatsachen versteht, ambivalent geworden[79].
Diese Opposition verliert in dem Moment ihre deutlichen
Konturen, wo der Charakter historischen Arbeitens erkenntnistheoretisch bedacht wird. Greift der Historiker aus
einer späteren Zeit auf Überreste der Vergangenheit zurück, so versieht er Deutungen vergangener Wirklichkeit
aus einer späteren Perspektive wiederum mit einer Interpretation. Dies beginnt bereits auf der Ebene der Ermittlung historischer Tatsachen. Hier werden Entwicklungen
einbezogen, die zu dem betreffenden Ereignis geführt haben, Verbindungen zu anderen Ereignissen hergestellt,
Alternativen in Betracht gezogen und das Ereignis angesichts des bekannten Wissens über seinen historischen
Kontext gedeutet[80]. Dies setzt sich dadurch fort, daß das
historische Material, seien es literarische Texte, Inschrif-
ten, Kaufverträge, archäologische oder numismatische
Zeugnisse, stets nur dadurch zum Leben erweckt werden
kann, daß es in das Medium der je eigenen Sprache überführt und so für die jeweilige Gegenwart zugänglich gemacht wird. Es wäre dagegen weder sinnvoll noch wün-
schenswert, sich auf die gleiche Zeitstufe mit den untersuchten Dokumenten zu begeben und deren Kenntnisstand

---

[78] Vgl. *Haas*, Philosophie der Erinnerung; *Wischermann*, Geschichte. Es wäre überaus fruchtbar, diese geschichtswissenschaftli-
chen Aspekte mit *J. Assmanns* Konzept des kulturellen Gedächtnisses in Beziehung zu setzen, das die Erinnerung ebenfalls als für den
Bezug auf die Vergangenheit konstitutive Kategorie bestimmt.
[79] Vgl. *Koselleck*, Vergangene Zukunft, 278-281.
[80] Vgl. *Mommsen*, Sprache, bes. 67f.

und Sprache zu imitieren. Dies führt schließlich zu dem Entwurf eines Bildes der Vergangenheit auf der Grundlage der Überreste.

Wolfgang Iser hat in einer Untersuchung des Fiktionalitätsphänomens in literarischen Texten die Opposition von Fiktion und Wirklichkeit als unbrauchbar beiseite gestellt und die Fingierung auf die Akte der Selektion, Kombination und Selbstentblößung bezogen[81]. Angewandt auf die Fiktion im historischen Text erweisen sich die beiden zuerst genannten Modi als Akte, die beim Entwurf einer Geschichtserzählung auf analoge Weise wirksam sind, wogegen sich der vom literarischen Text unterschiedene Referenzmodus in der Selbstentblößung manifestiert, da sich der historische auf vom literarischen Text verschiedene Weise auf vergangene Wirklichkeit bezieht.

Die in der neueren Diskussion in den Vordergrund getretenen Hinweise auf das historische Erzählen als „Basisoperation des Geschichtsbewußtseins"[82] integrieren somit Geschichtsschreibung und Forschung als notwendige Konstituenten historischer Erkenntnis. An die Stelle der Opposition von Fakten und Fiktionen tritt dabei die Auffassung, daß die Fiktion – verstanden als narrativer Entwurf auf der Grundlage von Dokumenten der Vergangenheit – diejenige Weise ist, in der Vergangenheit „refiguriert" und damit für die jeweilige Gegenwart zugänglich gemacht wird[83]. Die Interpretation, formale Gestaltung und rhetorische Disposition des kritisch untersuchten Materials wird somit als Konstitutivum historischer Arbeit bestimmt. In bezug auf den Status historischer Erkenntnis ist somit zwischen Literatur und Geschichtsschreibung – trotz des je eigenen Referenzmodus – keine Trennlinie zu ziehen, die beides in Opposition zueinander setzen würde[84].

---

[81]   Vgl. *ders.*, Akte des Fingierens.
[82]   Vgl. *Rüsen*, Lebendige Geschichte, 12.
[83]   A.a.O., 22-24. Den Begriff der „Refiguration" übernehme ich von *Ricoeur*, der damit den Bezug auf die Vergangenheit im historischen Text beschreibt.
[84]   Vgl. *Jauß*, Gebrauch, 417: „An der Entdeckung der Welt als Geschichte ist die fiktionale Literatur der bürgerlichen Ära nicht weniger beteiligt als die neue Geschichtsschreibung des Historismus."

Den hermeneutisch wohl reflektiertesten Entwurf einer Verhältnisbestimmung von Geschichte und Fiktion hat Paul Ricoeur vorgelegt. Mit einem Blick auf für die hier verhandelte Frage wichtige Einsichten seines Werkes „Zeit und Erzählung" (ZuE)[85] soll die Betrachtung von Aspekten der geschichtstheoretischen Diskussion deshalb abgeschlossen werden[86]. Ricoeur geht von der Beobachtung aus, daß die Erzählung – darin der Metapher analog – als semantische Innovation zu beschreiben ist, die in diesem Fall in der Erfindung einer Fabel besteht, um auf diese Weise konturenlose Erfahrung zu ordnen[87]. Ist die metaphorische Neubeschreibung der Wirklichkeit auf die ästhetischen und moralischen Werte gerichtet, so hat es die mimetische Funktion der Fabel mit einer Neukonfiguration der Erfahrungen zu tun, ist hinsichtlich ihrer Referenz also auf die Wiedereinschreibung der erlebten in die kosmische Zeit ausgerichtet.

Ricoeurs wichtige These, für die er eine Verknüpfung von Augustins Zeitdenken und Aristoteles' Begriff der Fabel herstellt, ist nun, daß eine „Strukturidentität zwischen Geschichtsschreibung und Fiktion" besteht, insofern in beiden Fällen durch Fabelkomposition eine narrative, also zeitlich strukturierte Welt entfaltet wird[88]. Geschichtsschreibung wird so, ebenso wie die Fiktionserzählung, dem Bereich des Erzählens zugeordnet, weil erst die narrative Form historisches Verstehen ermöglicht[89]. Die jeweilige Referenz von Fiktion und Geschichtserzählung ist freilich verschieden, insofern die letztere durch Orientierung an Überlieferung und Spuren der Vergangenheit eine spezifisch historische Zeit refiguriert, wogegen die Fikti-

---

[85]   Frz. Original : Temps et récit, Paris 1983-1985.

[86]   Verwiesen sei des weiteren auf seinen Aufsatz Erzählung, Metapher und Interpretationstheorie, in dem wichtige Aspekte seines Ansatzes zusammengefaßt sind.

[87]   ZuE, I, 10: „Ich betrachte die Fabeln, die wir erfinden, als das bevorzugte Mittel, durch das wir unsere wirre, formlose, a limine stumme Erfahrung neu konfigurieren."

[88]   A.a.O., 13.

[89]   A.a.O., 128f. 137-140. 214-262.

onserzählung dasselbe Ziel mit Phantasievariationen erreicht[90].

Die Differenz zwischen beiden Erzählformen ist jedoch nur eine relative, da sie sich in ihrem gemeinsamen Bezug auf die zeitliche Strukturiertheit menschlicher Erfahrung und deren Refiguration überkreuzen. Ihre Gemeinsamkeit beschreibt Ricoeur anhand einer rezeptionsästhetischen Theorie der Lektüre, unter welche sich sowohl Geschichtswerke wie Romane subsumieren lassen[91]. Es besteht deshalb eine Überkreuzung von Fiktion und Historie, da die eine jeweils Anleihen bei der anderen macht: Wie die „Phantasie beim Intendieren der Vergangenheit"[92] unabdingbar ist, imitiert die Fiktionserzählung die historische Erzählung. Historisches Verstehen wird somit nach Ricoeur durch die Komposition einer Fabel ermöglicht, bedarf der „Phantasie beim Intendieren der Vergangenheit" und kann gerade auf diese Weise seinen wissenschaftlichen Anspruch geltend machen[93].

Fassen wir diese Ergebnisse zusammen, so läßt sich festhalten, daß die Reflexion auf den Charakter historischer Erkenntnis unter den Bedingungen neuzeitlichen Bewußtseins zu einer Neubestimmung des Verhältnisses von Historiographie und Dichtung geführt hat. Wird auf der einen Seite der Unterschied zwischen freier Erfindung und historischer Wahrheit festgehalten[94], so findet sich andererseits bereits bei Humboldt und Droysen das Bewußtsein dafür, daß historische Forschung nicht in einer Reproduktion der Quellen bestehen kann, sondern der ordnenden, interpretierenden Tätigkeit des Forschers bedarf. Seit dem *linguistic turn* ist diese Erkenntnis im Blick auf den sprachlich vermittelten Charakter allen Geschehens zusätzlich ver-

---

[90] A.a.O., 263-345.
[91] ZuE, III, 294f.
[92] A.a.O., 295.
[93] ZuE, I, 138: „Meine These beruht auf der Voraussetzung, daß hier [sc.: zwischen Geschichte und Erzählung, J.S.] ein indirekter Ableitungszusammenhang besteht, durch den das historische Wissen seinen Ursprung im narrativen Verstehen hat, ohne dadurch im geringsten seinen wissenschaftlichen Anspruch einzubüßen."
[94] Vgl. *Jauß*, Genese; *Kleinschmidt*, Wirklichkeit.

stärkt worden. Die bereits bei Humboldt anzutreffende
Analogie des Geschichtsschreibers und des Dichters findet
zudem in der neueren Diskussion darin eine Entsprechung,
daß die Gemeinsamkeiten zwischen Dichtung und Geschichtsschreibung in dem jeweiligen narrativen Entwurf
gesehen werden.

In dem Augenblick, wo man nicht mehr auf Humboldts
„Ideen" oder Droysens „sittliche Mächte" rekurriert, die es
hinter den Ereignissen zu erheben gelte, tritt an deren
Stelle die Fabel, verstanden als Modell, durch welches der
Historiker die Ereignisse in einer historischen Erzählung
organisiert und das er rational verantwortet[95]. Die aristotelische Zuweisung des Gewesenen bzw. Einzelnen (τὰ γενόμενα bzw. τὰ καθ᾽ ἕκαστον) und des Möglichen bzw.
Allgemeinen (οἷα ἂν γένοιτο bzw. τὰ καθόλου) an Geschichtsschreiber bzw. Dichter ist somit dergestalt zu re-
formulieren, daß der Unterschied in dem Referenzmodus
der jeweiligen Erzählung liegt: Während sich die Geschichtserzählung an Ereignisse der Vergangenheit gebunden weiß, verfährt die Dichtung hier prinzipiell freier.

Jesusdarstellungen erscheinen so betrachtet nicht als Suche
nach der Welt *hinter* den Texten, sondern als auf kritischer
Quellenanalyse basierende „Fiktion des Faktischen"[96]. Im

---

[95] Vgl. *Ricoeurs* Entwurf der historischen Erzählung, die auf einer
Rezeption des Fabelbegriffs aus *Aristoteles'* Poetik basiert: ZuE, III,
222-252.

[96] Die ntl. Forschung beginnt, diese Einsichten zu rezipieren. Vgl.
Theissen/Merz, Jesus, 31: „Historische Imagination schafft mit ihren
Hypothesen ebenso eine ‚Fiktionalitätsaura' um die Gestalt Jesu wie
die religiöse Imagination des Urchristentums. Denn hier wie dort ist
eine kreative Vorstellungskraft am Werk, entzündet durch dieselbe
historische Gestalt ... *Wissenschaftliche Jesusdarstellungen sind von
solchen Ideen geleitete Konstrukte historischer Imagination*: relativ
willkürfreie, an Quellen korrigierbare und in ihren Voraussetzungen
durchschaubare Gebilde." Vgl. weiter *Karrer*, Jesus Christus, 181:
„Geschichtsschreibung wird nie deckungsgleich zur Geschichte,
sondern erzählt sie unter Verklammerung von Beschreibung und
Interpretation ... [Historie und Erzählung] bedürfen, um zur Gestalt
zu werden, gleichermaßen eines sie bildenden – im Fremdwort: fik-
tionalisierenden – Zugriffs. *Deshalb versagt eine strikte Unterschei-*

Blick auf die historische Dimension der Jesusfrage bedeutet dies, daß die von der „Third Quest" zu Recht betonten Aspekte in einen hermeneutisch und erkenntnistheoretisch reflektierten geschichtstheoretischen Rahmen zu stellen sind, um die Jesusforschung produktiv
weiterzuführen. Die Vorstellung des „wirklichen" Jesus
hinter den Quellen erweist sich dabei als obsolet, die Jesusfrage ist mithin umzuformulieren in diejenige nach einem an die Quellen gebundenen Entwurf des *erinnerten*
Jesus als Inhalt des sozialen Gedächtnisses des Urchristentums[97]. Jesus als „Erinnerungsphänomen" wäre somit
auch die angemessene heuristische Kategorie heutiger Jesusdarstellungen, die, ausgehend von dem Spektrum, in
dem sich die Person Jesu in den frühen Quellen bricht,
diese unter gegenwärtigen Erkenntnisbedingungen wieder
zusammensetzen.

3   Die Jesusfrage als historische und theologische Aufga-
be. Eine Ertragssicherung

Der hier unternommene Zugang hat seinen Ausgangspunkt
bei der Feststellung genommen, daß die „Third Quest"
durch eine erneute und ausgeweitete Zuwendung zu den
Quellen das Augenmerk auf die historische Dimension der
Jesusfrage gelenkt hat. Dies hat zu einer differenzierten
Wahrnehmung Jesu als eines galiläischen Juden des 1.
Jahrhunderts geführt. Der Blick auf die mit den Namen
Albert Schweitzers und Martin Kählers verbundenen Posi-
tionen konnte darüber hinaus zeigen, daß die Jesusfrage
hier mit wenig überzeugenden Argumenten der Relativität
historischer Forschung enthoben werden sollte.
Weithin unbeachtet blieb dagegen in der „Third Quest"
bislang der hermeneutische und erkenntnistheoretische
Rahmen, in den die Jesusforschung zu stellen ist[98]. Unre-

---

dung von Geschichte und Fiktion an der Jesusüberlieferung (und
weit über sie hinaus)." (Kursivierungen ergänzt.)
[97]   Vgl. *Assmann*, Zeitkonstruktionen.
[98]   Vgl. jetzt auch die kritische Bestandsaufnahme der „Third
Quest" durch *du Toit*, Redefining Jesus, bes. 98-122.

flektiert blieb auch die Frage nach der theologischen Bedeutung der Jesusfrage. Bezüglich der letzteren ist in der
„Third Quest" weiterhin – wenn auch unter umgekehrten
Vorzeichen als bei Kähler, Bultmann und Johnson – eine
Diastase zwischen dem historisch erforschten Jesus und
dem Christus des Glaubens festzustellen. Das Problem
dieser Lösung besteht indes darin, daß der Charakter historischer Erkenntnis zu wenig beachtet wird, was zu einer
ungenügenden Reflexion des Zusammenhangs von historischer und theologischer Bedeutung der Jesusfrage führt.
Dieses Problem läßt sich dadurch bearbeiten, daß historische Erkenntnis geschichtstheoretisch bedacht und als Gegenstand der Theologie definiert wird.
Theologische Forschung befindet sich, soweit sie sich als
historische vollzieht, im Gespräch mit der Geschichtswissenschaft und ist deshalb auf die Entwicklungen auf diesem Gebiet verwiesen. Die geschichtstheoretische Diskussion der Gegenwart hat unter Aufnahme von Gedanken
Humboldts und Droysens sowie unter dem Einfluß des
linguistic turn und der Analytischen Philosophie das Erzählen als dasjenige mentale Prinzip definiert, welches an
der Rationalität historischer Forschung und Prozessen historischer Sinnbildung gleichermaßen partizipiert und daher den spezifischen Charakter von Geschichte als Wissenschaft begründet. Zwischen diesen beiden Polen bewegt sich auch die Jesusforschung, die sich somit als *vergegenwärtigende Erinnerung an Jesus im Sinne der Orientierung und Identitätsbildung in der Gegenwart* beschreiben läßt. Nicht um die Suche nach dem einen Jesus
hinter den Quellen sollte es ihr dann gehen, sondern um
vor den Quellen rational verantwortete, den Bezugsrahmen
jeweiliger gesellschaftlicher Normensysteme kritisch reflektierende Darstellungen. Auch für die Jesusforschung
gilt somit, daß die Wirklichkeitswahrnehmung der Gegenwart an jeder Erforschung der Vergangenheit beteiligt
ist und historische Forschung erst in der Vermittlung beider Horizonte zu ihrem Ziel gelangt.
Dies führt zu der Einsicht, daß wir die vergangene Welt,
die wir erforschen, immer zugleich selbst entwerfen, wenn
wir die Quellen interpretieren. Der Beitrag historischer

Jesusforschung besteht dann darin, im Bewußtsein des relativen Charakters historischer Erkenntnis Jesusdarstellungen hervorzubringen, die die verschiedenen Anknüpfungen im Urchristentum an ihn plausibel machen können. Auf diese Weise können sowohl der historische Ursprung als auch diejenigen Aspekte des christlichen Glaubens, die sich aus der Berufung auf das Wirken Jesu erklären, verständlich gemacht werden. In den nächsten beiden Kapiteln wird dies zum einen im Blick auf heutige Jesusdarstellungen, zum anderen hinsichtlich der Evangelien als „produktiver Erinnerungsschriften" konkretisiert.

II
Jesusdarstellungen als „Fiktion des Faktischen". Bedingungen und Grenzen der historischen Jesuserzählung

1 Vorbemerkung

Im vorangegangenen Kapitel wurde die Jesusfrage in den Rahmen der erkenntnistheoretischen Voraussetzungen des historisch-kritischen Bewußtseins eingeordnet. Dabei hat sich gezeigt, daß die neue Jesusforschung gegenüber den Positionen Schweitzers und Kählers zu Recht auf dem historischen Charakter dieser Frage insistiert. Zugleich wurde jedoch deutlich, daß erst eine Position, die die kritische Sichtung des Quellenmaterials mit dem Charakter historischer Rekonstruktionen als sinnstiftender Entwürfe verbindet, zu einer hermeneutisch reflektierten Grundlegung der Jesusforschung führt. Um eine positivistische, die eigene Erkenntnis mit der vergangenen Wirklichkeit identifizierende Auffassung zu vermeiden, sind deshalb die geschichtstheoretischen Einsichten seit Droysen für die Jesusforschung fruchtbar zu machen.

Im folgenden Kapitel soll dieses Ergebnis im Blick auf Jesusdarstellungen, die unter den Bedingungen des historisch-kritischen Bewußtseins verfaßt wurden (und werden), konkretisiert werden. Eingesetzt wird mit einer Bemerkung zum Umgang mit den Quellen, sodann wird anhand zweier Beispiele – dem Einsatzpunkt einer Jesusdarstellung sowie der Interpretation der Wortüberlieferung – die Frage nach dem Charakter neuzeitlicher Jesusdarstellungen diskutiert.

2   Das Problem der Quellen

Zunächst eine Vorbemerkung zur Quellenfrage. Anstelle
eines Vorgehens, das die einzelnen Worte bzw. Taten –
etwa mit Hilfe des Kriteriums der Mehrfachbezeugung –
im Blick auf ihre „Echtheit" bewertet[99], ist dafür zu plädieren, die verschiedenen Informationen über Jesus hinsichtlich ihres Charakters sowie ihrer historischen Aussagekraft
zu ordnen. Auf diese Weise kann gesichert werden, daß
eine Jesusdarstellung an die Dokumente der Vergangenheit gebunden bleibt. Umgekehrt liegt die Gefahr, Gegenwart und Vergangenheit nicht wirklich in ein dialektisches
Spanungsverhältnis zueinander zu bringen, dann nahe,
wenn der historische Kontext Jesu abgelöst von den Quellen der Jesusüberlieferung entworfen wird. Damit ist nicht
gesagt, daß diese Quellen für eine Rekonstruktion *unkri-
tisch* zu verwenden seien. Sie bieten jedoch die ersten In-
terpretationshinweise für eine historische Konkretisierung
der in ihnen aufbewahrten Überlieferungen. Hierauf wird
in Teil 3 und 4 zurückzukommen sein.
Des weiteren ist auf den literarischen Charakter der Evangelien zu achten. Wenn diese im Blick auf die historische
Person Jesu befragt werden, wird in der Regel eine Differenzierung zwischen Überlieferungen, die aus heutiger
Sicht für ein solches Bild plausibel erscheinen, und solchen, die auszuscheiden sind, vorgenommen. Dieses Verfahren ist nicht zu beanstanden, es mißt die Evangelien
jedoch an einem ihnen fremden Maßstab[100].
Die Evangelien lassen sich einerseits als historische Jesuserzählungen bezeichnen, da sie zweifellos mit dem Anspruch geschrieben sind, die erzählte Geschichte des Lebens und Wirkens Jesu habe eine Referenz in der außersprachlichen Wirklichkeit. Diesbezüglich ist keine Differenz zwischen den einzelnen Episoden zu erkennen. Sie
lassen andererseits eine deutliche Ineinanderblendung
nicht nur von eigener und erzählter Zeit, sondern auch von

---

[99]   Dieses Vorgehen findet sich etwa bei *Crossan*, Jesus.
[100]   Vgl. hierzu die hilfreichen Ausführungen im Blick auf das
MtEv von *Luz*, Fiktivität, 154. 174-177.

Episoden unterschiedlichen Referenzbezugs erkennen. Die Fingierung besteht somit nicht nur darin, ein chronologisch geordnetes Bild der wesentlichen Etappen des Lebens und Wirkens Jesu zu entwerfen, sondern darüber hinaus in der fehlenden Differenzierung zwischen Geschehenem und Erfundenem sowie der Verknüpfung von Vergangenheit und Gegenwart[101].

Für eine Jesusdarstellung unter heutigen Erkenntnisbedingungen bedeuten diese beiden Aspekte – die Evangelien als primäre historische Quellen einerseits, als „narrative Fiktionen" andererseits –, daß die erzählenden Darstellungen des Wirkens und Geschicks Jesu den Ausgangspunkt dafür bilden, ihn als Person der Vergangenheit wahrzunehmen. Sie bedeuten weiter, diese Erzählungen unter den Bedingungen neuzeitlichen historischen Bewußtseins im Blick auf die in ihnen erinnerte Person Jesus von Nazaret zu interpretieren. Diese Bedingtheit historischer Erkenntnis macht somit deutlich, daß weder die Jesuserzählungen der Evangelien noch heutige Jesusdarstellungen mit der Person Jesu selbst zur Deckung gebracht werden können. Vielmehr beziehen sich beide Formen der Repräsentation auf je eigene Weise auf die historische Person Jesu. Genau hierin liegt der produktive Charakter historischen Erinnerns.

Darstellungen, die anderen Gattungen angehören, wie etwa das EvThom oder die Dialoge des Auferstandenen mit seinen Jünger/inne/n, setzen dagegen die Bindung der Bedeutung Jesu an sein früheres irdisches Wirken dezidiert außer Kraft. Eine historische Jesuserzählung auf der Grundlage der kontextlosen Worte des EvThom zu ent-

---

[101] Im JohEv ist dieser Prozeß am weitesten fortgeschritten, wenn Jesus dort bereits vor den Passionsereignissen über seine frühere Zeit mit den Jüngern spricht (vgl. etwa 14,25; 17,11). Vgl. jedoch auch bereits Lk 24,44: Der Auferstandene sagt zu den Jüngern οὗτοι οἱ λόγοι μου οὓς ἐλάλησα πρὸς ὑμᾶς ἔτι ὢν σὺν ὑμῖν. Hier wird die Bedeutung der Lehre Jesu dadurch über seine eigene Zeit hinaus verlängert, daß er sie als Auferstandener bestätigt und das wahre Verstehen der Schrift ermöglicht (Lk 24,45, vgl. Joh 12,16). Deshalb beginnt die Apg auch damit, daß Jesus die Apostel 40 Tage lang über die βασιλεία τοῦ θεοῦ belehrt (Apg 1,3).

werfen, wäre somit nur dann gerechtfertigt, wenn es die narrativen Darstellungen nicht gäbe, ein historischer Kontext für sein Wirken somit ohne entsprechende Quellen hergestellt werden müßte. Da dies jedoch nicht der Fall ist, sollten die Versionen der Worte und Gleichnisse des EvThom dann herangezogen werden, wenn sie sich in den Kontext des Judentums Palästinas im 1. Jahrhundert einordnen lassen und die Darstellung auf diese Weise zu konkretisieren helfen. Für eine historische Jesusdarstellung ist eine Schrift wie das EvThom somit deshalb als sekundär zu betrachten, weil es zum einen zeitlich nach den synoptischen Evangelien und dem JohEv anzusetzen, zum anderen nicht an einer Einzeichnung Jesu in seinen historischen, kulturellen und geographischen Kontext interessiert ist.

Des weiteren gilt, daß in den Evangelien nicht anzutreffende Unterscheidungen verschiedener Referenzmodi im Blick auf heutige Jesusdarstellungen sehr wohl vorzunehmen sind, ohne daß damit ein Urteil über die „Wahrheit" der einen oder anderen Darstellungsweise verbunden wäre. Vielmehr ergibt sich die Notwendigkeit einer solchen Differenzierung aus den Prämissen des historisch-kritischen Bewußtseins: Was immer an gedeuteter Erfahrung hinter dem Seewandel (Mk 6,45-52 par.), der märchenhaften Erzählung vom Stater im Maul eines Fisches (Mt 17,24-27) oder der Auferweckung des Lazarus (Joh 11,17-44) stehen mag – es ist undenkbar, diese Erzählungen der Evangelien *mit demselben Referenzmodus* in eine heutige Jesusdarstellung aufzunehmen wie etwa die Jüngerberufungen oder die Bergpredigt[102].

---

[102] Für heutige Jesusdarstellungen ist es deshalb notwendig, die von *Iser*, Akte des Fingierens, zu den Akten des Fingierens gerechnete „Selbstentblößung" offenzulegen – eine Notwendigkeit, die die Verfasser der Evangelien ganz offensichtlich nicht empfunden haben. Für diese kann vielmehr in Anschlag gebracht werden, was *Iser* in bezug auf den *Verzicht* auf Selbstentblößung formuliert: „In der Verschleierung ihres Status gibt sich eine auf Erklärung bedachte Fiktion den Anschein von Realität, den sie in diesem Falle allerdings auch braucht, weil sie nur so als die transzendentale Bedingung der Konstitution von Realität funktionieren kann" (a.a.O., 136). Im

Ein derartiger Umgang mit den Quellen ist methodisch angemessener als das mitunter anzutreffende Verfahren, Berichte über einzelne Worte oder Taten Jesu zu isolieren und separat für die historische Frage auszuwerten[103]. Dieses Vorgehen, das letztlich der von der „Formgeschichte" entwickelten Sicht auf die Evangelien verpflichtet ist, besitzt darin ein wesentliches Defizit, daß es den oben beschriebenen Charakter der Evangelien bei der historischen Fragestellung nur ungenügend berücksichtigt.

Die Jesusüberlieferungen begegnen in der sprachlichen Fassung sowie dem literarischen Kontext, in den sie von den Verfassern der Evangelien gestellt wurden. Die ursprünglichen Situationen, in denen die berichteten Ereignisse stattgefunden haben bzw. Worte oder Gleichnisse von Jesus erzählt wurden, sind deshalb nur durch eine kritische Auswertung dieser Erzählungen zugänglich. Auch wenn es wahrscheinlich ist, daß in den Evangelien begegnende typische Redeformen Jesu – wie etwa Gnomen[104] und Gleichnisse –, zentrale Inhalte seines Wirkens, und durchaus auch konkrete Formulierungen[105], auf Jesus selbst zurückzuführen sind und auch die Erzählungen *über* ihn Anhalt an konkreten historischen Ereignissen haben, so ändert dies nichts daran, daß uns dieses sein Wirken nur in der Form deutender Textwelten zugänglich ist. Weder das Kriterium der Mehrfachbezeugung noch das Differenzkriterium setzen diesen Befund außer kraft.

Ebenso führt eine Separierung früher Schichten von Q nicht automatisch näher an Jesus heran[106]. Eine Fixierung

Blick auf die Evangelien bezieht sich die „Konstitution von Realität" auf die Deutung der Situation der Adressaten im Lichte des Wirkens und Geschickes Jesu.

[103] Die umstrittenen Fragen nach der Existenz einiger der von *Crossan* u.a. hierfür herangezogenen „Quellen" und deren mitunter sehr früher Datierung lasse ich hier beiseite. Vgl. hierzu die entsprechenden Bemerkungen in K.III sowie *Tuckett*, Historical Jesus, 261-266.

[104] Vgl. *Henderson*, Jesus.

[105] Dies dürfte am ehesten auf das Vaterunser zutreffen. Insgesamt weist die Überlieferung jedoch eher auf einen freien, nicht-wörtlichen Tradierungsprozeß.

[106] So auch *Kloppenborg*, Sayings Gospel.

isolierter Jesusworte, die durch den heutigen Interpreten sekundär kontextualisiert werden, wird deshalb dem Phänomen des in den Quellen erinnerten Jesus nicht wirklich gerecht. Auch Q führt nicht zur Lehre Jesu selbst zurück – dies wäre eine hermeneutisch unreflektierte Auffassung –, sondern entwirft eine bestimmte Sicht auf Jesus, aus der sich durch heutige Interpretationen wiederum verschiedene Jesusbilder konstruieren lassen[107].

Eine Jesusdarstellung ist somit in erster Linie auf narrative Darstellungen verwiesen, die sein Wirken und Geschick in den historischen Kontext Palästinas im 1. Jahrhundert einzeichnen. Aus diesen gilt es, unter den Prämissen heutiger Wirklichkeitsdeutung ein Bild der historischen Person Jesu zu entwerfen. Dabei sollte bewußt bleiben, daß diese Prämissen mit denen der Verfasser der ersten Jesuserzählungen nicht zur Deckung zu bringen sind. Nicht plausibel wäre es dagegen, die eigenen Kriterien für historische Plausibilität mit dem „wirklich Geschehenen" zu identifizieren und mit dieser Begründung die ersten narrativen Refigurationen der Geschichte Jesu außer kraft setzen zu wollen. Im Folgenden sollen zwei Beispiele derartiger Refigurationen diskutiert werden.

3   Refigurationen I: Anfänge der Jesusgeschichte

Daß die selektierende, deutende Tätigkeit des Historikers bereits bei der Erhebung des historischen Materials einsetzt, wurde bereits erwähnt. Dies wird unmittelbar evident, wenn wir uns der Frage nach dem Beginn einer Jesusdarstellung zuwenden, die bereits eine Entscheidung des Interpreten verlangt. Beginnt man – wie z.B. Gerd Theissen und Annette Merz oder John Dominic Crossan – mit einer Schilderung des politischen, kulturellen und reli-

---

[107]   Vgl. *Theissen/Merz*, Jesus, 45: „Q ist zweifellos die wichtigste Quelle zur Rekonstruktion der Lehre Jesu. Doch auch hier begegnen die authentischen Überlieferungen von Jesus in, mit und unter den Worten ihm nachfolgender Generationen. *Auch aus den Q-Überlieferungen lassen sich deshalb ganz verschiedene Jesusbilder rekonstruieren*." (Kursivierung ergänzt.)

giösen Kontextes, so stellt sich die Frage, wie weit der Rahmen gespannt wird: Beschränkt man sich auf das Galiläa des 1. Jahrhunderts, die Situation Judäas seit der römischen Eroberung oder sogar seit dem Beginn der Hellenisierung unter den Ptolemäern oder bezieht man sogar die Verhältnisse im Römischen Reich im allgemeinen ein?

Auch eine Darstellung des Judentums zur Zeit Jesu hängt davon ab, welche Quellen herangezogen und wie diese zu einem Gesamtbild zusammengesetzt werden. Bei Theissen/Merz[108] wird die Jesusbewegung in das Spektrum jüdischer Erneuerungsbewegungen eingezeichnet, die vor allem seit dem Tod Herodes' des Großen neuen Auftrieb erhielten und die ihre Grundüberzeugungen mit dem „Allgemeinen Judentum" der betreffenden Zeit teilten.

Crossan dagegen legt den Schwerpunkt nicht auf diejenigen Überzeugungen, die Jesus mit dem Judentum seiner Zeit teilte, sondern setzt mit der Zeichnung eines kulturell einheitlichen Mittelmeerraums ein, der soziologisch durch das Gegenüber von Sklave und Patron geprägt gewesen sei[109]. In diesen werden sodann die Konflikte in Palästina als *eine* spezifische Ausprägung des Kampfes zwischen Herrschenden und Unterdrückten eingezeichnet[110]. Nur aufgrund eines derart weitgespannten Rahmens sowie der Beschreibung der Verhältnisse des gesamten Römischen Reiches auf der Basis einer bestimmten soziologischen These ist es Crossan auch möglich, Jesus im dritten Teil seines Buches[111] aus seinem unmittelbaren Kontext – nämlich demjenigen des palästinischen Judentums des 1. Jahrhunderts – weitgehend herauszulösen, seine Beziehung zu Johannes dem Täufer als eine Episode ohne weitere Auswirkungen zu beurteilen und sein Wirken als das eines Sozialrevolutionärs darzustellen.

Noch einmal anders stellt sich der Beginn dar, wenn man – wie Jürgen Becker – unmittelbar mit dem Auftreten Johannes' des Täufers einsetzt und dessen Drohpredigt an

---

[108] Vgl. *Theissen/Merz*, Jesus, 126-146.
[109] Vgl. *Crossan*, Jesus, Part I: Brokered Empire, 3-88.
[110] A.a.O., Part II: Embattled Brokerage, 89-224.
[111] A.a.O., Part III: Brokerless Kingdom, 225-416.

Israel als das das Auftreten Jesu sachlich vorbereitende
Ereignis betrachtet[112] oder aber – wie Ed Parish Sanders –
mit dem symbolischen Akt der Tempelrestitution als dem
sichersten Einsatzpunkt der Untersuchung beginnt und
diese als Symbolhandlung interpretiert, mit der Jesus das
unmittelbar bevorstehende Gottesreich und die damit ein-
hergehende Ersetzung des Jerusalemer Tempels durch einen neuen veranschaulichen wollte[113]. Wie bei Thei-
ssen/Merz, jedoch anders als bei Crossan, wird auch hier
der unmittelbare Kontext des palästinischen Judentums als
Interpretationsrahmen gewählt, anders als bei ersteren
wird der Aspekt der Erneuerung jedoch stärker gewichtet
als derjenige der Übereinstimmung.

Eine Jesusdarstellung wird durch diese notwendig zu tref-
fende Entscheidung nach ihrem Einsatzpunkt nicht belie-
big. Die angeführten Beispiele zeigen vielmehr, daß die
Weise, in der das Wirken Jesu an Dokumente der Vergangenheit gebunden wird, zu unterschiedlichen Formen der
Vergegenwärtigung führt. Jede Erzählung mit dem Anspruch auf historische Referenz muß sich darum – unbeschadet ihres fiktionalen Charakters – an ihrem Umgang
mit den Quellen bewähren.

Crossans isolierte Auswertung der s.E. primären Zeugnisse
über Jesus ist diesbezüglich nicht unproblematisch, denn
sie suggeriert, daß sich auf diese Weise das Bild des Menschen Jesus aus der in Fragmente zerteilten Überlieferung
wieder zusammensetzen und in postulierte allgemeine
Konstellationen der Mittelmeerwelt einzeichnen ließe.
Hierzu werden die zuvor fragmentarisierten Quellen auf-
bereitet und in der Regel von ihrer mehrfachen Bezeugung
auf einen Kern (core) reduziert. Dieser Kern, so muß kritisch eingewandt werden, ist freilich kein Ereignis in der
Geschichte Jesu, sondern eine moderne Abstraktion verschiedener sprachlicher Vermittlungen eines Wortes oder
einer Begebenheit, die weder etwas über deren ontologi-
schen Status noch über ihre Bedeutung für eine Geschichte
Jesu aus gegenwärtiger Perspektive besagt. Crossans mit

---

[112] *Becker*, Jesus, 37-58.
[113] *Sanders*, Jesus and Judaism, 61-76.

Verve vorgetragenes Plädoyer für eine Methodik, mit der
man ein Bild der historischen Person Jesu entwerfen könne, geht darum darin fehl, daß sie hermeneutische und erkenntnistheoretische Erwägungen einer Beurteilung der
Jesusüberlieferung opfert, die auf das tatsächliche Ereignis
und das wirklich gesprochene Wort aus ist, statt die narrativen Darbietungen der Jesusgeschichte mit gegenwärtigen
Erkenntnisbedingungen zu vermitteln und in eine an den
Quellen orientierte Erzählung zu überführen.

Geschichtsschreibung besteht darin, die Überreste der
Vergangenheit zu einer Erzählung zu verknüpfen um sie
auf diese Weise als gedeutete Ereignisse zugänglich zu
machen. Am Beispiel des Auftretens des Johannes kann
dies verdeutlicht werden. Die vorhandenen Quellen – die
Synoptiker, Johannes und Josephus – entwerfen bestimmte
Bilder seiner Person, die ihn entweder bereits aus der Perspektive des nach ihm kommenden Jesus darstellen und
diesem unterordnen oder aber nach dem Bild eines hellenistischen Tugendlehrers zeichnen. Sie entwerfen sprachliche Bilder seiner Person, die manches zu erkennen geben,
vieles dagegen ungesagt lassen.

Um die Bedeutung des Johannes für eine Darstellung Jesu
fruchtbar zu machen, müssen verschiedene Möglichkeiten
abgewogen werden. So ist es durchaus plausibel anzunehmen, daß Josephus diejenigen Aspekte des Auftretens des
Johannes unterdrückt hat, die ihn als eschatologischen
Umkehrprediger kennzeichnen. Weiter läßt sich mit gutem
Grund vermuten, daß die Taufe Jesu durch Johannes tatsächlich stattgefunden hat und nicht nachträglich erfunden
wurde. Auch kann man in bezug auf die in Q überlieferte
Drohrede an Israel durchaus zuversichtlich urteilen, daß
hier zumindest Elemente der Botschaft des Johannes erhalten sind. Inwieweit der lk Bericht über Herkunft und
Geburt des Johannes für ein historisches Bild herangezogen werden kann, ist dagegen weniger deutlich, ebenso
wie die konkreten Motive, die zu seiner Hinrichtung geführt haben[114].

---

[114] Zur Person des Johannes vgl. *Ernst*, Johannes der Täufer; *Tilly*,
Johannes der Täufer.

Der entscheidende Punkt ist nun, daß diese Urteile keine vorgängige kritische Prüfung des Materials darstellen, die sekundär in eine Erzählung umgesetzt würde. Vielmehr setzt bereits auf dieser Ebene der Feststellung historischer Tatsachen die imaginierende Tätigkeit des Historikers ein, der die Nachrichten aus den Quellen zu einer Erzählung verbindet und damit ein sprachliches Modell vergangenen Geschehens entwirft, die Vergangenheit also forschend erschafft[115].

Daß die Person des Johannes überhaupt als bedeutsam im Blick auf eine Jesusdarstellung eingestuft wird, setzt bereits das Urteil des späteren Interpreten voraus, das seinerseits auf Texten beruht, die diesen Zusammenhang herstellen. Die Wirksamkeit des Johannes wird damit in den Kontext einer Geschichtserzählung gestellt, innerhalb dessen sie eine Bedeutung erlangt, die sie unabhängig von diesem speziell konstruierten Zusammenhang nicht besäße. Erst auf diese Weise wird sein Auftreten zu einem *historischen Ereignis*, weil es eine bestimmte Bedeutung innerhalb eines historischen Zusammenhangs zugewiesen bekommt. Daß die Umkehrtaufe des Johannes weiterreichende Bedeutung besitzt, insofern sie das inhaltliche Profil des Wirkens Jesu beeinflußt haben dürfte, setzt demnach bereits das spätere Urteil des historisch Forschenden voraus. Dies leuchtet unmittelbar ein, wenn man sich verdeutlicht, daß die Mehrheit der heutigen Exegetinnen und Exegeten eine Beziehung zwischen Johannes und Jesus zwar für einen zutreffenden Tatbestand erachtet, dessen Darstellung in den Evangelien jedoch hinterfragt und somit kritisch zwischen der Darstellung der Evangelien und der historischen Wirklichkeit differenziert.

Die überlieferten Texte müssen in das Medium der Gegenwartssprache überführt werden, um für eine historische Darstellung fruchtbar gemacht zu werden. Wir bezeichnen die in Q überlieferte Rede des Johannes als „Droh-", oder „Gerichtsbotschaft", seine Erwartung als „eschatologisch"

---

[115]　Vgl. *Fried*, Wissenschaft und Phantasie, 300: „Das ist das Paradox der Geschichte: Der Historiker, der forscht, wird zum sprachlichen Schöpfer der Welten, die er erforscht."

oder „messianisch", geben μέλλουσα ὀργή mit „kommender Zorn" und βαπτίζειν mit „taufen" wieder, charakterisieren sein Auftreten als „prophetisch". Wir eignen uns das damalige, bereits sprachlich vermittelte Geschehen auf diese Weise in unserer Sprache wiederum an. Wir entwerfen mit ihrer Hilfe die damalige Welt wiederum neu, was auf den apriorischen Charakter der Sprache im Erkenntnisprozeß hinweist[116].

Sich schließlich die Ansprache des Johannes an die Jerusalemer und Judäer oder die Taufe Jesu als konkrete Ereignisse vorzustellen, bedarf, wie unmittelbar einleuchtet, großer Phantasie. Ein Urteil über den Einfluß des Johannes auf Jesus, das Verhältnis beider zueinander sowie die Auffassung von diesem über jenen müssen zu der fragmentarischen Überlieferung durch die historische Einbildungskraft des Historikers hinzutreten, der die verschiedenen Bilder, die die Texte entwerfen, zusammensetzt.

Die Figur des Johannes wird so zu einer Konstruktion aus späterer Perspektive, angewiesen auf die Informationen, die wir aus den Texten erhalten, repräsentiert im Medium unserer Sprache, eingebettet in einen Zusammenhang, den wir durch die Interpretation der Texte schaffen. Von der Vorstellung, daß man auf diese Weise vergangenes Geschehen vor Augen stellt, wie es „wirklich" war, muß man sich dann wohl verabschieden. An seine Stelle tritt diejenige der Einschreibung der geschichtlichen in die gegenwärtige Welt durch eine auf der Grundlage der Quellen basierende, „fiktive" Erzählung[117].

Die Grenze zwischen Faktensicherung und Phantasie wird, so legen es diese Überlegungen nahe, brüchig, wenn Jesus als historische Person vor Augen gestellt wird, weil sich Fakten und Fiktionen, Tatsachen und Imagination mitein-

---

[116] Vgl. *Mommsen*, Sprache, 80: „Insofern hängt am Medium der Sprache die Möglichkeit geschichtlicher Erfahrung überhaupt. Geschichtliche Erfahrung ist nie an und für sich, in reiner Kontemplation möglich, sondern konstituiert sich stets erst innerhalb eines Kommunikationsprozesses im Rahmen einer je gegenwärtigen Gesellschaft."

[117] Zum Konzept des Einschreibens (inscription) vgl. *Spiegel*, Geschichte.

ander verbinden müssen, um Vergangenheit durch Erinnerung bedeutsam werden zu lassen. Eine Jesusdarstellung, die Anspruch auf historische Dignität erhebt, wird sich an den Dokumenten der Vergangenheit orientieren und diese innerhalb eines erzählerischen Zusammenhangs deuten. Phantasie ist von Beginn an im Spiel, wenn Vergangenheit refiguriert werden soll. Diese Beobachtung provoziert die Frage nach den Grenzen der Fingierung im historischen Text.

Nicht mehr möglich sind Deutungen, die den Quellenbefund durch subjektive Urteile verändern, ihre Deutung also nicht mehr durch diesen beglaubigen können. Ein solcher Fall liegt in Crossans Beurteilung des Verhältnisses von Johannes und Jesus vor[118]. Die entscheidende Stelle, mit der Crossan die Ablehnung der Botschaft des Täufers durch Jesus begründet und darauf seine Sicht des nichteschatologischen Jesus aufbaut, ist das Jesuswort aus Q 7,28:

α) οὐκ ἐγήγερται ἐν γεννητοῖς γυναικῶν μείζων Ἰωάννου·

β) ὁ δὲ μικρότερος ἐν τῇ βασιλείᾳ τοῦ θεοῦ μείζων αὐτοῦ ἐστιν[119].

Aus diesen antithetisch gegenübergestellten Sätzen, die Crossan zufolge beide auf den historischen Jesus zurückgehen, zieht er die weitreichende Schlußfolgerung, dieser habe seine Sicht auf den Täufer in der Weise geändert, daß er dessen Vorstellung, man müsse als umkehrbereiter Sünder den apokalyptischen Gott und den Kommenden erwarten, nach anfänglicher Akzeptanz als nicht mehr angemessen aufgegeben und durch seine anders ausgerichtete Botschaft vom Gottesreich ersetzt habe[120]. Die gesamte Überlieferung über den kommenden Menschensohn sei deshalb nicht auf Jesus zurückzuführen, sondern als spätere Deutung seines unspezifischen Gebrauchs des Ausdrucks unter Aufnahme von Dan 7 zu beurteilen.

---

[118] Vgl. auch die Kritik von *Tuckett*, Historical Jesus, 268-273.
[119] Zum Text vgl. die Rekonstruktion des *International Q Project*, JBL 114 (1995), 475-485; 479.
[120] Vgl. *Crossan*, Jesus, 237f.

Eine solche Konstruktion kann jedoch nicht mehr als eine
im eigentlichen Sinn *historische* angesehen werden: Abgesehen davon, daß Crossan die Möglichkeit, die syntakti-
schen Bezüge des zweiten Satzes anders zu konstruieren,
was Auswirkungen auf das inhaltliche Verständnis hätte[121],
gar nicht erwähnt, leidet seine Interpretation darunter, daß
sie die enge syntaktische Verzahnung beider Sätze nicht
beachtet, die zu einer anderen Deutung führt[122]. Auch ist
seine Deutung nicht an dem von Q entworfenen Bild des
Verhältnisses von Johannes und Jesus orientiert, welches –
gerade im Kontext von Q 7,18-35 – an einer Beschreibung
der jeweiligen Funktion von Johannes und Jesus im Blick
auf die Basileia, jedoch nicht an einer Negierung der Bedeutung des ersteren orientiert ist[123]. Statt dessen führt er
die beiden, in Q eng aufeinander bezogenen Sätze auf zwei
verschiedene Situationen im Leben Jesu zurück, obwohl
dieser Deutung die gesamte Überlieferung über Johannes
und Jesus widerspricht. In dieser ist zwar eine Darstellung
des Johannes als des Vorläufers Jesu, jedoch nirgendwo
eine Entgegensetzung beider in der Weise zu erkennen,
daß die Wirksamkeit des Johannes ohne Auswirkungen
auf diejenige Jesu geblieben sei. Genau dies aber liegt in
der Konsequenz der Ausführungen Crossans, die damit
den von den Quellen – insbesondere von Q, womit

---

[121] Man kann 1) μικρότερος auch komparativisch auffassen und
auf Jesus selbst beziehen sowie 2) ἐν τῇ βασιλείᾳ mit dem Prädikat
verbinden oder beides. In diesem Fall würde es sich um eine Aussage über veränderte Relationen zwischen Johannes und Jesus unter
den Bedingungen der Basileia, jedoch nicht um eine grundsätzliche
Bestreitung jeglicher Bedeutung des Johannes in dieser handeln.
Diese Deutung hat den Vorteil, daß sie sich besser in das von Q ge-
zeichnete Bild des Täufers einzeichnen läßt. Vgl. *Hoffmann*, Studi-
en, 220-224 sowie unten K.III, 4.1.
[122] Hierauf weist *Luz* ausdrücklich hin. Vgl. *ders.*, Matthäus, II,
173, Anm. 10: „Ein so bruchloser Parallelismus darf nicht aus inhaltlichen Gründen traditionsgeschichtlich dekomponiert werden. V
11a ist rhetorisch gut verständlich als Vorbereitung, die die negative
Aussage von 11b über den Täufer steigert und heraushebt ..."
[123] Vgl. *Tuckett*, Q and the History of Early Christianity, 125-135.

Crossan seine Sicht begründen möchte – ermöglichten Befund verlassen[124].

Dieses Beispiel belegt somit zum einen, daß Crossans scheinbar objektive Quellenauswertung aufgrund der fehlenden hermeneutischen Reflexion Einfallstore für eine nicht mehr stattfindende Korrektur der eigenen Sicht durch die Quellen öffnet. Es belegt zum zweiten, daß der fiktionale Charakter historischer Erzählungen keine Beliebigkeit, sondern an die Dokumente der Vergangenheit gebundene Refigurationen bedeutet.

Die Quellen setzen den Möglichkeiten, den Anfang der Jesuserzählung zu refigurieren, Grenzen. Hierzu gehört zum einen eine Erklärung der Bedeutung des Johannes für Jesus, die dessen Wirken in einem bestimmten Interpretationsrahmen ansiedelt[125]. Hierzu gehört des weiteren eine Berücksichtigung des spezifischen Kontextes des palästinischen Judentums des 1. Jahrhunderts, das mit Crossans soziologischer These schwerlich schon angemessen beschrieben ist. Das Beispiel zeigt somit drittens, daß gerade die Einsicht in den konstruierenden Charakter historischer Erkenntnis die Grundlage dafür liefert, zwischen möglichen und nicht mehr möglichen Entwürfen einer historischen Jesuserzählung zu unterscheiden. Es zeigt schließlich viertens, daß es nicht möglich ist, eine historische Jesuserzählung an den narrativen Darstellungen der Evangelien vorbei zu entwerfen, weil hier die frühesten Quellen einer Refiguration des Wirkens Jesu vorliegen.

4   Refigurationen II: Die Wortüberlieferung

Das zweite Beispiel betrifft die Interpretation der Wortüberlieferung. Die Basis, auf der diese in eine Jesusdar-

---

[124]   Die einzige Analogie zu Q 7,28 (Mt 11,11/Lk 7,28) ist EvThom 46. Auch hier begegnen beide Teile des Spruches gemeinsam, weshalb auch dieser Beleg, ganz unabhängig davon, wie man das Verhältnis zur synoptischen Überlieferung beurteilt, nicht für *Crossan*s Deutung herangezogen werden kann.
[125]   Vgl. *Webb*, John the Baptist; *Ernst*, Johannes der Täufer und Jesus von Nazareth.

stellung integriert wird, ist häufig die Unterscheidung von originalen Jesusworten und sekundären Gemeindebildungen, um auf diese Weise ein Profil der Lehre Jesu zu erstellen. Darüber hinaus wurde auch versucht, den Wortlaut einzelner Jesusworte zu erheben. Diesbezüglich wird in neuerer Zeit allerdings Zurückhaltung an den Tag gelegt. Die Einsicht hat sich weitgehend durchgesetzt, daß die Verschriftlichung nicht einfach ein Protokoll der mündlichen Kommunikationssituation darstellt, sondern eigenen Bedingungen unterliegt[126]. Zwar wird man für das frühe Christentum mit einer Überlappung von Mündlichkeit und Schriftlichkeit zu rechnen haben: Formen der mündlichen Überlieferung wurden in schriftlichen Werken bewahrt, die Bedingungen mündlicher Kommunikation fanden bei der Gestaltung schriftlicher Werke Berücksichtigung. Dies geschah aus dem Grund, daß diese Werke *auch* für den mündlichen Vortrag, nicht nur zur Lektüre gedacht waren. Dennoch ist nicht zu verkennen, daß die Komposition der Evangelien auf ihre Verfasser zurückgehen. Diese sind somit als Autoren zu verstehen, die sich an die vorausliegende Überlieferung gebunden wußten, aus dieser jedoch auswählten, sie sprachlich gestalteten und zu einer Erzählung verknüpften. Bezüglich der Bewahrung des Wortlautes mündlicher Überlieferung ist dabei von einer Differenz zwischen Logien und vornehmlich den längeren Gleichniserzählungen auszugehen. Bei den ersteren kann mit einer größeren Stabilität des Wortlautes gerechnet werden. Dennoch geben auch bei diesen die verschiedenen schriftlich erhaltenen Versionen eine Variabilität zu erkennen. Diese zeigt, daß weder die schriftliche noch die mündliche Überlieferung an der Bewahrung eines stabilen Wortlautes orientiert waren. Zudem ist damit zu rechnen, daß Gnomen oder Gleichnisse vor ihrer Verschriftlichung in unterschiedlichen Erzählsituationen verwandt worden sind. Der

---

[126] Vgl. *Hollander,* Words of Jesus, 355: „All these factors form an enormous barrier to the recovery of the exact contents of the oral (and written) traditions behind our texts and consequently of any veracious saying of the historical Jesus. This is a barrier which cannot be overcome by the critical tools we use and have to use." Ähnlich *Henaut,* Oral Tradition and the Gospels.

Wortlaut war dann schon deshalb variabel, weil er an die jeweilige Situation angepaßt wurde.

Der Verschriftlichungsprozeß bedeutet somit einen Einschnitt, insofern die Erinnerung an Jesus von der Anwesenheit eines Erzählers ablösbar wird und damit eine eigene Autonomie entfaltet. Dabei bedarf es der narrativen Einbettung der Worte und Gleichnisse, um sie zum Bestandteil einer *historischen Jesuserzählung* werden zu lassen. Dieses Phänomen läßt sich in seinen Anfängen in der Zusammenstellung und ansatzweisen Einbindung der Überlieferungen in narrative Zusammenhänge in Q beobachten, es tritt dann in der Jesuserzählung des Mk deutlich zutage, die dann von Mt und Lk weiter ausgebaut wird. Von Beginn an wird die Wortüberlieferung in diesem Bereich nicht separat, sondern gemeinsam mit anderen Erinnerungen tradiert.

Der entgegengesetzte Prozeß liegt dagegen im EvThom vor. Hier wird auf eine narrative Einbindung bewußt verzichtet. Das Gewicht liegt vollständig auf den Einzelworten, die jeglichen historischen Rahmens entkleidet werden. Das EvThom stellt damit eine dem in der synoptischen Überlieferung zu beobachtenden Prozeß gerade entgegenlaufende Entwicklung dar: Jesusüberlieferungen verschiedener Herkunft werden als isolierte Einheiten präsentiert, der Erlösungsvorgang besteht im Finden der Bedeutung seiner Worte. Dieses führt nicht zu einer am irdischen Jesus orientierten Nachfolge, sondern zum Gleichwerden mit Jesus als dem „wahren Menschen"[127]. Als Erinnerung im Sinne der Einschreibung vergangener Ereignisse in die Gegenwart läßt sich dieses Konzept nicht verstehen. Die Isolierung der Worte und Ereignisse aus ihren situativen Einbettungen bedeutet vielmehr gerade eine *Enthistorisierung*, insofern die Einbindung der Überlieferungen in vergangene Situationen aufgegeben wird.

Die Konsequenz aus dieser Einsicht lautet, daß es fragwürdig ist, in dem auf uns gekommenen Material zwischen der Erzähl- und der Wortüberlieferung in der Weise unterscheiden zu wollen, daß die letztere mehr Anspruch

---

[127] Vgl. etwa Log. 108.

auf Authentizität besitze, weil in ihr von Jesus gesprochene Worte bewahrt worden sein können, wogegen die Schilderung der dazugehörigen Szenen von anderer Hand stammen muß[128]. Diese Prämisse hat die Jesusforschung in eine problematische Richtung geführt, weil sie zu wenig auf die pragmatische Intention der Überlieferung geachtet und statt dessen einen prinzipiellen Unterschied zwischen Wort- und Erzählüberlieferung behauptet hat. Beide Formen besitzen jedoch denselben Anspruch auf Authentizität, insofern *in beiden Fällen* nur das als bedeutsam und deshalb erinnernswert Erachtete überliefert wurde.

Eine derartige Differenzierung läßt sich aber auch deshalb nicht aufrechterhalten, weil die Gnomen oftmals die Pointe von erzählten Situationen darstellen und gerade innerhalb dieser ihre Bedeutung erlangen. So besitzen etwa die Erzählung von der Heilung in einer Synagoge in Mk 1,21-28 oder der Disput mit den Pharisäern über das Steuerzahlen in Mk 12,13-17 nicht weniger Aussagekraft als die schroffe Nachfolgeforderung in Q 9,57-60. In allen Fällen gilt, daß es sich um Erinnerungsphänomene handelt, die Bestandteile verschiedener Bilder von Jesus darstellen. Die Erinnerung an Jesus bedarf somit der Erzählung, wenn sie als an eine bestimmte Zeit und einen bestimmten Raum gebundene bewahrt werden soll.

Diese Einsicht impliziert, daß die narrativen Kontexte, in denen uns die Wort- und Gleichnisüberlieferung begegnet, für eine Jesusdarstellung historisch ernst zu nehmen sind[129]. Die Erkenntnis, daß die Evangelien ältere Überlieferung aufgenommen und ihren Erzählungen eingeordnet haben, ist damit ebensowenig in Abrede gestellt wie die Tatsache, daß sich diese sekundäre Kontextualisierung oftmals anhand des literarischen Befundes noch erkennen

---

[128] Vgl. *Henderson*, Jesus, 84-93, bes. 88: „Bultmann was certainly wrong to assume that sayings as such were always older than narratives or argumentations. But the form critics and the socio-rhetorical critics both err ... by failing to take seriously enough that narration and argumentation are also speech."

[129] Vgl. hierzu auch das Kapitel über die Wortüberlieferung bei *Sanders*, Jesus and Judaism, 123-156, der dies insbesondere anhand einer Analyse von Mt 12,28/Lk (Q) 11,20 verdeutlicht. Zu den Gleichnissen vgl. *Gerhardsson*, Parables.

läßt[130]. Dennoch fungieren diese Kontexte als erste Interpretationen der Wortüberlieferung. Generell gilt dabei,
was oben über den fiktionalen Charakter der Evangelien
gesagt wurde, daß nämlich in den narrativen Einbettungen
der Worte und Gleichnisse eigene und erzählte Zeit inein-
andergeblendet wurden, was zu den verschiedenen Jesusbildern führte.

Es ist unmöglich, durch Quellenkritik und kritische Forschung diese auf *ein* Bild der historischen Wirklichkeit
hinter diesen Texten zu reduzieren. Die Analyse eines Er-
zählkontextes, in den eine Überlieferung integriert wurde,
eröffnet die Möglichkeit, andere Situationen zu imaginie-
ren, in denen ein Wort oder ein Gleichnis Verwendung
gefunden haben kann. Diese Situationen lassen sich ihrerseits sodann durch historische Argumente präzisieren.
Man darf sich jedoch über den erkenntnistheoretischen
Status dieser Operationen nicht hinwegtäuschen: In dem
Augenblick, wo man die von den frühesten Jesuserzählungen gegebenen Hinweise auf historische Konkretisierung
verlässt, indem man etwa die Gleichnisse als ästhetische
Objekte ohne konkrete Referenz deutet, wird die Bindung

---

[130]   Ich verweise auf einige deutliche Beispiele: 1) Das Gleichnis
vom barmherzigen Samariter steht in Spannung zu seinem lk Kontext, insofern es nur indirekt auf die Frage des Gesetzeslehrers antwortet. Erkennbar wird dies an der gegenüber 10,29 veränderten
Gegenfrage nach dem πλησίον in V.36. 2) Das Gleichnis von den
Arbeitern im Weinberg in Mt 20 ist zwischen die beiden Worte von
der Verkehrung der Ersten und Letzten in 19,30 und 20,16 gestellt
und dadurch mit dem vorausgegangenen Dialog über Konsequenzen
und Lohn der Nachfolge verknüpft. Auch hier läßt sich jedoch eine
inhaltliche Spannung konstatieren, insofern es in dem Gleichnis um
die Gleichstellung der Benachteiligten, jedoch nicht um die Verkehrung von Ersten und Letzten geht. 3) Das Gleichnis vom verlorenen
Schaf hat in Lk 15 und Mt 18 zwei deutlich unterschiedene Kon-
textualisierungen erfahren, die seine Referenz jeweils anders bestimmen (der verlorene Sünder, die „Kleinen" in der Gemeinde). 4)
Die Dialoge über die Bedingungen der Nachfolge in Mt 8,19-22 und
Lk 9,57-62 werden bei Mt durch die enge Verbindung mit der
Sturmstillung zu einer Belehrung über das Verhältnis von Nachfolge
und Glauben, bei Lk durch die Verknüpfung mit der Aussendungs-
rede dagegen Teil der Konstitution der Nachfolgegemeinschaft als
Thema der großen Einschaltung in den Mk-Text.

der Refiguration an die Dokumente geringer. Demzufolge wächst die Gefahr einer unkritischen Angleichung der Vergangenheit an die eigene Wirklichkeit. Die Alternative besteht darin, die in den ältesten Jesuserzählungen zum Ausdruck kommende Ausrichtung des Wirkens Jesu zur Grundlage einer Interpretation zu machen und so Grundzüge eines Jesusbildes zu erheben[131]. Auf diese Weise wird die Erstellung eines Jesusbildes zu einem Unterfangen, bei dem diese Grundzüge durch historische Phantasie zum Bild eines galiläischen Juden des 1. Jahrhunderts vervollständigt werden.

Es ist so betrachtet nur folgerichtig, daß die kritische Jesusforschung, angetreten mit dem Anspruch, das historisch Zuverlässige vom später Erfundenen zu separieren, ausgezogen mit dem Ziel, hinter dem dogmatisch überformten Christus den Menschen Jesus zu entdecken, selbst eine Pluralität von Jesusbildern produziert hat, deren Vielfalt gerade in der „Third Quest" und ihrem Insistieren auf dem historischen Charakter der Jesusfrage deutlicher zutage tritt als je zuvor. Das Bestreben nach Vereindeutigung, die Suche nach den wirklich von Jesus gesprochenen Worten, wenn möglich in ihrem originalen Wortlaut, der Versuch, die Welt seines Auftretens durch literarische, epigraphische und archäologische Zeugnisse so genau wie möglich auszuleuchten, führt zu einer zuvor so nicht dagewesenen Pluralisierung der Möglichkeiten, die historische Person Jesus von Nazaret darzustellen.

Dieser Befund ist nicht zu beklagen. Er stellt vielmehr eindrucksvoll vor Augen, daß historische Erkenntnis niemals eindeutig, Versprachlichung von Ereignissen nie mit der Wirklichkeit „an sich" zur Deckung zu bringen ist, vergangene Ereignisse nur durch die Phantasie und das deutende Urteil späterer Betrachter zu *historischen* werden können.

Diese, durch historische Imagination bedingte Vielfalt bedeutet keine konturenlose Beliebigkeit. Vielmehr setzt sie den an die Quellen gebundenen Prozeß der Refiguration des Wirkens Jesu in Gang. Als Beispiel genannt sei das

---

[131]   Vgl. hierzu auch *Theissen/Winter*, Kriterienfrage, 194-214.

Gleichnis vom großen Gastmahl, das bei Mt, Lk und im EvThom überliefert ist. Möglicherweise kann auch für Q mit einer Version des Gleichnisses gerechnet werden, obwohl es angesichts der großen sprachlichen Abweichungen zwischen Mt und Lk schwierig ist, einen Q-Text zu erheben[132].

In die Verkündigung Jesu läßt sich das Gleichnis deshalb eingliedern, weil sich die Aussageintention im Kontext seines Wirkens verstehen läßt und mithin kein Grund besteht, es hierfür nicht heranzuziehen[133]. Dieser Kontext ist jedoch nicht *hinter* den Texten zu suchen noch ist nach einer sprachlichen „Urform" zu fragen. Vielmehr beginnt an dieser Stelle der Prozeß der historischen Imagination.

Die einzelnen Rezeptionsvorgänge haben zu verschiedenen Geschichten, geprägt durch die jeweilige sprachliche Fassung sowie den literarischen Kontext, geführt. Bei Mt dient das Gleichnis der Veranschaulichung des Gerichtes über Israel, an dessen Stelle nunmehr die christliche Gemeinde getreten ist. Bei Lk dagegen wird die zuvor (14,12-14) ergangene Aufforderung, zum Gastmahl nicht die Freunde und Verwandten, sondern die Bedürftigen einzuladen, durch das Gleichnis als ein dem Gottesreich adäquates Verhalten gedeutet. Für Q läßt sich auf der Grundlage einer Einordnung des Gleichnisses in die übergreifende Thematik der Konfrontation mit „diesem Geschlecht" das Verhältnis von Ablehnung und Nachfolge Jesu innerhalb Israels als historische Konkretion benennen. Dabei liegt es nahe, die Differenz zwischen den zuerst Eingeladenen und den an ihre Stelle Tretenden in dem jeweiligen sozialen Status zu sehen und nicht auf Israel und Heiden zu beziehen[134]. Daß der Q-Version dabei eine zeitliche Präferenz zukommt, ist innerhalb der Prämissen der ZQT evident und verdient im Blick auf die Einzeich-

---

[132] Vgl. *The International Q Project*, JBL 111 (1992), 500-508; 506f.

[133] Anders *Haenchen*, Gleichnis, 153f.

[134] Vgl. *Schottroff*, Gleichnis.

nung in den Kontext des Wirkens Jesu Beachtung[135]. In
EvThom 64 schließlich geht es um eine Scheidung derer,
die weltlichen Geschäften nachgehen, von denen, die in
die „Orte meines Vaters" eingehen werden. Dabei fehlen
alle Anklänge an eine historische Konkretion, wie sie sich
bei Mt und Lk finden, die das Gleichnis allegorisch mit
der Zerstörung Jerusalems verbinden (Mt) bzw. ihm durch
die Situation beim Gastmahl im Hause eines Pharisäers
sowie durch die jüdischer Tradition entsprechende Zwei-
teilung von Ankündigung des Gastmahls und Einladung zu
diesem (Lk) ein historisches Kolorit verleihen. Im Ev-
Thom begegnen keine derartigen „historisierenden" Elemente. Statt dessen wird die Aussage hier auf die Verwerfung derjenigen, die mit irdischen Gütern Geschäfte machen, konzentriert.

Dem Gleichnis liegt eine narrative Struktur zugrunde, die
sich in allen Rezeptionen erkennen läßt und deren Pointe
in der Ersetzung der zuerst Eingeladenen, die Einladung
jedoch durch mannigfaltige Gründe Ablehnenden, durch
andere besteht. Es wäre jedoch verfehlt, diese Grundstruktur mit einer „Urform" zu identifizieren, diese zu isolieren und als die von Jesus intendierte Botschaft des
Gleichnisses zu verstehen[136], denn eine solche Deutung ist
nicht an der notwendigen Verzahnung der metaphorischen
Erzählung mit der außersprachlichen Welt orientiert. Eine
historische Interpretation würde vielmehr bedeuten, eine
an den charakteristischen Merkmalen der Erzählung orientierte Einzeichnung des Gleichnisses in den Gesamt-
kontext des Wirkens Jesu vorzunehmen und diesen seinerseits durch den Beitrag des Gleichnisses zu erweitern.

---

[135] Im vorliegenden Fall wird diese Priorität – wie bereits erwähnt
– allerdings dadurch eingeschränkt, daß eine sprachliche Fassung
nur noch in Umrissen erhoben werden kann.
[136] So *Harnisch*, Gleichniserzählungen, 230-253, der die Pointe als
„Fest der Freiheit" beschreibt, das den Eingeladenen die Möglichkeit eröffne, angesichts der Einladung zum Gottesreich ein neues
Selbstverständnis zu entwickeln. Man kann dies als eine *moderne
Adaption*, jedoch nicht als *historische Interpretation* des Gleichnisses bezeichnen.

Ein derartiges, notwendigerweise zirkuläres Verfahren
führt somit zur Vergegenwärtigung der historischen Person Jesu durch den heutigen Ausleger. Im genannten Fall
könnte dies folgendermaßen aussehen: Die Metaphorik des
Gleichnisses lebt von dem „terminlichen Abstimmungs-
fehler", der zu der Spannung zwischen Einladung und den
bei Lk und im EvThom ausführlich geschilderten Ent-
schuldigungen führt. Die Einladung kam überraschend, auf
jeden Fall ungelegen, weshalb die Eingeladenen ihre Vor-
haben nicht aufgaben und so die Einladung anderer provo-
zierten. Eine Gemeinsamkeit der genannten Entschuldi-
gungen kann dabei in der Konzentration auf Geldgeschäfte
gesehen werden, was einen Hinweis auf die Charakteristika der jeweiligen Gruppen geben könnte.
Im Kontext des Wirkens Jesu ließe sich dies folgendermaßen konkretisieren: Vorausgesetzt ist eine konsequente
Ablehnung seiner Botschaft seitens ihrer ersten Adressaten. Vorausgesetzt ist weiter die Ausrichtung dieser Botschaft an andere, die nicht als die erwarteten Adressaten
gelten. Vorausgesetzt ist schließlich drittens, daß es sich
bei Einladung und Ablehnung um ein für das Heil der Eingeladenen bedeutsames Ereignis handelt. Das letztere geht
aus der in allen Versionen begegnenden Schlußfolgerung
hervor, daß die zuerst Eingeladenen ihre Möglichkeit zur
Teilnahme am Gastmahl endgültig verwirkt haben.
Das Gleichnis ordnet sich somit derart in das Wirken Jesu
ein, daß es dieses als den letzten, entscheidenden Ruf
Gottes an Israel, in seine Basileia einzutreten, veranschaulicht. Es zeigt, daß Jesus mit diesem Anspruch auf Ablehnung gestoßen ist, weil die Adressaten die Bedeutung seines Wirkens anders beurteilten und sich seine Nachfolgegemeinschaft in der Konsequenz aus Leuten zusammen-
setzte, die man nicht als erste Adressaten einer solchen
Botschaft vermuten würde. Innerhalb einer historischen
Konkretisierung wäre dies derart zu präzisieren, daß gefragt wird, inwieweit sich hier eine Konfliktsituation spiegelt, die durch das Wirken Jesu evoziert wurde.
Des weiteren könnte eine soziologische Konkretion im
Blick auf die Jesusbewegung angeschlossen werden.
Schließlich kann gefragt werden, ob die Hinwendung der

Jesusbewegung an Heiden bereits einen Anhalt an Erfahrungen im Umkreis des Wirkens Jesu selbst besitzt. An dieser Stelle könnte sich die Frage anschließen, warum viele innerhalb des Judentums den Anspruch Jesu nicht akzeptierten, sein Wirken bedeute eine Einladung Gottes in seine Basileia und ob hier ein Zusammenhang mit der Entstehung der Christologie vermutet werden kann[137].

Erklärt werden müßte schließlich, warum diese Botschaft von anderen positiv aufgenommen wurde, schließlich, wie Jesus als galiläischer Jude eine Bewegung ins Leben rufen konnte, die sich schon bald nach seinem Tod auch an Heiden wandte und diese in ihre Gemeinschaft aufnahm. Hierzu kann das Gleichnis einen Aspekt beisteuern, insofern es von der Ausrichtung der Botschaft Jesu an Menschen berichtet, die auf unerwartete Weise zu deren Adressaten werden. Vermutlich lassen sich somit von der Jesusverkündigung her Entwicklungen verständlich machen, die zu dem bereits in Q sich spiegelnden Gegenüber von Jesusbewegung und deren Ablehnung geführt haben.

Eine an den oben ausgeführten erkenntnis- und geschichtstheoretischen Prämissen orientierte Interpretation des Gleichnisses wird somit zum einen davon ausgehen, daß es nicht möglich ist, die *eine* Bedeutung des Gleichnisses zu erheben, die sich hinter den Texten verberge und die von Jesus intendierte sei. Jede Rezeption des Gleichnisses bedeutet vielmehr zugleich einen eigenen Interpretationsvorgang, weshalb auch die hier angedeutete nicht beansprucht, zu einer Bedeutung *hinter* den Texten vorzustoßen, sondern sich als eine Deutung *vor* diesen versteht. Sie unterscheidet sich jedoch darin von freien Adaptionen, daß sie als *historische* Interpretation das Gleichnis in den Gesamtrahmen des aus den Quellen zu erhebenden Befundes über das Wirken Jesu einordnet. Dabei ist ihr bewußt, daß der hierfür entworfene Kontext ein von dem Ausleger hergestellter Sinnzusammenhang ist. Diese erkennt-

---

[137] Ist die Ablehnung auf den hohen Anspruch, mit dem Jesus auftrat und der etwa in den Menschensohn-Worten zum Ausdruck kommt, zurückzuführen? Dies könnte die in den Evangelien zum Ausdruck kommenden Konflikte jedenfalls besser erklären als die Tatsache, daß jemand eine Einladung zum Gottesreich verkündigt.

nistheoretische Einsicht bewahrt zum einen davor, die
Texte der eigenen Wirklichkeitswahrnehmung vorschnell
anzugleichen, andererseits verhindert sie, den eigenen
Entwurf der Vergangenheit mit der damaligen Wirklichkeit selbst zu identifizieren. Sie versteht diesen statt dessen
als Aneignung sprachlich vermittelter Deutungen des Wirkens Jesu unter den Erkenntnisbedingungen gegenwärtigen historischen Bewußtseins.

5   Zusammenfassung

Für den christlichen Glauben erschöpft sich die Bedeutung
Jesu seit den frühesten Zeugnissen nicht darin, ihn als eine
Person der Vergangenheit zu erinnern. Deshalb nimmt die
theologische Jesusforschung an der Diskussion um den
Charakter historischer Erkenntnis aus einer eigenen Perspektive und mit einem eigenen Beitrag teil.
Eine theologische Beurteilung der Jesusfrage kann bei der
Beobachtung ansetzen, daß die Refiguration der Zeit Jesu
in den Evangelien so erfolgt, daß die eigene auf die erzählte Zeit hin transparent, jene somit durch diese gedeutet
wird. Unter den Bedingungen heutigen historischen Bewußtseins kann die Jesusforschung dieses Verfahren nicht
einfach wiederholen. Sie ist jedoch gefordert, die Entstehung des Christentums aus dem Wirken Jesu heraus verständlich zu machen. An dieser Stelle könnte eine wichtige
Korrektur im Blick auf die Entstehung der Christologie
sowie auf die Geschichte des Urchristentums ansetzen:
Die Jesusüberlieferung ist in den ersten Jahrzehnten auf
eigenen, von Paulus unabhängigen Wegen tradiert worden.
Dabei wurde die Überzeugung von der bleibenden Bedeutung des irdischen Wirkens Jesu ausgeprägt[138]. Damit
liegt hier ein neben dem paulinischen Bereich zweiter Ursprung der Anfänge des Christentums vor, ein Anfang, der
in Kontinuität zu dem Wirken Jesu selbst steht. Die theologische Relevanz der Jesusfrage kann somit darin gesehen werden, diese bleibende Bedeutung des Wirkens Jesu

---

[138]   Vgl. hierzu unten K.VII.

durch Jesusdarstellungen, die veränderten erkenntnistheoretischen Prämissen unterliegen, zum Ausdruck zu bringen.

Eine Reflexion auf den Charakter historischer Erkenntnis
kann schließlich dazu verhelfen, in einer Situation, die von
der Vielfalt unterschiedlich akzentuierter, zum Teil auch
unvereinbarer Jesusdarstellungen gekennzeichnet ist, zwischen möglichen und nicht mehr möglichen Deutungen zu
differenzieren. Eine solche Reflexion hat zum einen den
Vorteil, die Jesusdiskussion in einen weiteren wissen-
schaftstheoretischen Diskurs hineinzustellen. Sie macht
darüber hinaus deutlich, daß die Mannigfaltigkeit der Jesusdarstellungen nicht auf ein einheitliches Bild zu reduzieren ist. Vielmehr sollte es um Konturen der historischen
Person Jesus von Nazaret als eines galiläischen Juden des
1. Jahrhunderts gehen, von dem eine zunächst innerjüdi-
sche Erneuerungsbewegung ausgegangen ist, die dann sehr
bald auch über die Grenzen Israels hinausdrängte. Eine
derartige Reflexion weist somit darauf hin, daß es bei der
Jesusforschung um Prozesse der Sinngebung geht, in denen durch Erinnerungsprozesse die Gegenwart im Licht
der Vergangenheit gedeutet wird. Das nächste Kapitel be-
fasst sich auf dieser Grundlage mit dem in den ältesten
zugänglichen Dokumenten erkennbaren Rahmen des Auftretens Jesu.

III
Markus und Q als „produktive Erinnerungen" an Jesus. Aspekte der frühen Rezeption des Wirkens Jesu

1 Vorbemerkung

In den vorangegangenen Kapiteln wurde der erkenntnistheoretische und hermeneutische Rahmen heutiger Jesusdarstellungen abgesteckt. Weiter wurde gezeigt, daß in den Textwelten der Evangelien die Person Jesu zum Zentrum der Deutung von Wirklichkeit wird. Als Erzählungen, die Vergangenheit refigurieren, stellen sie damit zugleich die Ausgangspunkte für spätere Anknüpfungen an Jesus dar.

In diesem Kapitel soll der Art und Weise, wie dieser Rückgriff auf Jesus erfolgte, in bezug auf die Verknüpfung von Vergangenheit, Gegenwart und Zukunft in Markus und Q als den ältesten zugänglichen Jesusdarstellungen nachgegangen werden. Dazu sollen in einem ersten Schritt einige Überlegungen zu den Evangelien als „produktiven Erinnerungsschriften" angestellt werden. Anschließend wird begründet, warum Markus und Q als Ausgangspunkte der Wirkungsgeschichte Jesu anzusehen sind. Auf dieser Grundlage soll schließlich der Zeitraum von Johannes dem Täufer bis zur Wiederkunft des Menschensohnes als Rahmen der frühchristlichen Rezeption des Wirkens Jesu skizziert werden.

Vorab wird die hier entwickelte Position in zweierlei Hinsicht in die Forschungsdiskussion eingeordnet.

1) Während die Forschung des 19. Jahrhunderts sowie die Vertreter der „Neuen Frage" weithin von der Voraussetzung ausgingen, die synoptischen Evangelien seien die maßgeblichen Quellen für eine Jesusdarstellung, werden gegenwärtig von einigen Forschern – z.T. in beträchtlichem Umfang – außerkanonische Zeugnisse sowie hin-

ter den zugänglichen Schriften vermutete Quellen einbezogen. Allerdings existieren sowohl in der amerikanischen als auch in der europäischen Forschung etliche Vorbehalte gegenüber der Inanspruchnahme der apokryphen Überlieferung für die *Anfänge* der Rezeption des Wirkens Jesu sowie gegenüber den Hypothesen verschiedener literarischer Schichten von Q oder dem EvThom[139].
Einigkeit besteht dagegen unter den Vertretern der ZQT darüber, daß Q als ein selbständiger Entwurf zu betrachten ist. Dadurch treten Markus und Q als die frühesten zugänglichen Quellen für die Rezeption von Wirken und Verkündigung Jesu in den Blick[140]. Sind beide unabhängig voneinander entstanden[141], sind sie für die Rekonstruktion der Wirksamkeit Jesu gleichermaßen heranzuziehen. Daß auch andere Überlieferungen – etwa aus dem mt oder lk Sondergut oder aus außerkanonischen Schriften – alt und historisch zuverlässig sein können, ist damit nicht in Abrede gestellt. Die entscheidende Differenz besteht indes darin, daß die narrativen Konzeptionen, in denen sich diese Überlieferungen finden, gegenüber Mk und Q historisch sekundär sind. Die Anfänge der nachweisbaren Rezeption des Wirkens Jesu liegen deshalb in dem Nebeneinander von Mk und Q. Auf die Frage, inwieweit darüber hinaus weitere – auch außerka-

---

[139] Vgl. etwa *Meier*, A Marginal Jew, I, 112-166; *Charlesworth/ Evans*, Jesus in the Agrapha and Apocryphal Gospels; *Evans*, Jesus and his Contemporaries, 26-40; *Becker*, Jesus, 11f. Als weitere Exegeten, die der Beurteilung der außerkanonischen Schriften als früh und unabhängig von den kanonischen Quellen reserviert gegenüberstehen, ließen sich etwa *R.B. Hays*, *C. Tuckett* und *F. Neirynck* nennen. Wenn *Theissen/Merz*, Jesus, 29. 40f., die Berücksichtigung außerkanonischer Quellen als ein generelles Merkmal der neuen Jesusforschung bezeichnen, so ist dies im Blick auf die *Beurteilung* dieser Quellen zu differenzieren.

[140] *Kloppenborg*, Sayings Gospel, bezeichnet darum die Rolle, die Q innerhalb der jeweiligen Forschungsphase spielt, sogar als „[k]ey among the differences" (307). Auch wenn die ZQT im 19. Jahrhundert weitgehend Anerkennung fand, wurde Q erst in neuerer Zeit als eigener Entwurf in die Frage nach dem historischen Jesus einbezogen. Vgl. hierfür nur die in vielen Punkten divergierenden, hierin jedoch übereinstimmenden Darstellungen von *Crossan*, Jesus und *Meier*, A Marginal Jew, II. Nicht ganz deutlich ist diesbezüglich die Position von *Sanders*, Jesus and Judaism, der allerdings – wie bereits aus anderen Veröffentlichungen ersehen werden konnte – der ZQT skeptisch gegenübersteht. Vgl. etwa *ders./M. Davies*, Studying, 112-119.

[141] Zur näheren Begründung, die hier nicht gegeben werden kann, verweise ich auf die entsprechenden Ausführungen in: *Schröter*, Erinnerung. Anders jedoch z.B. *Fleddermann*, Mark and Q.

nonische – Überlieferungen in eine historische Rekonstruktion einzubeziehen sind, wird noch einmal zurückzukommen sein.

2) Des weiteren ist auf verschiedene hermeneutische Modelle im Umgang mit der Jesusüberlieferung hinzuweisen. Kennzeichnend für die meisten Entwürfe der mit Hermann Samuel Reimarus anhebenden kritischen Jesusforschung ist eine Unterscheidung der in den Evangelien dargestellten Wirksamkeit Jesu von der außertextlichen Wirklichkeit, auf die sie sich beziehen. Verschieden ist allerdings die Weise, in der beides miteinander in Beziehung gesetzt wird.

In der durch John Dominic Crossan, Marcus Borg u. a. repräsentierten Forschungsrichtung wird – ähnlich wie schon bei Reimarus – ein *Gegensatz* zwischen der Verkündigung Jesu und ihrer Rezeption in den Evangelien behauptet. Begründet wird dieser Gegensatz mit dem Charakter der Evangelien als auf der Grundlage der Auferstehungsbotschaft verfaßter Schriften, die deshalb keine glaubwürdigen *historischen* Zeugnisse seien[142]. Die Bedeutung Jesu wird dabei von dem für historisch zuverlässig Angesehenen hergeleitet, das *hinter* den verschiedenen Rezeptionen zu suchen sei.

In anders orientierten Entwürfen wird die in den Evangelien aufbewahrte Jesusverkündigung gerade entgegengesetzt als historisch zuverlässige Grundlage betrachtet. Eine solche, in der Tradition von Forschern wie Joachim Jeremias, Leonhard Goppelt und Werner Georg Kümmel stehende Position wird gegenwärtig etwa von Peter Stuhlmacher vertreten, der in seiner Theologie des Neuen Testamentes ausdrücklich von der Verkündigung Jesu und nicht von deren Rezeption ausgeht[143].

Eine dritte Position schließlich steht in der Tradition der durch Ernst Käsemann inaugurierten „Neuen Frage". Hier wird die Jesusfrage von der Rezeption der Evangelien her gestellt und deshalb für theologisch notwendig erachtet, weil sich die Evangelien auf konkrete historische Ereignisse bezögen. Konsequenterweise erscheint die Verkündigung Jesu dann nur insofern innerhalb einer Theologie des Neuen Testaments, als sie die Voraussetzung von deren Rezeption durch die Evangelisten darstellt. Der historischen Frage kommt hier

---

[142]   Vgl. *Crossan*, Jesus, xxxf. sowie die programmatischen Ausführungen von *C.H. Hedrick*, The Tyranny of the Synoptic Jesus Semeia 44 (1988), 1-8 sowie *R.W. Funk/R.W. Hoover (hg.)*, The Five Gospels. The Search for the Authentic Words of Jesus, New York 1993, 2-8.

[143]   *Stuhlmacher*, Theologie. Vergleichbar ist der unvollendet gebliebene Entwurf von *Goppelt*, Theologie, der in seinem ersten Teil ebenfalls „Jesu Wirken in seiner theologischen Bedeutung" behandelt.

somit darum Bedeutung zu, weil der Bezug auf die historische Person Jesu ein Wesensmerkmal christlicher Theologie sei[144].

In den folgenden Überlegungen werden diese Positionen so aufgenommen, daß zwischen einem historisch-rekonstruierenden Verfahren, dessen Voraussetzungen in den vorangegangenen Kapiteln thematisiert wurden, und einer Beschäftigung mit den Evangelien, die diese als Schriften produktiver Erinnerung versteht, unterschieden wird. Gefragt wird somit nach Aspekten, die für eine sich auf die Wirksamkeit Jesu berufende Wirklichkeitsdeutung konstitutiv wurden.

2   Der erinnerte Jesus

Die Evangelien (einschließlich Q) haben nicht die „puren Fakten" von Jesu Verkündigung und Wirken aufbewahrt, sondern Erinnerungen an das „Phänomen Jesus" als einer neue Identität stiftenden, neue Gemeinschaft konstituierenden Person[145]. Sie lassen sich deshalb als „produktive Erinnerungsschriften" bezeichnen, die Gegenwart und Zukunft durch die Konstruktion der Vergangenheit in der Erinnerung an Jesus deuten.

Eine derartige Sichtweise läßt sich mit neueren Überlegungen zum Traditionsbegriff verbinden[146]. Aleida Assmann beschreibt Tradition als „eine auf Dauer gestellte kulturelle Konstruktion von Identität", die jedoch der Zeit ständig abgerungen werden müsse. Jan Assmann weist des weiteren darauf hin, daß der Traditionsbegriff unzureichend sei, „um das Geheimnis der Überlieferung adäquat

---

[144]   So in den neueren Entwürfen von *Gnilka*, Theologie, 11; *Strekker*, Theologie, bes. 267-269 und bereits bei *Conzelmann*, Grundriß, wo – wie bei *Gnilka* – keine separate Darstellung der Verkündigung Jesu begegnet. Bei *Strecker* läßt sich diese Position bereits in einer früheren Äußerung greifen. Vgl. *ders.*, Problem, 28f. mit Anm. 65.

[145]   Vgl. hierzu auch *Dahl*, Messiah, 28f.; *Schröter*, Erinnerung, 482-486.

[146]   Vgl. *A. Assmann*, Zeit und Tradition, 63-90; *J. Assmann*, Religion und kulturelles Gedächtnis, 45-61.

zu erfassen". Er ergänzt ihn deshalb durch diejenigen der
„unsichtbaren Religion" sowie der „kulturellen Erinnerung", um die *Funktion* der Tradition zu erfassen. Beide
Begriffe sollen das Augenmerk auf den verpflichtenden
und identitätskonstituierenden Charakter des einer Gruppe
gemeinsamen Wissens lenken.

Betrachtet man die Evangelien aus dieser Perspektive, so
wird deutlich, daß die biographischen Erinnerungen an
Jesus von Beginn an einen zentralen Bestandteil christlicher Identitätskonstitution dargestellt haben[147]. Diese Erinnerungen waren nicht an einem aus dem vorpaulinisch-
paulinischen Bereich stammenden Bekenntnis, sondern an
der bewahrenden, narrativen Verarbeitung des Wirkens
Jesu orientiert[148]. Diese zugleich bewahrende, identi-
tätstiftende und verbindliche Erinnerung ist diejenige
Form, in der die Evangelien die Geschichte Jesu verarbeitet haben. Sowohl Mk und Q als auch die späteren Quellen
entwerfen dabei selektive Bilder, in denen bestimmte Züge
in den Vordergrund gerückt, andere dagegen zurückge-
drängt werden[149]. Es ist diese produktive Erinnerung an
Jesus, die die Grundlage für spätere Rezeptionen darstellt.

Sind die Evangelien somit einerseits – wie in Kapitel I und
II dargelegt wurde – als historische Quellen ernst zu nehmen, so stellen sie zugleich Schriften dar, die aus der
Überzeugung heraus verfaßt wurden, Jesus sei der letzte,
entscheidende Repräsentant Gottes, mit dessen Auftreten
Gott seine Herrschaft aufzurichten beginnt. Innerhalb einer
historisch-rekonstruierenden Rückfrage wären sie deshalb
im Kontext anderer Quellen zu diskutieren, die – wie etwa
das sog. Testimonium Flavianum (Ant. 18,63f.) – weiteren
Aufschluß über die historische Person Jesu geben können[150]. Als „produktive Erinnerungsschriften" bilden sie

---

[147]   Vgl. auch *Lindemann*, Erwägungen, 14-30.
[148]   Dies wird in den Kapiteln VI und VII näher ausgeführt.
[149]   Für Q vgl. etwa *Kosch*, Q und Jesus; für Mk etwa *Petersen*,
„Perspektive".
[150]   Die nichtchristlichen Quellen über Jesus bestätigen einzelne
Aspekte der Evangelienüberlieferung (historische Existenz, gewalt-
samer Tod, Bezeichnung als χριστός, σοφὸς ἀνήρ und διδάσκαλος,
Wundertäter, Bruder namens Jakobus). Vgl. *Evans*, Jesus in Non-

dagegen den Ausgangspunkt eines Bezugs auf den irdischen Jesus als Zentrum der Wirklichkeitsdeutung. Im Folgenden soll es um diesen zuletzt genannten Aspekt gehen. Zuvor soll jedoch auf die gegenwärtig kontrovers diskutierte Frage nach denjenigen Quellen, die am Beginn der Rezeption des Wirkens Jesu stehen, eingegangen werden.

3 Zur Frage nach den Anfängen der Rezeption des Wirkens Jesu

In der gegenwärtigen Diskussion wird des öfteren die Forderung erhoben, die außerkanonischen Quellen müßten gleichwertig neben die kanonische Jesusüberlieferung gestellt werden. Es wird vermutet, diese Quellen würden das Bild von den frühen Anknüpfungen an Jesus wesentlich erweitern und in der Konsequenz zu einer Revision gängiger Vorstellungen der Entwicklungen im Urchristentum führen. Getragen ist diese Position zum einen von der Überzeugung, eine unvoreingenommene Untersuchung der Quellen dürfe sich nicht am Maßstab späterer Rechtgläubigkeit bzw. Kanonizität orientieren. Zum anderen wird vermutet, die Orientierung an den kanonischen Schriften sei als apologetisch einzuschätzen und beruhe auf nicht zu rechtfertigenden Vorurteilen gegenüber den apokryphen Quellen. Hierzu ist Folgendes zu bemerken:
Zunächst kann es gar keinem Zweifel unterliegen, daß eine Untersuchung der Rezeption des Wirkens Jesu alle zur Verfügung stehenden Quellen einzubeziehen hat und sich nicht auf eine begrenzte Auswahl aus diesen beschränken darf. Daß also die apokryphe Jesusüberlieferung in eine

---

Christian Sources; *Theissen/Merz*, Jesus, 73-92. Zur Frage nach der ursprünglichen Gestalt des Testimonium Flavianum vgl. *Charlesworth*, Jesus within Judaism, 90-102; *Meier*, A Marginal Jew, I, 59-69. Für ein genaueres Bild tragen sie darüber hinaus nichts bei. Auch bei Josephus sind selbstverständlich die Tendenzen der Darstellung zu berücksichtigen, die sich etwa bei seiner Zeichnung des Täufers (Ant. 18,116-119) bemerkbar machen, den er im Stile eines philosophischen Tugendlehrers und nicht als apokalyptischen Umkehrprediger beschreibt.

Darstellung der Wirkungsgeschichte Jesu einzubeziehen ist, bedarf keiner weiteren Begründung. Dies beantwortet freilich weder die Frage, ob diese Quellen die frühe Rezeption der Verkündigung Jesu tatsächlich in einem grundsätzlich anderen Licht erscheinen lassen, noch diejenige nach dem Verhältnis dieser Schriften zu den kanonischen Evangelien. Für die Frage nach den *Anfängen* der Rezeption der Jesusverkündigung – die von derjenigen nach einer *Geschichte* derselben zu unterscheiden ist – können diese Schriften jedoch nur dann etwas beitragen, wenn sie sich als frühe, unabhängige Quellen erweisen lassen.

Diesbezüglich muß darauf aufmerksam gemacht werden, daß die Unabhängigkeit etlicher außerkanonischer Quellen, wie etwa des PtEv, der EpJac, Dial, des PapEg, des Geheimen MkEv, von den später kanonisierten keineswegs eindeutig ist, sondern viele Argumente gegen sich hat[151]. Auch wenn sich, worauf Crossan, Köster u.a. zu Recht hingewiesen haben, oftmals keine direkte literarische Abhängigkeit der außerkanonischen Schriften von den kanonischen nachweisen läßt, ist doch der Überlieferungsprozeß in der Regel wesentlich plausibler so vorstellbar, daß in den später kanonisch gewordenen Evangelien bereits verschriftlichte Überlieferungen in späterer Zeit unter deren Einfluß noch einmal rezipiert wurden. Für die Endfassung der apokryphen Schriften wird dies in der Regel auch zugestanden, für vermutete Quellenschriften, die in diesen verarbeitet seien, aber bestritten. Es ist jedoch methodisch ausgesprochen schwierig, aus späteren, von den kanonischen Evangelien beeinflußten Schriften Quellen zu rekonstruieren, die von einem solchen Einfluß noch frei gewesen seien. Das Phänomen der „sekundären Mündlichkeit" dürfte deshalb ein angemesseneres, weil mit weniger – letztlich unbeweisbaren – Hypothesen befrachtetes Modell sein, das Verhältnis der kanonischen zu den außerkanonischen Schriften zu bestimmen.

---

[151] Vgl. etwa die von von *Neirynck* gegen *Crossan* vorgebrachten Argumente in: *ders.*, Historical Jesus sowie *Heckel,* Markusevangelium, 273-329.

Nicht unproblematisch ist in diesem Zusammenhang auch das methodische Instrumentarium, durch welches mitunter ältere, von den synoptischen Evangelien unabhängige Fassungen einzelner Überlieferungen erschlossen werden sollen. Eine besondere Rolle spielt dabei das EvThom, dessen Unabhängigkeit zuweilen recht pauschal behauptet wird[152]. Begründet wird dies in der Regel mit der eigenständigen Reihenfolge der Sprüche sowie dem vermeintlich traditionsgeschichtlich älteren Stadium etlicher der hier begegnenden Worte. Dem ist jedoch entgegenzuhalten, daß die selbständige Reihenfolge[153] zunächst nicht mehr besagt, als daß das EvThom nicht dem synoptischen Typ einer biographischen Jesusdarstellung verpflichtet ist. Vielmehr wird die Lehre Jesu hier als eine „verborgene" dargestellt, deren Bedeutung zu finden vor dem Tod bewahrt (Log. 1). Das traditionsgeschichtlich vermeintlich hohe Alter der einzelnen Sprüche bzw. Gleichnisse wird dagegen zuweilen mit Argumenten begründet, deren Prämissen nicht immer unmittelbar einleuchten.

Als Beispiel hierfür sei das von Theissen/Merz angeführte Winzergleichnis aus EvThom 65 genannt, das angeblich eine gegenüber Mk 12,1-12 ältere traditionsgeschichtliche Fassung präsentiere[154]. Als

---

[152] So etwa bei *Theissen/Merz*, Jesus, 51-55.

[153] Ein markantes Beispiel ist die separate Überlieferung der Gleichnisse vom Senfkorn und Sauerteig in EvThom 20 und 96, die innerhalb der synoptischen Überlieferung bereits in Q eine feste Verbindung eingegangen sind. Dagegen wäre zu fragen, ob die Abfolge von Log. 65 und 66 (Winzergleichnis + Wort vom Eckstein) nicht auf synoptischen Einfluß zurückzuführen ist (vgl. auch die nächste Anm.).

[154] A.a.O., 53. Vgl. bereits *Jeremias*, Gleichnisse, 67-75; *Crossan*, In Parables, 84-94 sowie *Davies*, Use, dem zufolge Markus die Reihenfolge von Winzergleichnis und Zitat aus Ps 118 sogar aus EvThom übernommen habe. Das von *Theissen/Merz* nicht diskutierte Problem der übereinstimmenden Abfolge EvThom 65; 66/Mk 12,1-9; 10f. wird auch von *Crossan* so gelöst, daß er eine ursprüngliche Fassung des Gleichnisses hinter EvThom 65 annimmt, die in einem ersten Stadium der Allegorisierung mit dem Zitat aus Ps 118 verbunden worden sei (EvThom 65+66), worauf dann in einem nächsten Schritt die weitere Ausschmückung mit Schriftbezügen aus Jes

Gründe werden die in der EvThom-Fassung fehlenden Schriftbezüge und allegorischen Elemente genannt. Dieses Urteil ist von daher problematisch, als es voraussetzt, daß LXX-Bezüge und allegorische Elemente in den Gleichnissen Indizien für jüngere Stufen des Traditionsprozesses seien. Dies läßt sich jedoch nicht ohne weiteres mit anderen Beobachtungen nicht ohne weiteres vereinbaren, wie z.B. ein Vergleich der lk mit den mk Gleichnissen zeigt.

Die lk Gleichnisse weisen deutlich weniger allegorische Züge auf als diejenigen von Mk und Mt. Auch seine Rezeption des mk Materials weist in diese Richtung und unterscheidet sich damit von derjenigen bei Mt. Dies ist in erster Linie auf das hier entworfene Bild Jesu als desjenigen, der das Volk in seinen Gleichnissen ethisch belehrt, zurückzuführen. Daß das Fehlen allegorischer Züge ein Indiz für ältere (vormk) Fassungen der entsprechenden Gleichnisse sei, kann also nicht als generell vorausgesetzt werden. Dieses Fehlen kann vielmehr auch auf eine bewußte Tilgung derartiger Züge zurückzuführen sein, die sich einer anderen Darstellung Jesu verdankt. Es wäre dann – sowohl bei Lk als auch im EvThom – gerade das Kennzeichen einer *späteren* Rezeption.

Auch im vorliegenden Fall fehlen bei Lk wie im EvThom die mk Bezüge auf Jes 5. Andererseits finden sich jedoch auch etliche Übereinstimmungen von Lk und Mk, die darauf hindeuten, daß Lk die mk Version gekannt hat. Zieht man weiter in Betracht, daß die Fassung des EvThom von Lk beeinflusst sein kann[155], so spräche dies gegen die These, eine aus Lk und EvThom rekonstruierte Fassung sei als die älteste greifbare Traditionsstufe des Gleichnisses anzusehen. Die methodische Grundlage für den Nachweis der Unabhängigkeit bzw. das höhere Alter von Überlieferungen im Ev-Thom ist somit einer genauen Prüfung zu unterziehen und in den Gesamtrahmen eines Bildes der synoptischen Überlieferungstendenzen zu stellen.

Freilich ist evident, daß das EvThom nicht einfach eine nachträglich zurechtgeschnittene Kompilation aus den synoptischen Evangelien darstellt, sondern eine Sammlung verschiedenartiger Traditionen, die zu einem eigenständigen Jesusbild komponiert werden. Es erscheint deshalb angemessener, hier eine eigene, sich von der synoptischen Überlieferung trennende Entwicklung zu sehen, der das Konzept der „verborgenen Worte des lebendigen Jesus" zugrunde

---

5, wie sie in Mk 12,1 begegnet, erfolgt sei (ähnlich stellt es sich offenbar *Jeremias* vor, vgl. a.a.O., 72, Anm. 2).

[155]   Hierfür könnte z.B. die Übereinstimmung des für die lk im Vergleich zur mk Version charakteristischen ἴσως mit dem ⲘⲈⲰ̅ⲀⲔ der EvThom-Fassung sprechen (vgl. auch *K.R. Snodgrass*, The Gospel of Thomas: A Secondary Gospel, The Second Century 7 [1989-1990], 19-38; 29), sollte zumindest erwogen werden.

liegt, jedoch keine maßgebliche Quelle für deren Rezeption im 1.
Jahrhundert.

Angesichts des derzeitigen Forschungsstandes wäre es
somit wenig plausibel, ein Bild der frühen Rezeption des
Wirkens Jesu zu entwerfen, das den innerhalb der ZQT als
früheste Quellen geltenden Konzeptionen von Mk und Q
widersprechen würde. Dies wäre nur dann überzeugend,
wenn sich eine andere Quellenlage erweisen ließe, die dieses Bild entscheidend modifizieren würde. Für die folgenden Erwägungen wird jedoch davon ausgegangen, daß mit
Markus und Q die frühesten greifbaren Konzeptionen, die
Person und Wirken Jesu zum Gegenstand haben, vorliegen. Gefragt wird auf dieser Grundlage im Folgenden sowie in den Kapiteln V-VII nach Zügen, mit denen das
Wirken Jesu in Mk und Q gedeutet wird.

4 Markus und Q – Der zeitliche Rahmen als Beispiel für die frühe Rezeption der Verkündigung Jesu

Eines der markanten Merkmale, die Mk und Q miteinander teilen, ist der zeitliche Rahmen, in den die Wirksamkeit Jesu gestellt wird. Dieser Tatbestand ist darum von
Bedeutung, weil das Auftreten Jesu durch diese Einordnung zugleich auch inhaltlich interpretiert wird. Schließlich wird ein näherer Blick auf die vorausgesetzte Zeitspanne der Wirksamkeit Jesu zeigen, wie sich historisches
Material und geschichtstheologischer Entwurf zu einer
Einheit verbinden.

4.1 Das Auftreten des Täufers als Vorbereitung des Kommens Jesu

Sowohl bei Mk als auch in Q spielt der Täufer für den Anfang des Wirkens Jesu eine wichtige Rolle. Johannes ist
derjenige, der das Auftreten Jesu durch seine Gerichtspredigt vorbereitet und darüber hinaus entscheidende Bedeutung für die Einordnung seiner Botschaft von der anbrechenden Gottesherrschaft besitzt. Nicht mit den Kind-

heitsgeschichten von Mt und Lk, sondern mit dem Auftreten des Täufers beginnt demnach die historisch faßbare
Phase der Wirksamkeit Jesu[156].

Es ist somit auffällig, daß sowohl Mk als auch Q nicht
unmittelbar mit dem Bericht von Auftreten und Verkündigung Jesu einsetzen, sondern mit der Einführung des Täufers. Dies wird dann von Mt und Lk (vgl. auch Apg 1,5.22;
10,37) aufgegriffen und findet sich auch bei Joh[157]. Dahinter ist mit großer Wahrscheinlichkeit die Reminiszenz
an eine Beziehung Jesu zu Johannes und dessen Jüngerkreisen zu vermuten. Dies kann zum einen damit begründet werden, daß die Tauftätigkeit des Johannes (möglicherweise einschließlich der Bezeichnung ὁ βαπτιστής,
vgl. Mk 6,25; 8,28, in den Q-Texten ist diese unsicher)
auch durch Josephus, Ant. 18,116f., bezeugt wird, zum
anderen damit, daß es offensichtlich eine frühe, bereits vor
Mk und Q liegende frühchristliche Tradition gab, die das
Auftreten des Johannes durch einen Schriftbezug interpretierte und auf diese Weise zum Wirken Jesu in Beziehung
setzte (vgl. dazu gleich Näheres).

Ein näherer Blick auf die Nachrichten über den Täufer und
dessen Verhältnis zu Jesus zeigt freilich nicht nur Gemeinsamkeiten, sondern auch wichtige Differenzen zwischen

---

[156] Vgl. *Becker*, Jesus, 24f. 38f. *Becker* beginnt seine Darstellung
der Wirksamkeit Jesu darum mit einer Darstellung seines Verhältnisses zum Täufer und leitet daraus die Konsequenz ab, daß auch die
Verkündigung Jesu sachgemäß von den Gerichtsaussagen her zu
erfassen sei (a.a.O., 60f. u.ö.). Diese Sicht stellt eine wichtige und
notwendige Korrektur der These einer Diastase zwischen Jesus und
dem Täufer dar, die in der neueren amerikanischen Forschung auf
der Grundlage einer angenommenen ersten Version von Q behauptet
wird. Freilich kann man fragen, ob *Beckers* Ansatz mitunter zu stark
in die entgegengesetzte Richtung tendiert, wenn er Gerichtsaussagen, die aus Q oder dem Sondergut eines Evangelisten stammen und
sich wohl besser als Ausdruck dieser Konzeptionen erklären lassen
(wie etwa Lk 12,16-20; 13,1-5; 16,1-7; Mt 18,23-34; Q 11,31f.),
Jesus zuschreibt.

[157] Sowohl die Frage der Verarbeitung der Täuferthematik bei Mt
und Lk als auch diejenige nach dem Verhältnis des JohEv zu den
Synoptikern können im hiesigen Zusammenhang offen gelassen
werden.

Mk und Q. Gemeinsam ist zunächst die geschichtstheolo-
gische Einordnung des Johannes mittels eines Schriftbezu-
ges. Bei Mk geschieht dies, indem Johannes in 1,2 mit
dem Mischzitat aus Ex 23,20 und Mal 3,1 eingeführt wird,
welches hier – anders als bei Mt und Lk – dem Zitat aus
Jes 40,3 unmittelbar vorangeht. Bei den letzteren findet
sich das Mischzitat dagegen innerhalb des Q-Komplexes
über Jesus und Johannes in Lk 7,27/Mt 11,10. Diese auffällige Übereinstimmung ist ein deutliches Indiz dafür, daß
Mt und Lk das Zitat bereits innerhalb dieses Q-Komplexes
vorgefunden und es deshalb in ihrer Rezeption des Mk-
Textes übergangen haben[158].

Unter dieser Voraussetzung weist die übereinstimmende
Abweichung vom LXX-Text auf eine frühe, bereits vor
Mk und Q erfolgte Rezeption dieses Zitates innerhalb der
Jesusüberlieferung hin. Mal 3,1 lautet im hebräischen Text
הנני שלח מלאכי ופנה־דרך לפני, was die LXX mit ἰδοὺ ἐγὼ
ἐξαποστέλλω τὸν ἄγγελόν μου, καὶ ἐπιβλέψεται ὁδὸν
πρὸ προσώπου μου übersetzt. Die frühchristliche Adaption
dieses Zitates zeigt sich zum einen an der Verbindung mit
Elementen aus dem Ex-Text, wobei vornehmlich auf die
Ergänzung von πρὸ προσώπου σου zu ἄγγελος hinzuweisen ist, die dann auch eine Angleichung an die 2. Person in
dem Mal-Zitat erforderlich machte[159]. Markant ist weiter,
daß die LXX פנה mit ἐπιβλέπειν wiedergibt, also als Qal
übersetzt, wogegen sowohl Q als auch Mk mit κατα-
σκευάζειν ein Piel übersetzen[160].

Diese Beobachtungen belegen zunächst, daß die Verknüpfung des Auftretens Jesu mit demjenigen des Johannes auf
eine alte, bereits vor Mk und Q liegende Tradition zurück-
geht. Die Tauftätigkeit des Johannes und sein Aufruf zur
μετάνοια wurden in dieser mit Hilfe der Elia-Tradition

---

[158] Ein weiterer Grund könnte die auf dieses Zitat nicht zutreffende
Einführung des Mk durch ἐν τῷ Ἡσαΐᾳ τῷ προφήτῃ sein, die dazu
geführt haben kann, die Angabe dadurch zu korrigieren, daß nur
noch das Jes-Zitat angeführt wurde.
[159] Auf den Ex-Text könnte des weiteren die Ersetzung von ἐξαπο-
στέλλειν durch ἀποστέλλειν zurückgehen.
[160] Ähnlich Symmachus (ἀποσκενάσει) und Theodotion (ἑτοιμά-
σει). Vgl. auch *Lohmeyer*, Markus, 11 mit Anm. 3.

aus Mal 3 gedeutet, deren Bedeutung für das Judentum des Zweiten Tempels etwa auch durch Sir 48,10 belegt wird. Sollte auch das Jes-Zitat in Q gestanden haben und somit bereits vor Mk und Q auf Johannes bezogen worden sein, so läge damit ein weiterer Fall vorsynoptischer schriftorientierter Auslegung des Wirkens des Johannes vor, das zudem eine Analogie in Qumran besäße, wo Jes 40,3 als Ausdruck des Selbstverständnisses der Gemeinschaft herangezogen wurde[161]. Auch in diesem Zitat steht das Motiv des Vorbereitens des Weges im Vordergrund, was die Kombination beider Zitate erleichtert haben dürfte.

Die Einbindung der Gestalt des Johannes und seiner Taufe in die Jesusdarstellung wird darüber hinaus an einem zweiten, Mk und Q gemeinsamen Merkmal deutlich. Sowohl in Mk 1,7f. als auch in Q 3,16 verweist Johannes auf einen nach ihm Kommenden, der stärker als er selbst ist[162]. Ist die Aufgabe des Johannes in Mk 1,3/Q 3,4 noch als Bereitung des Weges Gottes[163] beschrieben, so wird nunmehr sein Verhältnis zu Jesus im Sinne von Vorläuferschaft und Unterordnung definiert. Dagegen bleibt es fraglich, ob man hier einen von den Kontexten bei Mk und Q unabhängigen Bezug der Täuferpredigt auf eine erwartete

---

[161]   1QS VIII 14; 4Q259 III.

[162]   Für Q wird hier mit Mt ὁ δὲ ὀπίσω μου ἐρχόμενος ἰσχυρότερός μού ἐστιν zu lesen sein, wogegen Lk an Mk angeglichen haben dürfte. Vgl. den Vorschlag des *International Q Project*, JBL 112 (1993), 502 sowie *Fleddermann*, Mark and Q, 32-34. Im Blick auf Q ist hieran wichtig, daß Johannes bereits an dieser Stelle auf den Kommenden (ὁ ἐρχόμενος) verweist, nach dem er seine Jünger dann in 7,19 fragen läßt: σὺ εἶ ὁ ἐρχόμενος ἢ ἄλλον προσδοκῶμεν; Vgl. auch Q 13,35; εὐλογημένος ὁ ἐρχόμενος ἐν ὀνόματι κυρίου.

[163]   Mit dem κύριος dürfte hier – trotz der Änderung von τοῦ θεοῦ ἡμῶν in αὐτοῦ gegenüber der LXX –nicht Jesus gemeint sein. Κύριος ist bei Mk kein Hoheitstitel für Jesus, sondern – ebenso wie in Q 6,46; 7,6; 9,59; 12,42f.45f.; 13,25 – Höflichkeitsanrede. Zudem wird die Umkehrtaufe des Johannes als sein Beitrag in bezug auf das erwartete Kommen Gottes dargestellt. Vgl. auch *Lührmann*, Markusevangelium, 34.

Richtergestalt neben Gott postulieren kann[164], zumal das Auftreten einer solchen kein konstitutiver Bestandteil der eschatologischen Erwartungen des Judentums des Zweiten Tempels war. Innerhalb von Mk und Q ist die von Johannes ausgesprochene eschatologische Erwartung deutlich auf Jesus bezogen, dessen Verkündigung der angebrochenen βασιλεία die Erfüllung der von Johannes angekündigten Ereignisse darstellt. Läßt sich dagegen für Johannes die Ankündigung des bald hereinbrechenden Zornes Gottes wahrscheinlich machen, angesichts dessen er Taufe und Frucht der Umkehr als Akte der Hinwendung zu Gott verkündet[165], so stehen diese vermutlich im Zusammenhang der Erwartung des Kommens Gottes zum Gericht und wurden erst durch die christliche Bearbeitung mit Jesus in Verbindung gebracht[166].

In der weiteren Ausgestaltung dieser frühen Rezeption der Verbindung von Johannes und Jesus sind Mk und Q eigene Wege gegangen. Bei Mk weist die Tatsache, daß das Zitat aus 1,2b-3 insgesamt als vom Propheten Jesaja stammendes gekennzeichnet wird – jedenfalls dann, wenn man die Angabe als bewußtes Signal des Autors interpretiert[167], – darauf hin, daß sowohl die Elia-Thematik als

---

[164] So *Becker*, Jesus, 54f., der an den Menschensohn als von Johannes erwartete Richtergestalt denkt. Kritisch auch *Chilton*, John the Purifier, 219: „… it might be maintained that John's baptism was driven by an eschatological expectation, not necessarily of a messiah, but of divine judgement."

[165] Bei Mk und Q wird dies zum einen durch die Wendung βάπτισμα μετανοίας εἰς ἄφεσιν ἁμαρτιῶν in Mk 1,4, zum anderen an der Gerichtspredigt aus Q 3,7-9 deutlich. Josephus setzt sich freilich von diesem Verständnis der Täuferpredigt ab und stellt Johannes als Verkünder von Morallehren (ἀρετή, δικαιοσύνη, εὐσέβεια) dar. Sein unmittelbar anschließender Bericht über die Gefangennahme und Enthauptung durch Herodes (Ant. 18,118f.) belegt jedoch ebenfalls, daß die Tätigkeit des Johannes weiterreichende Implikationen besaß und Anlaß zum Eingreifen seitens der politischen Administration bot.

[166] Hierfür spricht nicht zuletzt die Gerichtspredigt des Täufers in Q 3,7-9, die vom kommenden Zorn Gottes spricht, dem man nur durch „Frucht der Umkehr" entrinnen kann.

[167] Von einem Irrtum des Autors, wie er offensichtlich schon bald in der Textüberlieferung vorausgesetzt wird, wird man kaum auszu-

auch die Bereitung des Weges Gottes durch die Umkehrtaufe (vgl. 1,4) wichtige Aspekte zur Deutung des Johannes sind. Die Zitatenkombination bereitet somit zwei
Linien vor, auf denen das Wirken des Johannes verfolgt
und damit zugleich dasjenige Jesu theologisch eingeordnet
wird. Die Elia-Thematik wird im unmittelbaren Anschluß
in 1,6 durch die Schilderung von Kleidung und Speise
aufgenommen und verstärkt[168]. Dadurch wird deutlich:
Nach Mk ist das Auftreten des Täufers in der Tradition des
Propheten Elia zu interpretieren, dessen Wiederkommen in
der jüdischen Überlieferung erwartet wurde. Allerdings
wird dieses Verhältnis – ähnlich demjenigen von Jesus zur
Figur des erwarteten Christus – im Verlauf der Erzählung problematisiert. In 6,14-16 wird das Verhältnis Johannes – Jesus thematisiert und als Einleitung der Erzählung von der Enthauptung des Johannes durch Herodes
vorangestellt. Die von Herodes geäußerte Ansicht, Jesus

gehen haben, denn Mk weiß ansonsten sehr genau, woraus er zitiert.
Auch die Annahme der späteren Einfügung durch einen Kopisten
(so etwa *Taylor*, St. Mark, 153) ist unbefriedigend und wird durch
die Textüberlieferung nicht gestützt. Die These eines „Florile-
gium[s] von Bibelworten", von dem Mk abhängig sei (so *Lohmeyer*,
Markus, 11, Anm. 2 und ähnlich bereits *Origenes*, In Ioh, 6,24),
bleibt natürlich hypothetisch. Nach *Gundry* ist die generalisierende
Angabe ἐν τῷ Ἠσαΐᾳ τῷ προφήτῃ dagegen darauf zurückzuführen,
daß das längere Zitat aus Jes stammt, dieser zudem – gemeinsam mit
den Psalmen – unter den atl. Büchern die größte Popularität in der
frühen Kirche besessen habe. Vgl. *ders.*, Mark, 35. Die Herkunfts-
angabe sollte jedenfalls als Signal des Autors an seine Leser interpretiert werden: Das folgende Zitat soll als Jes-Zitat verstanden
werden.
[168]   Anders noch *Vielhauer*, Tracht und Speise, der eine Bezugnahme auf Elia ablehnt und statt dessen das Auftreten des Johannes als
bewußte Aufnahme der Wüstentypologie ansieht. Freilich ist ein
Unterschied zu den hiesigen Überlegungen dadurch gegeben, daß
Vielhauer auf der historischen Ebene argumentiert und auf dieser
das Auftreten des Johannes interpretiert. Dies stellt sich freilich anders dar, wenn man Mk 1,6 als Verarbeitung der Johannes-Thematik
durch den Autor des MkEv betrachtet. Daß der historische Johannes
bewußt an die Elia-Tradition angeknüpft habe, ist damit freilich
nicht behauptet. Hier verliert sich die Rückfrage jedoch im Unge-
wissen.

sei der auferweckte Johannes, wird zurückgewiesen und
der Tod des Täufers als von der Elia-Erwartung abwei-
chendes Element ins Feld geführt: Elia ist nicht – wie Johannes – getötet, sondern in den Himmel aufgenommen
worden[169], es ist also notwendig, die Funktion des Johannes – wie dann auch diejenige Jesu – neu zu verstehen[170].
Weitere Klärung dieser Konstellation erfährt der Leser in
9,11-13. Auf die Frage der Jünger nach dem zuerst kommenden Elia antwortet Jesus mit dem Hinweis auf das in
der Schrift geweissagte Leiden und Verachtetwerden des
Menschensohnes und führt dieses mit dem Hinweis auf
den bereits gekommenen Elia weiter, dem ein analoges
Schicksal zuteil wurde. Deutlich wird somit, daß die Figur
des Johannes, angefangen von der bewußt vorangestellten
Zitatenkombination aus 1,2b-3, in die spezifisch mk Darstellung des Weges Jesu einbezogen wird und in dieser
ihren Platz erhält.

In Q wird das Verhältnis Johannes – Jesus auf eine etwas
andere Weise gelöst. Schon daß das Zitat aus Mal und Ex
hier nicht am Anfang der Beschreibung des Johannes
steht, gibt diesem ein anderes Profil. Nach der – nur noch
fragmentarisch erkennbaren – Schilderung des Auftretens
des Täufers[171] wird statt dessen in 3,7-9 seine Gerichtspre-

---

[169] Dies ist ein in der jüdischen Elia-Tradition fest verankerter Topos. Vgl. etwa 2 Kön 2,11; Sir 48,9.12; 1 Makk 2,58 u.ö.
[170] Daß es sich auch hier um eine bewußte mk Gestaltung handelt,
geht schon aus der Aufnahme von Motiven aus Herodot 9,108-113
sowie Est 5; 7 hervor (vgl. hierzu etwa *Theissen*, Legende). Die
Gründe, die Herodes bewogen, Johannes zu töten, werden dagegen
bei Josephus, Ant. 18,116-119, ganz anders dargestellt, wenn er diesem Furcht vor zu großem Einfluß des Täufers und einem möglichen
Aufruhr im Volk unterstellt. Die erzählerische Funktion im MkEv
dürfte sich von daher erklären, daß das in 1,14 bereits erwähnte πα-
ραδοθῆναι des Johannes hier noch einmal aufgegriffen wird, um das
inzwischen beschriebene Wirken Jesu zu Johannes in Beziehung zu
setzen: Das Wirken Jesu läßt sich nicht dadurch erfassen, daß man
ihn für den auferweckten Täufer hält, eine Parallelität besteht allerdings im Schicksal beider.
[171] Aufgrund der Mt und Lk gemeinsamen und darum Q zuzuwei-
senden Wendung πᾶσα ἡ περίχωρος τοῦ Ἰορδάνου (Mt 3,5/Lk 3,3)
kann vermutet werden, daß Q damit das Auftreten des Täufers loka-

digt angeführt, die dann in der Eröffnungsrede Jesu in 6,20-49 eine – in mancher Hinsicht freilich charakteristisch abweichende – Entsprechung findet. Johannes hat in Q somit zunächst die Funktion, mit dem baldigen Gericht Gottes, das auch Israel nicht verschonen wird, zu drohen und angesichts dieses Gerichtes zur Frucht der Umkehr aufzufordern. Gegenüber Mk besitzt das Auftreten des Täufers in Q damit ein wesentlich größeres Eigengewicht, insofern er nicht nur den kommenden Stärkeren, der mit Geist taufen wird, ankündigt, sondern selbst eine Umkehrpredigt hält und mit der Wassertaufe die Möglichkeit eröffnet, in der Geist- und Feuertaufe des Kommenden zu bestehen[172].

lisierte und dieses dann mit dem Jes-Zitat interpretierte. Dies geht schon aus der Tatsache hervor, daß als Ort der Tauftätigkeit die Jordangegend vorauszusetzen sein wird, wogegen der bei Mk nur unbestimmt genannte ἔρημος eine Anknüpfung an das Jes-Zitat darstellen dürfte.

[172] Daß Mk die Wassertaufe des Johannes von der (christlichen) Geisttaufe absetzen möchte, dürfte eindeutig sein. Für Q ist eine Kombination von Geist- und Feuertaufe vorauszusetzen, da Mt und Lk kaum unabhängig voneinander die Worte πνεύματι ἁγίῳ καί zwischen ἐν und πυρί eingefügt haben dürften. Anders *Luz*, Matthäus, II, 148, Anm. 28, der für Mt mit einer Kombination von Mk und Q-Text rechnet, gleichwohl einräumt, daß „man nur postulieren, nicht beweisen (könne), daß in Q nur πυρί stand". Auch daß eine ältere Version dieses Spruchs nur von der Feuertaufe gesprochen habe (so *Fleddermann*, Mark and Q, 35), bleibt eine hypothetische Annahme. Die These von *Becker*, Jesus, 52f. mit Anm. 14, die Erwähnung des heiligen Geistes sei zweifellos als eine Verchristlichung der ursprünglichen Täuferbotschaft anzusehen, geht davon aus, daß sich innerhalb der in Q 3,16f. überlieferten Worte des Johannes zwischen Original und sekundären, christlichen Zusätzen unterscheiden ließe. Damit steht er in der Tradition von *Dibelius*, der den Ursprung der Worte ebenfalls bei Johannes vermutet hatte, vgl. *ders.*, Überlieferung, 57. Dagegen hatte *Bultmann* geurteilt, daß es sich um dem Täufer von der christlichen Überlieferung in den Mund gelegte Worte handle, vgl. *ders.*, Geschichte, 123. In jedem Fall dürfte evident sein, daß die Täuferpredigt als ganze aus der Perspektive auf Johannes und Jesus, wie sie in Q entwickelt wird, entworfen ist. Auch wenn dem – was wahrscheinlich ist – Erinnerungen an die Predigt des historischen Johannes zugrunde liegen, so ist dies noch einmal etwas anderes als die von einem schriftlichen Modell

Die zweite hier zu nennende Stelle innerhalb von Q ist der
Komplex 7,18-35, einschließlich des möglicherweise bereits in Q innerhalb dieses Abschnittes überlieferten Verses Q 16,16/Mt 11,12f., den vermutlich erst Lk aus diesem
Kontext entfernt hat[173]. In bezug auf die hier verfolgte
Fragestellung ist von Bedeutung, daß hier – gewisserma-
ßen in Analogie zu Mk 6,14-29 – das Verhältnis von Johannes und Jesus noch einmal ausdrücklich thematisiert
wird. Im Rückgriff auf 3,16 (mt Wortlaut) wird zunächst
die Frage nach der Identität Jesu gestellt und mit einem
aus mehreren Jes-Stellen[174] kombinierten Zitat beantwortet. Innerhalb von Q wird hier somit das Verhältnis zwischen dem von Johannes angekündigten Geist- und Feu-
ertäufer und dem inzwischen durch die Eröffnungsrede
sowie die Heilungsgeschichte aus 7,1-10 bekannten Jesus
diskutiert. Dieser wird mit Hilfe der Jes-Zitate als derjenige charakterisiert, dessen Wirken im Horizont des eschatologischen Gotteshandelns zu interpretieren und der deshalb als der von Johannes angekündigte Kommende zu
identifizieren ist[175]. Im Anschluß hieran wird nunmehr Johannes von Jesus selbst mit Hilfe des Mal/Ex-Zitates als
sein Wegbereiter gekennzeichnet. An dieser Stelle also
nimmt Q die Elia-Tradition auf, was Mt dann durch den
interpretierenden Vers 11,14 noch einmal ausdrücklich
hervorhebt.

Die Fortsetzung in Q 7,28 macht gleichwohl deutlich, daß
diese Vorläuferschaft des Johannes nicht im Sinne einer
Unterordnung, sondern als Beschreibung seiner von Jesu
Rolle unterschiedenen Funktion im Blick auf die βασιλεία

ausgehende Unterscheidung von ursprünglichem Text und späteren
Zusätzen. Was hier vielmehr zum Ausdruck kommt, ist ein Stück
Theologie von Q: Israel wird die Notwendigkeit der Umkehr und
deren Frucht eingeschärft, um es damit auf die anbrechende βασιλεία vorzubereiten.

[173] Vgl. *Hoffmann*, Studien, 56-60.
[174] Jes 29,18f.; 35,5f.; 61,1.
[175] Vgl. auch die zu Q 7,22 analoge Zusammenstellung von Blindenheilung, Totenauferweckung und Verkündigung an die Armen,
mit der in 4Q521 2 II das endzeitliche Handeln Gottes in Zusammenhang gebracht wird. Zu diesem Text vgl. *Niebuhr*, Werke; *Kvalbein*, Wunder sowie unten K.VI.

zu verstehen ist. Wie aus Q 16,16/Mt 11,12f. hervorgeht, spielt Johannes im Blick auf den Einbruch der Gottesherrschaft eine herausragende Rolle, insofern ihm die Funktion zukommt, das von πάντες οἱ προφῆται καὶ ὁ νόμος geweissagte Kommen der βασιλεία nunmehr einzuleiten. Nicht erst mit Jesus, sondern bereits mit Johannes beginnt nach dem Zeitverständnis von Q die Aufrichtung der Gottesherrschaft, weshalb ihr seitdem auch Gewalt angetan werden kann. Entscheidend für Q ist darum, daß Jesus in der βασιλεία größer ist als Johannes, denn dadurch wird seine Rolle als der geweissagte Kommende bekräftigt. Johannes ist der entscheidende Vorbereiter des „Kommenden", weshalb über ihn gesagt werden kann, er sei mehr als ein Prophet (Q 7,26). Im Blick auf die βασιλεία gilt jedoch, daß seine Bedeutung derjenigen Jesu untergeordnet wird. Das Verhältnis zwischen Johannes und Jesus wird so auf eine andere Weise geklärt als bei Mk, auch die Elia-Thematik wird anders als bei jenem rezipiert. Der entscheidende Akzent wird in Q darauf gelegt, die Identität Jesu mit dem geweissagten Kommenden herauszustellen, dessen Verkündigung und dessen Taten als Ereignisse der Endzeit interpretiert werden.

Fassen wir diese Beobachtungen zusammen, so wird im Blick auf die hiesige Fragestellung Folgendes deutlich: Die Einbindung des Johannes in die Darstellung des Wirkens Jesu ist in der Jesusüberlieferung von früher Zeit an ein fest verankerter Topos gewesen. Daß dies in der zeitweiligen Zugehörigkeit Jesu zum Kreis des Täufers historischen Anhalt hat, kann heute als weitgehend konsensfähig betrachtet werden.

Die Einbindungen des Johannes in die Jesusgeschichte, die diesen zum Bestandteil der Erinnerungen an Jesus machten, erweisen sich dagegen bereits in den frühen Quellen als der theologischen Konzeption des jeweiligen Entwurfes verpflichtet. Stellt Mk das Geschick des Täufers als paradoxe Durchkreuzung der Elia-Erwartung dar und ordnet Johannes damit seiner Konzeption des angesichts des Geschickes Jesu ebenfalls neu zu formulierenden Verständnisses des χριστός bzw. des υἱὸς θεοῦ[176] als des leidenden und zum Gericht wiederkommenden υἱὸς τοῦ

[176] Beide Bezeichnungen für Jesus sind bei Mk – unbeschadet ihrer je selbständigen traditionsgeschichtlichen Herkunft – bereits eng aufeinander bezogen und zudem mit dem Ausdruck ὁ υἱὸς τοῦ ἀνθρώπου verknüpft. Vgl. 1,1; 14,61 sowie den Zusammenhang von 8,29 mit 8,38 und 9,7. Ob man bei der Anwendung der υἱὸς θεοῦ-Bezeichnung auf Jesus die Rezeption der Rede vom leidenden Gerechten als Sohn Gottes aus Weish 2-3 im Hintergrund vermuten sollte, die sowohl hinter der mk Passionsgeschichte als auch hinter Röm 1,3f. stehe (so *Müller*, „Sohn Gottes"), sei zumindest mit einem Fragezeichen versehen. Zum einen wird Weish 2-3 nie im Zusammenhang der Anwendung der υἱὸς θεοῦ-Bezeichnung auf Jesus zitiert, wogegen der Einfluß von 2 Sam 7,12-16 etwa auf Röm 1,3f. und Lk 1,32f. deutlich erkennbar ist. Zudem wird so gerade nicht erklärbar, wie es zur Auffassung von Jesus als dem einzigartigen, von Gott selbst eingesetzten Sohn kommen konnte, denn der leidende Gerechte aus Weish 2-3 ist eine exemplarische Figur, jedoch keine exklusive Gestalt. Schließlich wird der Gottessohntitel in der Regel nicht mit Leidensaussagen, dagegen jedoch mit der Geistverleihung an Jesus, seiner Erhöhung sowie mit seiner Sendung in Verbindung gebracht (so etwa in der Tauferzählung, Röm 1,3f. bzw. Gal 4,4-6 und Röm 8,3). Allenfalls könnte Röm 8,32 für ein solches Verständnis angeführt werden, wobei auch diese Stelle von der Sendung des präexistenten Sohnes her gedacht ist. Insgesamt wird in bezug auf diesen Ausdruck – was in bezug auf χριστός und ὁ υἱὸς τοῦ ἀνθρώπου in analoger Weise zutreffen dürfte – zu urteilen sein, daß es sich erst in zweiter Linie um die Übertragung vorhandener Aspekte aus dem frühjüdischen Verständnis des Sohn Gottes-Ausdrucks, primär dagegen um eine aus der Deutung von Wirken und Geschick Jesu selbst resultierende Verwendung handelt. Im vorliegenden Fall könnte es sich um eine in der Vater-Anrede Jesu wurzelnde Bezeichnung handeln, die dann nachösterlich zur Anwendung des Sohn Gottes-Titels sowie zum Ausbau dieses Verständnisses im Sinne seiner Einsetzung durch Gott sowie der Sendung des präexistenten Sohnes geführt hat. Dabei konnte sowohl auf die eschatologische Deutung von Ps 2,7 und 2 Sam 7,14 (wobei die letztere eine Parallele in 4Q174 [= 4QFlor] III 1,10-13 besitzt) als auch auf eine messianische Interpretation von Ps 110,1 und Ps 8,7 zurückgegriffen werden (vgl. Mk 12,36; 1 Kor 15,25-28; Eph 1,20-22; hierzu *Hengel*, „Sit at my Right Hand!"). Die traditionsgeschichtliche Verankerung dürfte also – neben der Herkunft aus der Redeweise Jesu selbst – in der königlichen Messianologie, nicht jedoch in der Rede vom leidenden Gerechten zu suchen sein. Ob sich das Fragment 4Q246 im Sinne einer messianischen Deutung

ἀνθρώπου ein[177], so liegt der entscheidende Punkt für Q darin, daß mit Johannes die βασιλεία angebrochen ist, angesichts derer es sich jetzt zu bekehren gilt. Sowohl Johannes als auch Jesus sind Boten der Weisheit, die beide von Israel abgelehnt wurden (Q 7,31-35). Sie unterscheiden sich jedoch darin, daß der erstere durch seine Umkehrpredigt das Kommen des letzteren vorbereitet. Innerhalb der Christologie von Q greifen dabei die harte Drohrede des Täufers an Israel sowie die Interpretation der Gestalt Jesu mit Hilfe der für Q wichtigen Bezeichnung ὁ υἱὸς τοῦ ἀνθρώπου ineinander: Der Menschensohn Jesus, der als Irdischer abgelehnt wird und keinen Ort zum Ausruhen hat[178], ist mit demjenigen identisch, der unerwartet zum Gericht kommen und zwischen Bekennern und Verleugnern scheiden wird[179]. Die Christologie von Q ist somit darauf ausgerichtet, die Predigt Jesu als diejenige des erhöhten Menschensohnes darzustellen und damit seine βασιλεία-Predigt in die Perspektive des künftigen Gerichtes zu rücken. Gerade hiermit stimmt die Vorbereitung des Kommens Jesu durch Johannes in ihrer Darstellung in Q zusammen.

4.2 Der kommende Menschensohn als das „Ende der Zeit"

Die zeitliche Perspektive, in die das Wirken Jesu bei Mk und Q gestellt wird, endet nicht mit seinem Tod, auch

---

des Gottessohn-Titels auswerten läßt, ist zumindest zweifelhaft. Vgl. *Fitzmyer*, Implications. Anders etwa *Collins*, Scepter, 154-172. Zur eingehenderen Diskussion der christologischen Problematik vgl. unten K.VI und VII.

[177] Besonders aufschlußreich hierfür ist der für die Entfaltung der christologischen Auffassung des Mk wohl zentrale Abschnitt 8,27-9,13: Die Irritation aus 6,14f. wird wiederholt, das Christusbekenntnis aus 8,29 sowie die Gottessohnbezeichnung aus 9,7 rahmen die Aussagen über den leidenden, auferstehenden (8,31) und wiederkommenden (8,38) Menschensohn. Besonders augenfällig wird diese Verklammerung an der Aussage, daß der Menschensohn ἐν τῇ δόξῃ τοῦ πατρὸς αὐτοῦ kommen werde. Schließlich wird in 9,11-13 auch das Geschick des Johannes vor diesem Hintergrund gedeutet.

[178] Q 7,34; 9,58.

[179] Q 12,8f.40; vgl. auch 17,34f.

nicht mit seiner Auferstehung (die in Q ohnehin nicht erwähnt wird), sondern mit seiner Wiederkunft als Menschensohn[180]. Dies ist zunächst darum von Interesse, als
der Menschensohn-Ausdruck bei Mk und Q verschiedene
Aspekte des Wirkens Jesu miteinander verklammert. Dies
kann von dem υἱὸς θεοῦ-Ausdruck nicht in gleicher Weise gesagt werden[181], die Bezeichnung χριστός findet sich
in Q überhaupt nicht. Aus der Beobachtung, daß die zeitliche Perspektive durch die Rede vom endzeitlich wiederkommenden Menschensohn begrenzt wird, ergeben sich
zunächst die Fragen, worin diese Erwartung ihren Anhalt
hat und warum sie gerade mit dem Menschensohn-
Ausdruck verbunden wurde. Zu fragen ist also nach einem
gemeinsamen Ausgangspunkt für die jeweilige Ausprägung der Menschensohn-Erwartung.

[180]   Vgl. Mk 8,38; 13,26f.; 14,62; Q 12,40; 17,24.26. Das Auftreten
des Menschensohnes beim endzeitlichen Gericht ist auch in 12,8f.
vorausgesetzt. Dies gilt jedenfalls dann, wenn man den Menschensohn-Ausdruck in 12,8 auch für Q annimmt, wie es die meisten Forscher tun. Anders jedoch *Hoffmann*, Jesus versus Menschensohn (Q-
Text mit mt ἐγώ) bzw. *ders.*, Der Menschensohn in Lukas 12,8 (Q-
Text mit zweimaliger passivischer Formulierung wie in Lk 12,9).
Die Argumente für die Herkunft des υἱὸς τοῦ ἀνθρώπου-Ausdrucks
in Lk 12,8 aus Q dürften jedoch überwiegen. Zu beachten ist vor
allem, daß gerade bei Mt der Menschensohn-Ausdruck und die 1.
Person Singular zu identischen, austauschbaren Bezeichnungen für
Jesus geworden sind. Vgl. etwa 5,11 mit Lk 6,22 (ἐγώ statt des lk
υἱὸς τοῦ ἀνθρώπου, welches wohl auch hier für Q anzunehmen ist);
16,13 mit Mk 8,27 (redaktionelle Ersetzung der 1. Person durch υἱὸς
τοῦ ἀνθρώπου); 16,21 mit Mk 8,31 (redaktionelle Ersetzung des mk
υἱὸς τοῦ ἀνθρώπου durch αὐτός). Zur Auseinandersetzung mit
Hoffmann vgl. auch *Vögtle*, „Gretchenfrage", 14-21; *Tuckett*, Q and
the History of Early Christianity, 248 mit Anm. 25.
[181]   Mit ihm wird Jesus in Q nur in 4,3.9, also innerhalb der Versuchungsgeschichte, bezeichnet. Dem ist möglicherweise eine Erzählung von der Einsetzung Jesu zum υἱὸς θεοῦ vorausgegangen, die
freilich keine Tauferzählung wie bei Mk gewesen sein muß. Vgl.
Schröter, Erinnerung, 445-447. Daneben begegnet in Q an einer
Stelle auch die absolute Sohnesbezeichnung im Gegenüber von υἱός
und πάτερ (10,21f.). Beide Bezeichnungen treten gegenüber dem
Menschensohn-Ausdruck jedoch deutlich zurück.

Bezüglich des ersteren ist zunächst zu sagen, daß Wirken und Verkündigung Jesu offensichtlich – gemeinsam mit den Ostererfahrungen – den Erkenntnisgrund seiner postmortalen Erhöhung darstellen, die ihrerseits die Voraussetzung der Erwartung seines Kommens zum endzeitlichen Gericht bildet. Diese Erwartung, die sich auch im paulinischen Traditionsbereich findet[182], wird bei Mk (und Paulus) – nicht jedoch in Q – mit der Auferweckungsaussage verbunden[183], wogegen in Q die Ablehnung Jesu direkt mit der Ankündigung seines endzeitlichen Kommens verknüpft, auf seinen Tod und seine Auferstehung dagegen nicht eigens eingegangen wird (11,31; 13,35). Hier macht sich eine eigene traditionsgeschichtliche Verankerung der Q-Überlieferung in Erhöhungs- und Wiederkunftsaussagen bemerkbar, die von der Rede von der Auferweckung Jesu zu unterscheiden ist[184]. Neben der Analogie zwischen dem Bereich der Jesusüberlieferung und der paulinischen Tradition, die beim Vergleich von Mk und Paulus bezüglich der Verbindung von Auferweckung und Wiederkunft erkennbar wird, ist ebenso aufschlußreich, daß die Menschensohn-Bezeichnung in diesem Zusammenhang bei Mk und Q die entscheidende Rolle spielt, die bei Paulus fehlt, der statt dessen Sohn Gottes und Kyrios verwendet.

Fragt man hier traditionsgeschichtlich weiter, so dürfte zunächst evident sein, daß der Befund der nur in der Jesusüberlieferung – und hier nahezu ausschließlich als Selbstbezeichnung – begegnenden Verwendung von υἱὸς τοῦ ἀνθρώπου ein deutliches Indiz für die Herkunft von Jesus selbst darstellt[185]. Weiter kann davon ausgegangen

---

[182]　1 Thess 1,10; 4,16f.; 1 Kor 4,5; 11,26; Phil 3,20, freilich jeweils ohne die Menschensohn-Prädikation. Auch der Maranatha-Ruf aus 1 Kor 16,22 (vgl. Offb 22,20) ist hierzu zu rechnen. Zum Verhältnis dieser Aussagen zur am Menschensohn-Ausdruck orientierten Christologie vgl. jetzt *Müller*, Parusie und Menschensohn, der zu Recht auf die je eigene traditionsgeschichtliche Verwurzelung hinweist.

[183]　Mk 8,31.38; 1 Thess 1,10. Hier dürfte auch der Grund für die Verwendung des Menschensohn-Ausdrucks in den mk Leidensweissagungen zu suchen sein: Der, der als Menschensohn leidet und auferweckt wird, ist zugleich der zum Gericht Wiederkommende.

[184]　Vgl. *Zeller*, Entrückung.

[185]　Anders etwa *Vögtle*, „Gretchenfrage", 168-179.

werden, daß Jesus mit dieser Bezeichnung nicht nur allgemeine Aussagen über sich gemacht hat, die auf andere
Menschen ebenso zutreffen würden. Vielmehr hat er mit
dem Menschensohn-Ausdruck seinen besonderen Anspruch zur Geltung gebracht, der im Zusammenhang seiner βασιλεία-Verkündigung zu interpretieren ist[186]. Dies

---

[186] Diese Auffassung ist gegen zwei Positionen abzugrenzen. 1)
Die jetzt wieder von *Becker*, Jesus, 252, vertretene Sicht, Jesus habe
in den Worten vom kommenden Menschensohn an eine von sich
verschiedene Person gedacht, setzt sich der Schwierigkeit aus, damit
rechnen zu müssen, daß Jesus trotz der unauflöslich mit seinem eigenen Wirken verbundenen Aufrichtung der Gottesherrschaft mit
einer von seiner Person unterschiedenen endzeitlichen Richtergestalt
gerechnet habe, mit der er dann nachösterlich (möglicherweise unter
Rückgriff auf die Erhöhungsvorstellung) identifiziert worden sei.
Auf diese Weise läßt sich jedoch zum einen schwer erklären, warum
der Ausdruck in den Evangelien stets – und zwar auch im Zusammenhang der Zitierung von Dan 7,13 – doppelt determiniert gebraucht wird (anders jedoch Offb 1,13; 14,14, vgl. auch Joh 5,27),
zum anderen kann die nachösterliche Anwendung auf Jesus selbst
auf diese Weise nur schwer plausibel gemacht werden. Wahrscheinlicher ist darum, daß der Anspruch Jesu, der für die Aufrichtung der
βασιλεία entscheidende Bote zu sein, nachösterlich auf sein endzeitliches Wiederkommen bezogen und mit Dan 7,13 verknüpft
wurde.
2) *Vielhauer*s Argument, die Menschensohn-Aussagen seien
sekundäre Interpretamente, die sich mit der Gottesreichsverkündi-
gung Jesu nicht vereinbaren ließen, ist nicht wirklich zwingend.
Darauf ist gesondert hinzuweisen, weil die schon vor längerer Zeit
vorgetragene Sicht *Vielhauer*s in der gegenwärtigen amerikanischen
Diskussion gelegentlich herangezogen wird, um den nichteschatologischen Charakter der Verkündigung Jesu aufzuweisen.
Abgesehen davon, daß sich diese These religionsgeschichtlich nicht
verifizieren läßt (vgl. nur etwa 11Q13 [=11QMelchisedek]; PsSal
17), geht *Vielhauer* zu Unrecht davon aus, daß der Menschensohn
eine fest umrissene Größe innerhalb der eschatologischen Erwartung
des Judentums gewesen sei. Dagegen ist jedoch zu sagen, daß sich
die Erwartung des Kommens Gottes bzw. der Aufrichtung seines
Reiches mit verschiedenen Gestalten verbinden konnte (wie etwa
dem Gesalbten, dem Sohn Davids, Elia, Melchisedek, Michael oder
eben auch dem Menschensohn), die konkrete Darstellung einer solchen Gestalt zudem variabel war. Im Blick auf die Jesustradition ist
hierzu noch einmal zu bedenken, daß mit einer grundlegenden
Transformation solcher Erwartungen angesichts des Auftretens und

kann aus den Inhalten der Menschensohn-Worte erschlossen werden, unabhängig von der Frage, inwieweit sie sich
in ihrer vorfindlichen Gestalt auf Jesus zurückführen lassen[187].

Eine bemerkenswerte Gemeinsamkeit von Mk und Q besteht darin, daß in beiden Entwürfen die irdische Wirksamkeit Jesu und seine Funktion als endzeitlicher Richter
durch den Menschensohn-Ausdruck miteinander verknüpft
werden. Daß gerade diese Bezeichnung hierfür herangezogen wird, könnte den Prozeß der Entstehung der Christologie aus der Verkündigung Jesu an einer Stelle etwas
deutlicher werden lassen. Wie schon bei der Rezeption der
Täufergestalt gehen Mk und Q in der konkreten Ausgestaltung dieser Verbindung allerdings auch hier eigene
Wege. Q spricht in Analogie zu den Leidensaussagen bei
Mk von dem abgelehnten und heimatlosen, aber nie von
dem auferstehenden Menschensohn; seine hoheitliche
Stellung wird von ihm nicht bewußt verborgen, sondern
von dem ablehnenden Geschlecht bestritten; seine endzeitliche Richterfunktion wird nicht durch expliziten Bezug auf Dan 7 begründet, sondern unmittelbar aus seinem
Anspruch abgeleitet. Eine Verklammerung des Wirkens
des Irdischen mit der Aussage seines endzeitlichen Kommens zum Gericht wird allerdings dadurch erreicht, daß
der Menschensohn-Ausdruck als die wichtigste Bezeich-

Geschickes Jesu zu rechnen ist. Im Blick auf die Verwendung des
Menschensohn-Ausdrucks bedeutet dies, daß der mit guten Gründen
auf Jesus zurückzuführende Sprachgebrauch nachösterlich sowohl
im Sinne eines leidenden Menschensohnes (so bei Mk) interpretiert
als auch mit der Erwartung seines Wiederkommens zusammenge-
bracht werden konnte. Für letzteres bot sich vornehmlich die Heran-
ziehung von Dan 7,13f. an, wie sie in Mk 13,26f.; 14,62 zum ersten
Mal explizit begegnet.

[187]   Es trifft nicht zu, daß Worte wie Mk 2,10; Q 7,34; Q 9,58; Q
12,10 allgemeine Aussagen über Jesus als einen Menschen machen
würden. Vgl. dazu bereits die Auseinandersetzung von *Hoffmann*,
Studien, 84-90, mit *C. Colpe*. Vielmehr wird mit den Menschensohn-Worten der Vollmachtsanspruch Jesu zum Ausdruck gebracht.
Es ist deshalb kaum plausibel, mit der Transformation eines ursprünglich allgemein verwandten Ausdrucks in eine zentrale christologische Kategorie zu rechnen. Vgl. hierzu auch unten K.VI.

nung für Jesus in Q[188] in gleicher Weise auf sein irdisches wie auf sein endzeitliches Auftreten angewandt wird. Damit steht bereits das Wirken des Irdischen unter dem Vorzeichen seiner eschatologischen Vollmacht. Dieses Ergebnis ist darum von Interesse, als es zeigt, daß die Frage nach dem Verhältnis des Vollmachtsanspruches Jesu[189] zu seiner Ablehnung seitens weiter Teile Israels ein von früh an in der Jesusüberlieferung diskutiertes Problem war, welches angesichts seines Todes zu der Überzeugung führte, daß Jesus als der erhöhte Repräsentant Gottes bei der endgültigen Aufrichtung von dessen Herrschaft eine entscheidende Rolle spielen wird.

5 Der erinnerte Jesus nach Markus und Q: Zusammenfassung und Ausblick

In dem vorangegangenen Abschnitt sollte anhand zweier Beispiele deutlich gemacht werden, daß die Darstellung Jesu in den frühesten Quellen, die wir für die Rekonstruktion seines Wirkens besitzen, aus einer je eigenen Perspektive heraus erfolgt, sich aber dennoch gemeinsame Grundüberzeugungen feststellen lassen. Zu diesen gehört die beiden Entwürfen zugrundeliegende Zeitspanne für die Wirksamkeit Jesu, die mit dem Auftreten des Täufers beginnt und mit der Wiederkunft Jesu als des richtenden Menschensohnes endet. Weitere derartige Gemeinsamkeiten werden sich in K.VI zeigen.

---

[188] In der Q-Forschung gibt es eine sehr verwickelte Diskussion darüber, auf welcher traditionsgeschichtlichen Stufe die Menschensohn-Worte aufgenommen wurden und welche Rolle sie darum für die Christologie der Schrift insgesamt spielen. Vgl. hierzu *Yarbro Collins*, Son of Man Sayings; *Tuckett*, The Son of Man in Q sowie unten K.V. Unstrittig dürfte sein, daß in den vorliegenden Q-Kompositionen der Menschensohn-Ausdruck eine herausragende Bedeutung besitzt, was schon an seiner jeweiligen Position, die oftmals am Beginn oder Ende der Q-Kompositionen zu finden ist, sowie an seiner Funktion zur Beschreibung Jesu ablesbar ist.
[189] Dieser kommt vornehmlich in Mk 2,10.28; Q 11,30; 12,8f. zum Ausdruck.

Im Blick auf die Konstitution frühchristlicher Identität aus
der erinnernden Bewahrung der Person Jesu heraus hat
sich weiter gezeigt, daß die Tradenten seiner Worte und
seines Geschickes eine historische Verbindung zu ihm zu
behalten bestrebt waren. Innerhalb einer solchen Erinnerung spielte auch Johannes der Täufer eine wichtige Rolle[190]. Der Charakter der frühen Quellen als auf produktiver
Erinnerung basierender Entwürfe stellt damit den Ausgangspunkt einer Nachzeichnung seiner Wirkungsgeschichte dar. Die Rezeption des Wirkens Jesu kann demzufolge unter Absehung von dem oben aufgezeigten zeitlichen Rahmen nicht angemessen interpretiert werden.

Auch eine historisch-rekonstruierende, nicht an der wir-
kungsgeschichtlichen Kategorie der Erinnerung ausgerichtete Analyse muß diese Anknüpfungen erklären können. Der zuweilen postulierte Bruch zwischen dem Täufer
und Jesus sowie die damit im Zusammenhang stehende
Auffassung, die Verkündigung Jesu sei inhaltlich gänzlich
anders akzentuiert gewesen als diejenige des Johannes[191],
muß sich dagegen zum einen die Frage stellen lassen, warum Jesu Wirken von Beginn der christlichen Überlieferung an in den Horizont der Umkehrtaufe bzw. der Gerichtspredigt des Johannes gestellt wurde. Sie kann zum
anderen die Forderung der Umkehr und des Bekenntnisses
zu Jesus, die seiner Verkündigung einen deutlichen
eschatologischen, auf die bereits angebrochene und bald
zu vollendende Gottesherrschaft gerichteten Akzent verleihen, nicht wirklich verständlich machen. Analog hierzu
ist in der Menschensohn-Diskussion mitunter zu wenig
beachtet worden, daß es gerade der Zusammenhang zwischen dem abgelehnten und dem vollmächtigen Jesus ist,
der hier zur Sprache gebracht wird.

Bevor diese Analyse im Blick auf die Stellung Jesu zum
Gesetz sowie christologische Aspekte weitergeführt wird,

---

[190]   Es ist so betrachtet nicht unproblematisch, daß in der Tradition
Bultmanns geschriebene Geschichten des frühen Christentums, wie
etwa diejenigen von *Conzelmann* und *Vouga*, erst mit der Zeit der
nachösterlichen Gemeinden einsetzen. Dies hat jüngst auch *Hengel*,
Problems, 136-139, moniert.

[191]   Vgl. etwa *Crossan*, Jesus, 225-264.

soll zunächst ein Blick auf Probleme der gegenwärtigen Q-Forschung geworfen werden.

IV
Bemerkungen zur gegenwärtigen Q-Forschung

1 Problemanzeige

Im vorigen Kapitel ist dargelegt worden, daß mit Mk und Q die frühesten greifbaren Quellen der Rezeption des Wirkens Jesu vorliegen. Diese Quellen unterscheiden sich jedoch darin an einem entscheidenden Punkt, daß die Existenz von Q nur eine Hypothese der Forschung ist, wogegen das MkEv sowohl durch Manuskripte als auch durch externe Erwähnungen seit dem 2. Jahrhundert belegt ist. Daraus ergibt sich die Frage nach den Möglichkeiten und Grenzen einer Einbeziehung von Q in die Rekonstruktion der frühen Jesusüberlieferung, die Anfänge der Christologie sowie eine Geschichte des Urchristentums. Diese ist in der gegenwärtigen Q-Forschung in mehrfacher Hinsicht strittig. Im Kontext der hier vorgelegten, zu einem wichtigen Teil auf Q Bezug nehmenden Studien ist hierzu Position zu beziehen.

Als Christian Hermann Weisse in seiner 1838 erschienenen zweibändigen Untersuchung „Die evangelische Geschichte" das über Mk hinausgehende gemeinsame Gut von Mt und Lk auf eine beiden vorliegende Quelle zurückführte, war die Hypothese einer in Mt und Lk eingearbeiteten, selbst jedoch nicht erhaltenen Schrift – und mit ihr die ZQT – geboren. Diese Lösung der synoptischen Frage besitzt gegenüber anderen Modellen – zu nennen sind in erster Linie die Griesbach/Farmer-Hypothese (Mt-Priorität) sowie die Farrer/Goulder-Hypothese (Lk habe Mk *und Mt* benutzt) – zwei wesentliche Vorzüge: Ihre Grundannahme – Mk und Q wurden unabhängig voneinander von Mt und Lk benutzt – produziert weniger Folgeprobleme als andere Benutzungstheorien. Sie ist zugleich flexibel genug, um weiterführende Einsichten bezüglich der synoptischen Überlieferungsverhältnisse zu integrieren. Die ZQT findet deshalb – ungeachtet etlicher Widersprüche und Modifikationen – bis heute weithin Anklang. Die grundlegende Annahme, die zur ZQT führte, war diejenige der Mk-Priorität. Die Grundlagen dieser Hypothese lassen bereits die Möglichkeiten und Grenzen der ZQT hervortreten.

Der Philologe Karl Lachmann hatte dargelegt, daß bei einem Vergleich der Anordnungen des Stoffes bei Mk, Mt und Lk[192] die Abweichungen am größten sind, wenn man alle drei Evangelien gemeinsam oder Mt und Lk miteinander vergleicht, gering dagegen, wenn man Mk jedem der beiden anderen gegenüberstellt. Diese Beobachtung ist in der Folgezeit eines der zentralen Argumente für die Durchsetzung der ZQT geworden.

Zu beachten bleibt freilich, daß Lachmann eine literarische Beziehung zwischen Mk und Mt bzw. Mk und Lk dezidiert ausschloß und statt dessen eine Abhängigkeit aller drei Evangelien von einer gemeinsamen (mündlichen oder schriftlichen) Quelle postulierte, die bei Mk am besten erhalten geblieben sei. Dagegen ist der Versuch, die Benutzung des MkEv durch Mt und Lk an jedem Einzeltext nachzuweisen, der kurze Zeit später von Christian Gottlob Wilke unternommen wurde[193], wesentlich schwieriger durchzuführen. Nicht nur die sog. minor agreements, sondern auch etliche weitere Beobachtungen an Mt und Lk legen nicht die Annahme einer streng literarisch gedachten Abhängigkeit, sondern diejenige der jeweils selbständigen, kreativen Abfassung einer Jesuserzählung durch Mt und Lk nahe, in die vorausliegende mündliche und schriftliche Vorlagen eingearbeitet wurden[194]. Weder Mt noch Lk sind dabei an der Bewahrung der äußeren Gestalt oder gar des Wortlautes ihrer Quellen interessiert. Sie arbeiten diese vielmehr in ihre eigenen Werke ein.

Die Annahme der Mk-Priorität wird durch eine solche Beobachtung ebensowenig ins Unrecht gesetzt wie die auf dieser fußende ZQT. Die genannte Beobachtung zeigt vielmehr, daß die ZQT um notwendig werdende Modifi-

---

[192] Sein Beitrag trägt deshalb den Titel De *ordine narrationum* in evangeliis synopticis.
[193] In seinem Werk Der Urevangelist vertrat dieser die Mk-Priorität ohne Zuhilfenahme der Q-Hypothese.
[194] Vgl. *Dunn,* Jesus in Oral Memory.

kationen erweitert werden kann, ohne deshalb in ihrer Substanz in Frage gestellt zu werden. Derartige Modifikationen betreffen das Verhältnis mündlicher und schriftlicher Überlieferung[195] sowie dasjenige vorausliegender Traditionen zu ihrer späteren Verarbeitung überhaupt[196]. Die ZQT ist somit, dies wird durch einen Blick auf ihre Entstehungsbedingungen deutlich, ein heuristisches Instrumentarium, das nicht als starre Benutzungshypothese gehandhabt werden sollte.

Ein weiteres Feld derartiger Modifikationen ist die Q-Hypothese. Auch bei dieser ist eine Besinnung auf die Möglichkeiten und Grenzen im Rahmen einer recht verstandenen ZQT notwendig. Die in diesem und den folgenden Kapiteln vorgestellten Überlegungen gehen davon aus, daß sich eine Interpretation von Q an der (rekonstruierten) Endgestalt zu orientieren hat. Diese Auffassung basiert auf der methodischen Überzeugung, daß der Wandel in der Evangelienforschung, der sich seit den siebziger Jahren des 20. Jahrhunderts vollzogen hat[197], auch für die Interpretation von Q von Belang ist. Eine derartige Sicht hat sich in der Q-Forschung bislang erst ansatzweise durchgesetzt[198]. Im Folgenden sollen hierzu deshalb einige notwendige Bemerkungen angebracht werden[199].

Ich setze ein mit der Besprechung eines Zitates, das Probleme der gegenwärtigen Q-Forschung brennpunktartig veranschaulicht, gehe sodann auf die Frage der Gattung

---

[195] Vgl. *Dunn* sowie *Hollander,* Words of Jesus.
[196] Wichtige Beobachtungen hierzu finden sich bei *Kelber,* The case of the Gospels.
[197] Vgl. etwa *Petersen,* Literary Criticism; *Powell,* Narrative Crititcism. Für einen neueren Überblick über die Integration derartiger Ansätze in die ntl. Wissenschaft vgl. *Porter,* Literary Approaches. Speziell zum narrative criticism vgl. *Merenlahti/Hakola,* Narrative Criticism.
[198] Vgl. *Kloppenborg,* City and Wasteland; *Kirk,* Upbraiding Wisdom; *ders.,* Crossing the Boundary; *Järvinen,* Son of Man.
[199] Im Blick auf Mk erscheint dies nicht notwendig, da der form- und redaktionskritische Ansatz hier bereits seit längerem durch einen narrativ ausgerichteten abgelöst wurde. Aus der zahlreichen Literatur seien genannt: *Rhoads,* Narrative Criticism; *Hahn,* Erzähler; *Müller,* „Wer ist dieser?"; *Dormeyer,* Markusevangelium.

von Q ein und setze mich schließlich mit dem innerhalb einer Richtung der gegenwärtigen Q-Forschung einflußreichen Modell von John Kloppenborg zur Entstehung von Q auseinander. Einige summierende Bemerkungen schließen das Kapitel ab.

2 Gefährdung der Q-Hypothese. Kritik eines Zitates

In dem Artikel eines nordamerikanischen Exegeten aus dem Jahre 1996 finden sich folgende Sätze[200]:

„Although some try to deny the composite character of the Sayings Gospel, frequently through specious appeals to the hypothetical nature of the reconstructed text, such attempts fundamentally misunderstand how theory works, and thus seek – whether consciously or not – to bypass the results of scholarship and the actual evidence of the gospel texts. For if Q did not exist, we would have to reconstruct it. Theory would demand it. Once the synoptic problem is resolved theoretically by the positing of Q and Q is accorded documentary status, there is no reason not to examine the text for evidence of possible layers of its literary history. It is necessary to be insistent at this point. We do have a text of Q; what we do not have is a manuscript."

Die hinter diesen Sätzen stehende Auffassung läßt sich so beschreiben, daß der einmal zugestandene hypothetische Charakter von Q im weiteren Verfahren unberücksichtigt gelassen werden kann. Q wird zu einem Dokument erklärt, das sich von anderen Schriften lediglich dadurch unterscheide, daß zufällig kein Manuskript erhalten geblieben sei. Daß ein solcher Umgang mit Q zu Folgeproblemen führt, die den wissenschaftlichen Status der Q-Hypothese gefährden, sei an drei Aspekten des Zitates verdeutlicht.

---

[200] *Cameron,* Sayings Gospel, 352. Daß dieses Zitat durchaus das Selbstverständnis der genannten Richtung widerspiegelt, zeigt sich nicht zuletzt daran, daß es von *Kloppenborg,* Excavating, 54, Anm. 57, als konzise Zusammenfassung seiner eigenen Ausführungen angeführt und ein Passus aus diesem dem folgenden Kapitel vorangestellt wird (a.a.O., 55).

1) Die Logik der Aussage, daß Q rekonstruiert werden müsse, *selbst wenn es nicht existiert hätte* („if Q did not exist, we would have to reconstruct it"), ist nicht ganz leicht nachzuvollziehen. Wie soll etwas *rekonstruiert* werden, wenn die theoretische Möglichkeit eingeräumt wird, es habe gar nicht existiert? *Keine* Theorie, die diesen Namen verdient, könnte derartiges ernsthaft fordern! Das im Hintergrund stehende Voltaire-Zitat („Si Dieu n'existait pas, il faudrait l'inventer.") könnte im Blick auf Q allenfalls so umformuliert werden: „Auch wenn es Q nicht gegeben haben sollte, müsste man seine Existenz, so man der ZQT folgt, postulieren." Nur ein solcher Satz würde dem wissenschaftlichen Status der Q-Hypothese gerecht.

Dies zeigt: Aus der hypothetischen Annahme der Existenz von Q folgt keineswegs automatisch, daß man es deshalb auch *rekonstruieren* könne oder gar müsse. Hierfür muß vielmehr zuerst geklärt werden, ob bzw. inwieweit die Überlieferungsbedingungen dies überhaupt zulassen. Es ist durchaus eine wissenschaftlich vertretbare Position, ein weiteres Dokument neben Mk anzunehmen, das von Mt und Lk benutzt worden ist, dieses aber aufgrund eines fehlenden Manuskriptes *nicht* in der gleichen Weise zu behandeln wie Mk. Eine solche, von vielen Exegeten eingenommene Position kann nicht einfach als intellektuell unzureichend beiseite geschoben werden („such attempts fundamentally misunderstand how theory works"), wenn der wissenschaftliche Diskurs über Q nicht ernsthaft Schaden nehmen soll.

2) In dem Zitat wird der Unterschied zwischen Dokumenten, von denen zumindest ein Manuskript existiert, und dem aus Mt und Lk erschlossenen Q-Dokument eingeebnet („We do have a text of Q; what we do not have is a manuscript."). Auch diese These bedarf einer Korrektur. Es kann nicht ernsthaft bezweifelt werden, daß zwischen einem auf der Grundlage vorhandener Manuskripte *textkritisch erhobenen* und einem aus zwei anderen Schriften *literarkritisch rekonstruierten* Dokument entscheidende Unterschiede bestehen. Diese betreffen die erkennbare sprachliche und kompositorische Gestalt des Dokumentes, was unmittelbare Konsequenzen für den exegetischen

Umgang sowie die vertretbaren historischen Schlußfolgerungen hat.

Mt und Lk können nicht als Schriften behandelt werden, aus denen
sich auf dieselbe Weise ein Text von Q rekonstruieren ließe, wie
dies unter Anwendung textkritischer Methoden auf verschiedene
Manuskripte, etwa des MkEv, der Fall ist. Im letzteren Fall handelt
es sich um Abschriften eines Textes, bei denen Verschreibungen,
absichtliche Änderungen, Weglassungen oder Ergänzungen festzustellen sind. Durch die Identifizierung derartiger Phänomene kann
ein Text erstellt werden, der dem ursprünglichen Manuskript mög-
lichst nahe kommt.
Bei der Verarbeitung von Q durch Mt und Lk haben wir es dagegen
mit einem gänzlich anderen Phänomen zu tun. Hier handelt es sich
nicht um die *Abschrift*, sondern um die *Einarbeitung* eines Dokumentes in zwei andere Entwürfe. Dagegen wird niemand ernstlich
behaupten, Mt und Lk seien beim Umgang mit Q in einer dem Ab-
schreiben eines Manuskriptes vergleichbaren Weise vorgegangen.
Die nächstliegende Analogie, nämlich die Verarbeitung von *Mk*
durch Mt und Lk, zeigt dies deutlich auf: Der Versuch, Mk aus Mt
und Lk zu rekonstruieren, würde unweigerlich zu einem Text führen, der in erheblicher Weise von demjenigen abweicht, den wir aus
den Manuskripten des MkEv erheben und in dem charakteristische
Merkmale, etwa des mk Stils oder seiner Terminologie, nicht mehr
erkennbar wären[201].
Diese Analogie zeigt, daß der Unterschied zwischen einem durch
Manuskripte zugänglichen und dem aus Mt und Lk erschlossenen
Dokument nicht negiert werden darf, wenn der wissenschaftliche
Status der Q-Hypothese nicht gefährdet werden soll. Daß Q selbst
nicht erhalten ist, setzt den Schlußfolgerungen, die sich aus der hypothetischen Existenz dieser Quelle wissenschaftlich vertretbar ziehen lassen, somit deutliche Grenzen. Damit ist nicht gesagt, daß Q
für die Anfänge der Jesusüberlieferung von untergeordneter Bedeutung wäre. Daß der hier vertretenen Überzeugung zufolge gerade das
Gegenteil der Fall ist, wird durch die entsprechenden Ausführungen
dieses Buches belegt. Gerade dann aber ist es wichtig, die Möglichkeiten und Grenzen der Beschäftigung mit Q genau zu bedenken.

3) In dem Zitat wird die Schlußfolgerung gezogen, nach
der theoretischen Lösung des synoptischen Problems

---

[201] Verwiesen sei nur auf die für Mk charakteristischen „sandwich
arrangements" und Doppelungsphänomene sowie den Evangeliums-
begriff zur Kennzeichnung der Jesuserzählung. Beides wird von Mt
und Lk nicht übernommen.

(„Once the synoptic problem is resolved theoretically ...") stehe der Untersuchung der literarischen Geschichte (literary history) dieses Textes nichts mehr im Weg. Auch dies wird dem Charakter der Q-Hypothese schwerlich gerecht. Schon die Behauptung der *theoretischen Lösung* des synoptischen Problems unterläuft den hypothetischen Charakter der ZQT. Auch bei dieser Theorie handelt es sich um ein Modell, das bei weitem nicht alle Phänomene zu erklären vermag. Des weiteren setzt diese Aussage voraus, daß es möglich sei, aus einem nur in der Einarbeitung in zwei andere Schriften zugänglichen Dokument verschiedene literarische Schichten zu erheben. Ob hierfür hinreichende Indizien vorliegen, ist keineswegs ausgemacht, wie sich noch genauer zeigen wird. Schließlich ist die Theorie einer *literarischen Geschichte* des Q-Textes, also die Auffassung, die rekonstruierte Gestalt von Q sei das Endstadium eines über mehrere Stufen verlaufenden *literarischen* Überlieferungsprozesses, einem Paradigma der Entstehung der synoptischen Evangelien verpflichtet, das in der Evangelienforschung bereits seit längerem als überholt angesehen wird.

Daß sich die Entstehung der synoptischen Evangelien (und Q) mit dem Modell sukzessiven Wachstums in mehreren, literarkritisch zu rekonstruierenden Schichten angemessen beschreiben läßt, ist angesichts der in der neueren Forschung herausgearbeiteten Gesamtkompositionen, narrativen Strukturen und sprachlichen Eigenheiten, die erfaßt werden müssen, um diese Schriften angemessen zu interpretieren, kaum noch haltbar. Die diesbezüglichen Entwicklungen in der Evangelienforschung haben vielmehr zu einem grundsätzlichen Überdenken des Verhältnisses von vorausliegender Tradition zu deren Integration in eine Schrift mit eigenem inhaltlichen und sprachlichen Profil geführt. Dies ist in neuerer Zeit auch für Q eingefordert worden[202].

Zusammenfassend ist zu sagen: Die in dem Zitat zum Ausdruck gebrachte Kritik, Forscher, die an der Möglichkeit, innerhalb von Q verschiedene Schichten zu unterscheiden, zweifeln, würden verkennen, wie Theorien funktionieren und zudem sowohl die Resultate der For-

---

[202]   Vgl. etwa *Järvinen*, Son of Man; *Kirk*, Upbraiding Wisdom.

schung als auch die Evidenz der Evangelientexte negieren, deutet auf eine problematische Tendenz innerhalb der Q-Forschung hin. Die Einsicht in den hypothetischen Charakter des Q-Dokumentes darf nicht nur am Anfang der Behandlung von Q eingestanden werden, um dann dazu überzugehen, Q so zu behandeln, als hätten wir es mit einem eindeutig rekonstruierbaren – zufällig nur etwas eigenartig überlieferten – Text zu tun. Vielmehr hat dieser Befund auch für den weiteren Umgang mit Q Konsequenzen.

3   Zur Frage der Gattung von Q

Das Problem der Gattung von Q begleitet die Q-Forschung seit ihren Anfängen. Es entstand daraus, daß versucht wurde, den gemeinsamen Nicht-Mk-Stoff bei Mt und Lk im Blick auf seine literarische Gestalt zu erfassen. Die sich ergebende Schwierigkeit resultierte daraus, daß sich dieser Stoff einer solchen Einordnung nicht recht fügen will, insofern er eine eigenartige Mischung aus Instruktionsreden, Einzelworten, Gleichnissen, Streitgesprächen, Weherufen und Erzählungen von Machttaten Jesu darstellt, die sich weder auf eine Spruchsammlung reduzieren noch zu einer Erzählung zusammenfügen läßt. Um dieses Problem zu lösen, wurden zwei Wege eingeschlagen: Das Q-Material wurde entweder reduziert, um so zu einer Spruchsammlung zu gelangen, oder es wurde erweitert, um es als Erzählung zu erfassen.

Beide Wege, die man als die *Diegesen-* und die *Narratiohypothese* bezeichnen kann, begegnen bereits im 19. Jahrhundert. Die Diegesenhypothese, innerhalb der Synoptikerforschung mit dem Namen Daniel Friedrich Schleiermachers verbunden, wurde von Weisse explizit mit der zweiten Quelle des Mt und Lk in Zusammenhang gebracht[203]. Dies geschieht in dezidierter Auseinanderset-

---

[203] Geschichte, I, 34-44.

zung mit dem Leben Jesu von David Friedrich Strauß[204].
Spielte für dessen Sicht der Entstehung der Evangelien die
Traditionshypothese eine wichtige Rolle, so begegnet
Weisse dieser mit seiner These zweier auf mittelbarer bzw.
unmittelbarer Augenzeugenschaft beruhenden Quellen,
nämlich der bei Mk aufbewahrten Petruserinnerungen sowie der Spruchsammlung des Apostels Matthäus.

Die ZQT – und damit auch die Q-Hypothese – steht in ihren Anfängen somit in unmittelbarer Beziehung zu dem
Papiaszeugnis über Markus und Matthäus, insofern Weisse
die Existenz dieser beiden Quellen der „evangelischen Geschichte" durch dieses für belegt erachtet. Für die Frage
der Gattung von Q läßt sich somit festhalten, daß die Erfassung als Spruchsammlung auf einer Kombination des
gemeinsamen Nicht-Mk-Stoffes von Mt und Lk mit der
Diegesenhypothese Schleiermachers und der Papiasnotiz
über Matthäus basiert. Damit taucht hier ein Problem zum
ersten Mal auf, das in veränderter Gestalt später wieder
begegnet, nämlich die Spannung zwischen dem Q-
Material und der These über seinen literarischen Charakter.

In der gegenwärtigen Q-Forschung taucht die Diegesenhypothese mit einer anderen Begründung, jedoch derselben
Problematik, wieder auf. An die Stelle des Rekurses auf
Schleiermacher und Papias tritt nunmehr der Verweis auf
andere Texte, die als Analogien angeführt werden und dazu dienen sollen, Q gattungsmäßig zu erfassen[205]. Q ist
dieser Annahme zufolge von den synoptischen Evangelien
literarisch und inhaltlich zu unterscheiden, da es nicht an
deren „kerygmatischer" Verarbeitung der Jesusgeschichte
partizipiere. Mit der Auffassung Weisses gemeinsam ist
dieser These, daß in beiden Fällen Q dazu dient, eine Al-

---

[204] *Weisse* bringt sein Werk bereits im Vorwort mit demjenigen
von *Strauß* in Zusammenhang. Den Abschluß bildet eine „Philoso-
phische Schlußbetrachtung über die religiöse Persönlichkeit Christi
und der evangelischen Überlieferung" (Geschichte, II, 441-543), in
welcher *Weisse* auf *Strauß* zurückkommt und die Notwendigkeit der
Erfassung der geschichtlichen Gestalt Jesu philosophisch begründet.
[205] So etwa bei *Kloppenborg,* Formation, 263-316; *ders.,* Excavating, 130-135.

ternative zu den „mythischen" (bzw. „kerygmatischen") Jesuserzählungen zu belegen[206].

In Erklärungsnot gerät die Diegesenhypothese bei denjenigen Texten, die der Ausgangsbeobachtung zufolge dieser Schrift zugehören müßten, sich dem Charakter einer Spruchsammlung jedoch nur schwer einfügen. So fiel schon Weisse auf, daß bereits das erste gemeinsame Stück, nämlich die Drohpredigt des Täufers (die in der Regel als einer der sichersten Q-Texte angesehen wird, da sie bei Mt und Lk fast wörtlich übereinstimmt), ein merkwürdiger Beginn einer Sammlung von *Jesus*worten wäre. Weisse löste dieses Problem zunächst durch die (später revozierte) Annahme, es handle sich ursprünglich um *Jesus*worte, die erst nachträglich auf den Täufer übertragen worden seien. Diese Hypothese taucht (ohne Bezugnahme auf Weisse) bei Bultmann wieder auf[207]. Ein neueres Modell, das von der Entstehung des Q-Dokumentes in mehreren Stufen ausgeht, rechnet diese Worte – gemeinsam mit weiteren Überlieferungen – dagegen einer späteren Überarbeitungsschicht zu[208]. Die Schwierigkeiten dieser zuletzt genannten Theorie werden unten im Abschnitt 4 diskutiert.

In seiner späteren Untersuchung hat Weisse seine Auffassung über den Charakter der Spruchsammlung noch verstärkt. Er korrigiert seine frühere Sicht und gliedert nunmehr die Täuferpredigt, die Versuchungsgeschichte, die Eröffnungsrede, die Episode über den Hauptmann zu Kafarnaum, den Komplex über Jesus und Johannes sowie die Beelzebulkontroverse aus der Spruchsammlung aus, da sich diese Texte mit der „schriftstellerische[n] Beschaffenheit dieser Quelle und ... ihr[em] Verhältniß zu unseren

---

[206] Wollte *Weisse* in Auseinandersetzung mit *Strauß* den unmythischen Charakter von *MkEv und Spruchquelle* gleichermaßen nachweisen, so wird in der neueren Q-Forschung diesbezüglich eine Differenz zwischen Q und den synoptischen Evangelien behauptet. Die letzteren werden dabei einer kerygmatischen Interpretationsrichtung zugerechnet, in die sich Q nicht einordnen lasse.

[207] *Geschichte*, 123.

[208] Vgl. *Kloppenborg*, Excavating, 143-153. Zur Kritik, speziell im Blick auf die Täuferpredigt, vgl. *Kirk,* Upbraiding Wisdom; *ders.,* Crossing the Boundary.

Evangelien" nicht vereinbaren ließen[209]. Wiederum rekurriert Weisse hierzu auf Schleiermacher, der den Charakter der Spruchsammlung mit Hilfe der Papias-Notiz über die λόγια des Matthäus richtig bestimmt habe. Weisses Lösung lautet nunmehr, daß Mt und Lk diese Stücke bereits in ihrem Mk-Text vorgefunden hätten.

Eine vergleichbare Hypothese hat in neuerer Zeit Nikolaus Walter in zwei Beiträgen in bezug auf die Drohpredigt des Täufers vertreten[210]: Mt und Lk hätten diese bereits in ihrem Mk-Text vorgefunden, der folglich in diesem Fall nicht mit dem kanonischen Text identisch gewesen sei. Diese These könnte darauf hinweisen, daß die Q-Hypothese flexibler gehandhabt werden muß, als es in der Gleichung „gemeinsamer Nicht-Mk-Stoff bei Mt und Lk = Q" geschieht. Der auffällige Befund, daß der Anfang der Jesuserzählung mit der Täuferpredigt sowie der Versuchungsgeschichte zwei Stücke beinhaltet, die sich nicht ohne weiteres als Einleitung einer Sammlung mit Jesusworten auffassen lassen, läßt somit das Problem des literarischen Profils von Q deutlich aufscheinen. Dieses besteht darin, daß sich aus dem Nicht-Mk-Stoff noch kein deutliches Bild des Umfangs und literarischen Charakters einer weiteren frühen Quelle ergibt. Ob sich Walters Lösungsvorschlag zur Täuferpredigt als tragfähig erweist, kann hier offenbleiben. Deutlich ist jedoch, daß der Anfang von Q ein für seinen literarischen Charakter bislang kaum befriedigend gelöstes Problem darstellt.

Schwierigkeiten bereitet der Diegesenhypothese auch der Umstand, daß sich die für eine Spruchsammlung charakteristischen Merkmale in den rekonstruierbaren Q-Texten nicht finden. Die am besten erkennbaren Q-Texte bestehen gerade nicht aus einzelnen, allenfalls durch Stichworte verbundenen Worten, sondern aus komponierten Reden, in denen die Worte in einer dem MkEv vergleichbaren Weise miteinander verknüpft wurden. Eine stereotype Einleitung mit „Jesus sagt", wie sie z.B. das EvThom kennzeichnet, läßt sich dagegen für Q nicht nachweisen. Nimmt man die Beobachtung hinzu, daß die Spruchsammlung des Ev-Thom keine frühe, sondern eine spätere, auf der Existenz narrativer Darstellungen basierende Darstellungsform ist,

---

[209]   *Weisse*, Evangelienfrage, 156.
[210]   *Walter*, Mk 1,1-8; *ders.*, Johannes.

wird die Annahme, die Jesusüberlieferung habe mit der
Sammlung seiner Worte begonnen, zusätzlich erschwert.
Der Diegesen- steht die Narratiohypothese gegenüber. Sie
orientiert sich zur Bestimmung des Charakters von Q an
den Erzählungen der synoptischen Evangelien. Im 19.
Jahrhundert war es Bernard Weiß, der Q in dieser Weise
zu erfassen versuchte[211]. Folglich rechnete er etliche Stük-
ke zu Q, die kein *über Mk hinausgehendes* gemeinsames
Gut von Mt und Lk sind, sondern bei Mk eine Parallele
besitzen. Diese, heute weitgehend abgelehnte Hypothese,
sollte freilich nicht unterschätzt werden. Weiß macht auf
die Tatsache aufmerksam, daß Q Stoffe enthält, die – anders als die Einzelworte des EvThom – kaum ohne narrative Einbettungen überliefert wurden[212]. Das soeben angeführte Beispiel des Anfangs von Q macht dies deutlich: In
Q sind hier – wie dann auch in 7,18-35 – Erinnerungen an
den Täufer und sein Verhältnis zu Jesus aufbewahrt.
Für eine Beurteilung des Charakters von Q ist somit entscheidend, daß die Überlieferungen mit *historischen Erinnerungen* an das Verhältnis Jesu zum Täufer, Orte seiner
Wirksamkeit (Kafarnaum, Chorazin, Bethsaida, Jerusalem,
evtl. auch Nazaret) sowie sein Verhältnis zu Nachfolgern
und Ablehnenden verbunden wurden. Damit ist ein deutlicher Unterschied zu einer Spruchsammlung wie dem Ev-
Thom markiert, wo eine derartige historische Einbindung
gerade nicht den Deutungsrahmen bildet.
Das Problem der Narratiohypothese ist zweifellos, daß die
Bestimmung der konkreten Gestalt von Q dann schwierig
wird, wenn das Kriterium „gemeinsamer Nicht-Mk-Stoff
bei Mt und Lk" nicht mehr leitend ist. Sie macht gleichwohl zu Recht darauf aufmerksam, daß sich dieser Stoff
nicht ohne zusätzliche Annahmen, die das genannte Kriterium ebenfalls unterlaufen, auf den Charakter einer
Spruchsammlung reduzieren läßt.
Adolf Harnack versuchte das entstandene Problem dadurch zu lösen, daß er den Umfang von Q strikt aus dem
gemeinsamen Nicht-Mk-Stoff bei Mt und Lk zu erheben

---

[211] *Weiß*, Lehrbuch, 465-479; *ders.*, Quellen des Lukasevangeliums, 63-104; *ders.*, Quellen der synoptischen Überlieferung, 1-96.
[212] Vgl. *ders.*, Quellen der synoptischen Überlieferung, 81-84.

unternahm[213]. Diese, auf den ersten Blick bestechende Lösung führt freilich gerade nicht zu einem deutlichen literarischen Profil (was auch nicht Harnacks Anliegen war). Überschneidungen von Mk und Q kommen hier nicht in den Blick, da sie stets auf die Kenntnis *des MkEv* durch Mt und/oder Lk zurückgeführt werden. Es ist jedoch die Möglichkeit in Rechnung zu stellen, daß innerhalb der Mk/Q-Doppelüberlieferungen auch Sätze und Formulierungen in Q gestanden haben können, die sich bei Mk ebenfalls finden.

Schließlich ist die Frage der sog. minor und major agreements hier nur unzureichend berücksichtigt: Welcher Grad an Übereinstimmungen gegen Mk berechtigt dazu, mit einer weiteren gemeinsamen Überlieferung zu rechnen? Hier verbleiben etliche Unschärfen. Diese könnten – etwa bei der Tauferzählung oder dem Dialog über das größte Gebot (Mk 12,28-31/Mt 22,35-40/Lk 10,25-28), wo sich etliche Übereinstimmungen von Mt und Lk gegen Mk finden und somit die Möglichkeit einer weiteren Überlieferung neben Mk in den Blick tritt – Konsequenzen literarischer und inhaltlicher Art für ein Bild von Q zeitigen[214]. Auch Harnacks Ansatz kann somit – so berechtigt er ist, um einen gesicherten Ausgangspunkt für die Arbeit mit Q zu schaffen – die Frage nach der Gestalt dieser Quelle letztlich nicht beantworten.

Ich fasse den Befund zusammen. Der Nicht-Mk-Stoff bei Mt und Lk weist keine deutlichen Indizien auf, die Q entweder als Spruchsammlung oder als narratio klassifizieren würden. Dieser Umstand steht hinter den seit den Anfängen der Q-Hypothese zu konstatierenden Versuchen, entweder Texte auszugliedern, um Q (bzw. vermutete Vorstufen) als Spruchsammlung zu bestimmen, oder aber weitere

---

[213] *Harnack*, Sprüche.

[214] Am Rande sei notiert, daß sich die Frage nach dem literarischen Profil von Q dadurch verschärft, daß die Annahme, der gesamte Nicht-Mk-Stoff bei Mt und Lk stamme aus derselben Quelle, nicht zwingend ist. Einfach überlieferte Texte lassen sich nur mit Unwägbarkeiten Q zuschreiben. Verloren sind zudem selbstverständlich diejenigen Texte, die beide ausgelassen haben.

Texte Q zuzuschreiben, um ihm den Charakter einer Jesuserzählung zu verleihen.

Die konkrete Gestalt des gemeinsamen Nicht-Mk-Stoffes
bei Mt und Lk wird ohne einen Manuskriptfund immer bis
zu einem gewissen Grad hypothetisch bleiben. Wahr-
scheinlich machen läßt sich jedoch, daß es sich bei diesem
Stoff nicht um eine Spruchsammlung nach Art des Ev-
Thom gehandelt hat, sondern um eine Komposition von
Jesusüberlieferungen, die – ähnlich wie im MkEv – an de-
ren historischer Bewahrung orientiert war und sie deshalb
auf vergleichbare Weise in einen deutenden historischen
Rahmen gestellt hat. Dieser läßt sich freilich nur noch in
Umrissen erkennen. Wie bei Mk stehen sich zudem das
Wirken des irdischen Jesus und seine Wiederkunft als
Menschensohn gegenüber, wogegen das EvThom an der
zeitlosen Gültigkeit der Worte Jesu orientiert ist.

Gegenüber weitergehenden Hypothesen (etwa mehrerer
literarischer Schichten von Q) empfiehlt sich dagegen Zurückhaltung. Ist schon die Rekonstruktion eines selbst
nicht erhaltenen Dokumentes aus zwei anderen Quellen
mit erheblichen Unwägbarkeiten belastet, so sprechen gegen die Annahme mehrerer literarischer Schichten eines
solchen Dokumentes weitere Beobachtungen, die diese
These als extrem unwahrscheinlich erscheinen lassen.
Hierauf ist nun genauer einzugehen.

4   Zur Diskussion um die Entstehung von Q

Die Zuwendung zur genaueren Erfassung des Inhalts von
Q steht im Zusammenhang mit der am Beginn des 20.
Jahrhunderts problematisch werdenden Historizität des
MkEv. Wenn Q in erster Linie an der Weitergabe der Lehre Jesu interessiert war, könnte sich hier ein Weg eröffnen,
das entstandene Defizit auszugleichen und historisch Zu-
verlässiges über Jesus in Erfahrung zu bringen.[215] Es war

---

[215]   Für diese Tendenz der Q-Forschung steht am Anfang des 20.
Jahrhunderts die Untersuchung *Harnack*, Sprüche. Vgl. a.a.O., 173:

diese Perspektive, die die Beschäftigung mit Q in einer
bestimmten forschungsgeschichtlichen Situation beflügelt
und auch zu seiner Aufwertung im Rahmen der sog. „Neu-
en Frage" nach dem historischen Jesus geführt hat, die sich
wesentlich an einer Erfassung der *Lehre* Jesu orientierte.
Ohne die Beobachtungen, die zur Annahme der Mk-
Priorität (und damit auch zur Q-Hypothese) geführt haben,
damit in irgendeiner Form herabsetzen zu wollen, soll hier
lediglich darauf hingewiesen werden, daß die ZQT dadurch Unterstützung erfahren hat, daß im 19. Jahrhundert
das MkEv, im 20. Jahrhundert dagegen Q eine wichtige
Rolle innerhalb der Jesusforschung spielten. Dies macht
die Argumente für die ZQT weder besser noch schlechter,
bewahrt aber davor, dieser einen quasi „wertneutralen"
Status bei der Frage nach Jesus und der ältesten Jesusüberlieferung zuzuschreiben. Die ZQT stellt sicherlich die
tragfähigste Hypothese zur Erklärung der literarischen
Verhältnisse zwischen den Synoptikern dar. Welche Rolle
sie dagegen innerhalb *historischer Rekonstruktionen* spielt,
ist eine hiervon zu unterscheidende Frage.
Mit der Hinwendung zu form- und redaktionsgeschichtli-
chen Analysen[216] trat das Jesusbild von Q als eine auf bestimmter Auswahl und rhetorischer Disposition des Materials beruhende Perspektive in den Blick, die in die historische Frage einzubeziehen sei, jedoch keine Präferenz ge-

---

„Hier dieser Markus, der Seite für Seite durch Widersprüche, Un-
stimmigkeiten und Unglaubliches den Forscher zur Verzweiflung
bringt und ohne den uns doch jeder Faden und jede konkrete Anschauung von Jesus fehlen würde, und dort die Spruchsammlung,
die uns allein ein bestimmteres und tieferes Bild von der Verkündigung Jesu gewährt, von apologetischen und partikulären Tendenzen
frei ist, aber keine Geschichte bietet … Die Spruchsammlung und
Markus müssen in Kraft bleiben, aber jene steht voran. Vor allem
wird die Übertreibung des apokalyptisch-eschatologischen Elements
in der Verkündigung Jesu und die Zurückstellung der rein religiösen
und moralischen Momente hinter jenes immer wieder ihre Widerle-
gung durch die Spruchsammlung finden. Sie bietet die Gewähr für
das, was in der Verkündigung Jesu die Hauptsache ist: die Gotteser-
kenntnis und die Moral zu Buße und Glauben, zum Verzicht auf die
Welt und zum Gewinn des Himmels – nichts anderes."
[216] Vgl. etwa *Lührmann*, Redaktion; *Zeller,* Redaktionsprozesse.

genüber Mk besitze[217]. Diesem historiographischen Grundsatz kann nur beigepflichtet werden, insofern er die Differenz zwischen Textwelt und historischer Referenz berücksichtigt[218]. Allerdings taucht in diesem Zusammenhang auch die Unterscheidung verschiedener Überlieferungsstufen bzw. literarischer Schichten auf, in die Q nunmehr aufgeteilt wird. Ein derartiges Vorgehen läßt sich auch gegenwärtig noch feststellen[219]. Auf die hiermit verbundene Problematik sei etwas näher eingegangen.

Das in einer bestimmten Richtung der Q-Forschung einflußreiche, außerhalb ihrer jedoch häufig kritisierte Modell der Entstehung von Q hat John S. Kloppenborg in seinem Buch „The Formation of Q" vorgelegt und in seiner neuen Untersuchung noch einmal bekräftigt und gegen Einwände verteidigt[220]. Dieses Modell wird im Folgenden zur Auseinandersetzung gewählt, weil sich methodologische Fragen der Q-Forschung an diesem am besten veranschaulichen und diskutieren lassen.

Kloppenborg geht davon aus, daß sich auf der Ebene der (rekonstruierten) Endgestalt von Q Themen und Motive feststellen lassen, die Q ein charakteristisches Gepräge verleihen. Die Analyse dieser Endgestalt führt ihn weiter

---

[217] Vgl. *Kloppenborg,* Sayings Gospel, 344: „No less than Mark, Q is invention … Q (or Q_1) should not be privileged, however, even if it is early and probably from Galilee."

[218] Es gibt in der Q-Forschung freilich auch Tendenzen, die Hypothese verschiedener Schichten als eine historische mißzuverstehen und die (postulierte) *literarisch* ältere Schicht auch für *historisch* zuverlässiger zu halten. Da dies jedoch hinter einen in der Q-Forschung selbst erreichten Stand zurückfällt (vgl. die vorige Anm.), wird hier nicht näher darauf eingegangen.

[219] Vgl. *Järvinen,* Son of Man, 183: „Present day studies [scil: on Q, J.S.] have much too easily adopted a preference for form-critical distinctions, even when rhetorical/literary analysis accentuates the *integrity* of a given literary unit." (Dort kursiv.)

[220] *Kloppenborg,* Formation; *ders.,* Excavating. Zu den wichtigsten Kritiken, deren Einwände gegen *Kloppenborgs* Stratigraphiemodell nie widerlegt (zum Teil niemals in die Diskussion einbezogen) wurden, gehören diejenigen von *Tuckett,* Q and the History of Early Christianity, bes. 69-74 sowie von *Horsley,* in: *ders. with J. Draper,* Whoever hears you hears me, bes. 61-93.

zu der Annahme, unterhalb dieser Ebene seien ältere literarische Schichten zu erkennen, die später überarbeitet und
ergänzt worden seien und die er deshalb als frühere
(schriftliche) Fassungen von Q betrachtet. Der ersten Stufe
weist Kloppenborg dabei folgende Komplexe zu: die Eröffnungsrede (Q 6,20b-49), die Aussendungsrede (9,57-62
+ 10,2-11.16.21-24), die Gebetsinstruktion (11,2-4.9-13),
den Spruchkomplex über das Nicht-Fürchten (12,2-7), die
Sprüche über das Nicht-Sorgen (12,22-34) sowie die Sprüche über Jüngerschaft und Kreuzesnachfolge (13,24 +
14,26f.; 17,33 + 14,35f.)[221]. Auf einer späteren Stufe seien
diese überarbeitet und um die Täuferpredigt (3,7-9.16f.),
den Hauptmann zu Kafarnaum (7,1-10), den Komplex
über Johannes und Jesus (7,18-35), Beelzebulkontroverse
und Zeichenforderung (11,14-26.29-32), Texte über Jesus
als den wiederkommenden Menschensohn (17,23f.37b.26-
30.35f.) sowie das Gleichnis über die anvertrauten Talen-
te/Minen (19,12-27) und das Sitzen der Jünger auf den
Thronen Israels (22,28-30) ergänzt worden[222]. Die ab-
schließende Redaktion habe im wesentlichen noch die
Versuchungserzählung (4,1-13) dazugestellt. Im Folgenden konzentriere ich mich auf die beiden ersten Schichten,
die für Kloppenborgs Interpretation des Q-Materials die
entscheidenden sind.

Methodisch wichtig ist zunächst: Kloppenborg verwahrt
sich entschieden gegen den Vorwurf, seine Aufteilung des
Materials sei formkritischen Gesichtspunkten verpflichtet
und basiere auf der Unterscheidung weisheitlicher von
apokalyptischen Texten[223]. Vielmehr sei seine Stratigra-
phie ausschließlich an der Beobachtung orientiert, die beiden postulierten Schichten von Q würden sich in der literarischen Anordnung des Materials (literary organization)
sowie des rhetorischen Gestus (rhetorical posture) voneinander unterscheiden. Wo sie innerhalb *eines* Textkomple-
xes nebeneinander vorkämen (wichtigste Beispiele hierfür
sind die vermeintliche Einfügung der Weherufe Q 10,13-

---

[221] Formation, 238-243; vgl. Excavating, 146 mit Anm. 62, wo
einige weitere Texte der ersten Stufe zugeschrieben werden.
[222] Excavating, 144.
[223] A.a.O., 150f.

15 in die Aussendungsrede, die Anfügung von 6,23c an die dritte Seligpreisung sowie diejenige von Q 12,8f.10 an die Komposition 12,2-7), seien *aus literarischer Perspektive (from a literary point of view,* bei Kloppenborg kursiv[224]) deutlich ins Auge fallende Spannungen zu registrieren, die eine literarkritische Lösung unvermeidlich machten.

Kloppenborg besteht also darauf, daß seine Analysen der Q-Texte ausschließlich auf Textbeobachtungen gründen, die zu deren Aufteilung in verschiedene literarische Schichten führen. Für die hier verfolgte Fragestellung ist dies insofern von Interesse, als Kloppenborg um eine Unterscheidung zwischen form- und literarkritischen Argumenten bemüht ist, da er völlig zu Recht feststellt, daß *formkritische* Beobachtungen *literarkritische* Thesen nicht zu begründen vermögen. Entscheidend für die Tragfähigkeit seines Ansatzes ist deshalb, ob diese Unterscheidung bei seinen Analysen tatsächlich durchgehalten wird.

Wenn, wie Kloppenborg selbst bemerkt, die verschiedenen Gattungen und rhetorischen Ausrichtungen zugehörigen Texte in der Endgestalt von Q in einem Dokument vereinigt werden konnten, ist nicht ganz einsichtig, worauf sich das Argument gründet, dies sei auf einer früheren Stufe noch nicht der Fall gewesen[225]. Wenn innerhalb von Q^2 als einem einheitlichen Dokument derartige Spannungen möglich waren – warum dann nicht auch auf derjenigen Kompositionsstufe, auf der das Q-Material *zum ersten Mal* zusammengestellt wurde? Ist die Beobachtung „the subcollections differ quite markedly in their apparent function, implied addressees, and modes of rhetoric"[226] somit

---

[224] A.a.O., 146.

[225] A.a.O., 129f.: „It is quite possible to imagine an author combining didactic, deliberative, and epideictic materials side by side ... Nothing can be decided in the abstract; careful analysis of the actual text of Q is needed. What these observations do suggest is that the final redaction of Q is distinct from the editing of *some* of the component collections in terms of its literary method and intention. It suggests as well that the subcollections themselves were organized by varying means and for varying purposes."

[226] A.a.O., 129.

ein Argument für eine *literarkritische Aufteilung* des Materials, wenn zugleich dargelegt wird, das derartiges durchaus in einem Dokument nebeneinander stehen konnte? Das Argument einer späteren Überarbeitung rhetorisch ursprünglich anders ausgerichteter Spruchgruppen neutralisiert sich hier somit selbst.

Was genau sind des weiteren *die Kriterien* für die nachträgliche Überarbeitung älteren Materials mit einer anderen rhetorischen Ausrichtung, wenn gerade dieses Nebeneinander das Charakteristikum von Q ist? Sind die von Kloppenborg herausgestellten Spannungen in der Tat Indizien für literarische Schichten – zumal bei einem Dokument wie Q, das ein breites Spektrum verschiedenartigen Materials innerhalb einer Konzeption vereinigt[227]? Welcher Maßstab an rhetorischer und thematischer Einheitlichkeit darf an ein Dokument angelegt werden, um die These eines mehrstufigen literarischen Wachstumsprozesses zu begründen? Ist schließlich eine Analyse, die sich für eine literarkritische Scheidung auf unterschiedliche rhetorische Ausrichtungen beruft, nicht letztlich darauf gegründet, das Material aufgrund seines gattungsmäßigen Charakters zu unterscheiden und daraus literarkritische Hypothesen abzuleiten[228]? Genau dies war jedoch das (von Kloppenborg abgelehnte) Vorgehen der Formkritik gewesen.

Die herausgearbeitete Separierung zweier Schichten wirft weitere Fragen auf. Wenn Kloppenborg, einsetzend bei „Major Redactional Structures in Q", zuerst „Recurring Motifs" bespricht, werden nur solche Motive genannt, die sich später als der zweiten Schicht zugehörig herausstellen, nämlich „Coming Judgement"; The Story of Lot"; „Deuteronomistic Theology" sowie „Argumentative Pro

---

[227] A.a.O., 66: „... despite the diversity of its sayings-types, Q has a distinctive profile when compared with Mark."

[228] Die literarkritischen Argumente, die *Kloppenborg* anführt, sind in der Regel ein abrupter Wechsel in der rhetorischen Ausrichtung von Instruktion oder Ermahnung zu Warnung oder Gerichtsdrohung. Inwiefern läßt sich dies jedoch *literarkritisch* auswerten, wenn ein solches Nebeneinander innerhalb eines Dokumentes, wie viele andere Beispiele zeigen, durchaus möglich ist?

gressions"[229]. Die „redaktionelle Schicht" ist damit von vornherein in einer bestimmten inhaltlichen Ausrichtung festgelegt. Es ist nicht ganz deutlich, wie sich dies zu dem ebenfalls betonten einheitlichen Charakter von Q verhält.

Man könnte jedoch auch andere Motive auswählen, die quer zu diesen angenommenen Schichten liegen, für das Gesamtprofil von Q jedoch wesentlich charakteristischer sind. Genannt seien die beiden folgenden.

1) Die unbedingte Forderung, sich an Jesus zu binden und das Leben an ihm und seiner Lehre auszurichten, begegnet in der Eröffnungsrede (6,46-49), in den Dialogen über die Nachfolge (9,57-60), innerhalb der Beelzebulkontroverse (11,23), in den Komplexen über das Nicht-Fürchten sowie das Nicht-Sorgen (12,2-9 bzw. 12,22-31), die mit den Aufforderungen, sich zum Menschensohn zu bekennen bzw. nach der Gottesherrschaft zu streben (12,8f. bzw. 12,31), enden, sowie in dem Wort über den unerwartet kommenden Menschensohn (12,39f.). Diesem Ethos von Q korrespondiert die enge Beziehung zwischen Jesus und den Boten, wie sie besonders in 10,16 zum Ausdruck kommt: Die Boten repräsentieren Jesus, wie dieser Gott repräsentiert. Eine Aufteilung dieser Texte auf verschiedene Schichten bringt dieses Charakteristikum von Q nicht mehr zum Ausdruck.

2) Die Ansage der mit Jesus anbrechenden Gottesherrschaft begegnet ebenfalls in der Eröffnungsrede (6,20), sie wird in der Antwort auf die Täuferfrage in 7,22 mittels des Verweises auf jesajanische Weissagungen wieder aufgenommen, sie taucht in der Aussendungsrede als Inhalt der von den Ausgesandten auszurichtenden Botschaft (10,9) ebenso auf wie in der zweiten Vaterunser-Bitte (11,2) und der Beelzebulkontroverse (11,20). Auch dieses sich durchziehende Element wird bei einer Aufteilung in mehrere Schichten als Spezifikum von Q nicht deutlich. Es handelt sich hierbei also um wesentlich charakteristischere Motive der Q-Texte, die sich in erheblich mehr Texten finden und

---

[229] A.a.O., 118-122. Nicht zufällig begegnen in diesem Abschnitt ausschließlich Verweise auf Texte, die *Kloppenborg* der Überarbeitungsschicht Q^2 zuweist.

damit das Gesamtprofil von Q deutlich stärker prägen als die von Kloppenborg genannten[230].

Schließlich ist nicht ganz leicht zu sehen, was die der ersten Stufe zugewiesenen Komplexe miteinander verbinden und von einer vermuteten späteren Schicht unterscheiden soll[231]. Beide Annahmen sind für Kloppenborgs Modell jedoch konstitutiv. Würde sich nur eine von beiden als nicht stichhaltig erweisen – wären die Komplexe also als einzelne Spruchgruppen zu beurteilen oder wären sie von den der späteren Stufe zugewiesenen nicht klar abzugrenzen –, wäre die Unterscheidung zweier aufeinander folgender literarischer Schichten hinfällig.

Gegen diese Aufteilung sprechen nun jedoch Bedenken, die *beide* Annahmen problematisch erscheinen lassen. Dies soll zuerst an der Eröffnungsrede (Q 6,20-49) als einer von Kloppenborg insgesamt (bis auf 6,23c) der ersten Schicht zugewiesenen Komposition gezeigt werden.

Die Rede beginnt mit den Seligpreisungen, gefolgt von Instruktionen über Feindesliebe, das Nicht-Richten sowie das Beispiel vom guten und schlechten Baum und deren Früchten. Am Ende steht das Gleichnis vom Haus auf dem Felsen und auf dem Sand. Diese Texte sind bezüglich ihrer literarischen Organisation und rhetorischen Ausrichtung nicht weniger voneinander unterschieden als z.B. die Aufforderung, sich nicht zu fürchten, von derjenigen zum Bekenntnis zum Menschensohn innerhalb der Komposition 12,2-9, also einem derjenigen Texte, in denen Kloppen-

---

[230] Ergänzend wäre auf die Menschensohn-Bezeichnung hinzuweisen, die die Q-Texte durchzieht. Hierauf geht der Beitrag von *Järvinen*, Son of Man, ein, es wird auch unten in K.VI thematisiert werden.

[231] Hierauf verweist bereits *Tuckett,* Q and the History of Early Christianity, 72: „... there is no evidence that the five alleged collections ever belonged together in a literary whole prior to the use of the materials they contain by 'Q²'. Can we, for example, know that the mission instructions, without the redactional addition of the woes on the Galilean towns in Q 10:13-15, were already joined with the Great Sermon, similarly purged of its reference to the violence suffered by the prophets in 6:23c, in an earlier, macro-collection in Q? ... One could have different collections (plural) which were never united prior to their use by Q².“

borg verschiedene literarische Schichten unterscheidet. Der Vorwurf in 6,46 τί δέ με καλεῖτε · κύριε κύριε, καὶ οὐ ποιεῖτε ἃ λέγω; sowie das anschließende Gleichnis über das Haus auf dem Felsen und dem Sand unterscheiden sich in ihrer Rhetorik zudem nicht von einem Text wie etwa der Beelzebulperikope, in der die Ansage der in Jesu Exorzismen anbrechenden Gottesherrschaft in eine Aufforderung zur unbedingten Gefolgschaft und eine Warnung vor Rückfall übergeht: In beiden Fällen ist von der Notwendigkeit, der in Jesu Wirken sich Bahn brechenden Gottesherrschaft zu entsprechen, die Rede; in beiden Fällen wird dies durch eine deutliche Warnung, illustriert anhand eines Gleichnisses, unterstrichen. Daß dies einmal in Auseinandersetzung mit Gegnern, das andere Mal als Einschärfung an die Jünger geschieht, kann selbstverständlich kein Kriterium für die Unterscheidung literarischer Schichten sein, sondern besagt lediglich, daß Q den unbedingten Aufruf zur Gefolgschaft sowohl gegenüber den Anhängern Jesu als auch gegenüber dem ablehnenden Israel zur Sprache bringt[232]. Das Gleichnis am Ende der Eröffnungsrede steht zudem in deutlicher Korrespondenz zu den Seligpreisungen an deren Beginn und bringt damit eine Charakteristik von Q zum Ausdruck: Seliggesprochen werden diejenigen, die sich an die Worte Jesu halten, wobei sich seine Lehre besonders an die Armen und Bedürftigen innerhalb Israels richtet.

Ist die Eröffnungsrede somit ein Text, an dem sich zeigt, daß die von Kloppenborg zur literarkritischen Scheidung angeführten Merkmale innerhalb eines von ihm selbst als einheitliche Komposition beurteilten Q-Textes begegnen, so soll im Folgenden als zweiter Testfall die Aussendungsrede als eine Komposition diskutiert werden, in der ebendiese Merkmale zur Separierung einer älteren Sammlung von späteren Zusätzen angeführt werden.

Kloppenborg beschreibt den Prozeß der Entstehung des Komplexes Q 9,57-10,24 folgendermaßen[233]: Auf einer

---

[232] Auch 12,8-10 ist an die Nachfolger gerichtet, womit diese Unterscheidung ohnehin hinfällig wird.
[233] Formation, 190-203; vgl. Excavating, 147-149.

ersten Stufe habe die Spruchgruppe aus 10,4-11 bestanden.
Sodann seien V.3 und 16 eingefügt worden und würden
eine *inclusio* bilden[234]. Auf einer nächsten Stufe seien sodann V.12 als Übergangsvers sowie die Weherufe in V.13-
15 dazugekommen. Schließlich seien V.2 sowie die Dialoge über die Nachfolge (9,57-62) und 10,21-24 ergänzt
worden. Demzufolge gäbe es also drei Fassungen, in denen die Rede vor ihrer Aufnahme in Mt und Lk existiert
hätte: 10,4-11; 10,3-11.16; 10,2-16 (bzw. 9,57-10,24). Die
Frage ist, ob ein derartiges, in literarischen Schichten kon-
zipiertes Modell ein adäquates Bild der Verarbeitung der
Jesusüberlieferung liefern kann.

Entscheidend für Kloppenborgs Argument ist zunächst,
daß mit den Versen 10,13-15 die ältere Fassung mit einer
neuen Ausrichtung versehen werde. Hier erheben sich jedoch mehrere Einwände:

1) Die Verse 13-15 stehen nur bei Lk im Kontext der
Aussendungsrede, bei Mt dagegen im Anschluß an den
Komplex über Jesus und Johannes (Mt 11,21-24). In beiden Kontexten ergibt die Einordnung guten Sinn. Die heuristische Annahme, Lk habe die Abfolge der Q-Texte in
den meisten Fällen genauer bewahrt als Mt, ist zudem bei
derartigen Abweichungen zu prüfen. Es ist durchaus denk-
bar, daß erst Lk die Weherufe über die galiläischen Städte
der Aussendungsrede eingeordnet hat. Der lk Tendenz, die
Ablehnung Jesu und seiner Boten durch die Juden herauszustellen, die sich dann in der Apg zuspitzt, würde dies gut
entsprechen[235]. Dazu kommt, daß sich die Überarbeitung
der Q-Aussendungsrede durch Lk auch in einem weiteren
Fall, nämlich der Einfügung von V.8, wahrscheinlich ma-

---

[234] Die beiden Verse haben freilich außer dem Verbum ἀποστέλλειν wenig gemeinsam. Wesentlich besser entsprechen sich
V.2 und 16, denn hier geht es beide Male um den Status der Boten
als Repräsentanten Gottes (in V.16 dann zusätzlich Jesu).
[235] Nimmt man das von *Kloppenborg*, Excavating, 147, angeführte
Argument eines engen, durch das in V.10 und 16 verwandte Verbum
δέχεσθαι signalisierten Zusammenhangs zwischen beiden Versen
hinzu, könnte dies ebenfalls für die Einfügung der Weherufe durch
Lk sprechen und muß nicht notwendig auf einen mehrstufigen Ent-
stehungsprozeß der Q-Rede hindeuten.

chen läßt[236]. Auch dieser Vers zeigt, wie Lk die Aussendung der 72 im Blick auf die dann in der Apg berichtete Mission hin formuliert. Wenn er hier Jesus selbst die Aufforderung aussprechen läßt, die Boten sollen das ihnen jeweils Vorgesetzte essen, dann wird damit auf die spätere Situation vorausgeblickt, in der die Missionare in Häusern von Nicht-Juden aufgenommen werden. Wie diese Anweisung könnten somit auch die Weherufe auf die lk Bearbeitung des Q-Textes zurückzuführen sein.

Diese Ambiguität der Einordnung der Weherufe verschärft sich noch, wenn man beachtet, daß sie auch bei Mt innerhalb eines Q-Kontextes begegnen. Sie setzen dort den Komplex über Johannes und Jesus (11,2-19) fort, indem sie die Antwort auf die zuvor konstatierte Ablehnung Jesu und Johannes durch „dieses Geschlecht" darstellen[237]. Betrachtet man diese durchaus nicht eindeutige Position der Weherufe innerhalb von Q, wird die Möglichkeit, gerade diese zu einer wesentlichen Stütze verschiedener literarischer Schichten zu machen, jedenfalls geschwächt.

2) Setzt man die lk Position der Weherufe jedoch bereits für Q voraus, so ergibt sich des weiteren, daß sie eng mit V.3 (ὑπάγετε· ἰδοὺ ἀποστέλλω ὑμᾶς ὡς ἄρνας ἐν μέσῳ λύκων) zusammengehören. Dort wird den Ausgesandten bereits die Feindschaft in Aussicht gestellt, der sie bei der Ausrichtung ihrer Botschaft ausgesetzt sein werden. Diese Thematik wird in den Weherufen wieder aufgegriffen, was eher auf eine einheitliche Komposition als auf verschiedene rhetorische Ausrichtungen deutet. Auch 10,3 ist freilich in seiner mt und lk Position verschieden, und auch hier kann die lk Position redaktionell sein. Nimmt man dagegen auch hier die lk Abfolge für Q an, so ergibt sich, daß die Q-Aussendungsrede einen doppelten Rahmen besitzt: Der äußere Rahmen besteht in dem Wort über die Aussendung der Arbeiter in die Ernte, dessen Thematik in V.16

---

[236] Vgl. *Schröter,* Erinnerung, 187-192.

[237] Dagegen könnte man einwenden, daß Mt sie in 11,20 mit einem Einleitungssatz eigens einführt. Dies ist jedoch ein innerhalb von Q-Kompositionen des öfteren begegnendes, sowohl von Mt als auch von Lk verwandtes Mittel und deshalb kein zwingendes Gegenargument.

mit dem Wort über die Repräsentation Jesu und Gottes durch die Ausgesandten wieder aufgenommen wird. Der innere Rahmen dagegen besteht in dem Bild der unter die Wölfe ausgesandten Schafe, dessen Thematik in den Weherufen über die galiläischen Städte wieder auftaucht. Dazwischen (10,4-11) stehen die konkreten Anweisungen an die Boten.

3) Die kompositorische Analyse der Aussendungsrede in Q führt somit zu dem Resultat, daß die Anweisungen über Ausrüstung sowie Verhalten bei Aufnahme und Ablehnung bei der Integration in Q in zwei interpretatorische Rahmen gestellt wurden. Die innerhalb der Anweisungen selbst für Q charakteristischen Elemente sind die gegenüber Mk schärferen Verbote von Ausrüstungsgegenständen, die detaillierten Anweisungen zum Verhalten in den Häusern und Städten sowie schließlich der durch V.3 und die Weherufe ausgebaute Hinweis auf das ablehnende Israel. Daß sich diese Komposition literarkritisch in verschiedene Schichten aufteilen ließe, ist dabei schwerlich überzeugend.

4) Daß es bereits vor Q die Tradition einer Aussendung der Jünger durch Jesus, verbunden mit konkreten Anweisungen, gegeben hat, wird schon durch die parallele Überlieferung bei Mk belegt. Es läßt sich aber auch ohne diese Analogie die begründete Vermutung aufstellen, daß eine solche Tradition nicht erst bei der Entstehung von Q ins Leben gerufen wurde. Dieser traditionsgeschichtliche Befund sollte jedoch nicht in einen literarkritischen verwandelt werden. Die Tradition von der Aussendung der Jünger durch Jesus ist bei ihrer Aufnahme in Q mit anderen Überlieferungen – den Worten über die in die Ernte gesandten Arbeiter sowie die unter die Wölfe gesandten Schafe, vermutlich den Dialogen über die unbedingte Nachfolge sowie evtl. mit den Weherufen über die galiläischen Städte – zusammengestellt worden. Durch diese interpretierende Komposition (und natürlich durch die konkrete sprachliche und inhaltliche Gestaltung der Anweisungen) wurde die Aussendungsrede Bestandteil von Q. Nur unter Beachtung dieser kompositorischen Verhältnisse läßt sie sich darum für eine historische Analyse auswerten.

Sowohl die Beobachtungen zur Eröffnungs- als auch diejenigen zur Aussendungsrede zeigen somit, daß sich die These verschiedener literarischer Schichten in Q nicht verifizieren läßt und letztlich in dem von Kloppenborg selbst als unzureichend erkannten form- und redaktionskritischen Paradigma gründet. Es gibt keinen Grund dafür, mit einer Abfolge mehrerer Dokumente zu rechnen, die für eine historische Analyse (bzw. eine Literaturgeschichte des Urchristentums) separat zu berücksichtigen wären. Vielmehr stellt die Herausarbeitung der kompositorischen und rhetorischen Charakteristika von Q erst die Voraussetzung dafür dar, es auch in historische Rekonstruktionen einzubeziehen.

Die für eine literarkritische Aufteilung von Q zugrunde gelegten Kriterien der unterschiedlichen rhetorischen Ausrichtungen sowie verschiedener literarischer Organisation stellen dagegen eine Vermischung gattungsanalytischer und literarkritischer Argumente dar[238]. Sie sind darüber hinaus dem Modell der Entstehung eines Textes in aufeinander folgenden literarischen Schichten verpflichtet und machen die oben unter 1. angesprochene Diskussion um die Evangelien als Schriften, die eigene Erzählwelten entwerfen, für Q nicht fruchtbar[239]. Um die Q-Texte zu analy-

---

[238] Die schon häufig gegen *Kloppenborg* vorgebrachte, von ihm jedoch als unberechtigt zurückgewiesene Kritik, er benutze *formkritische* Argumente für eine *literarkritische* Scheidung, erweist sich somit letztlich als im Recht. Seine frühere Untersuchung beginnt nicht etwa mit einer literarischen Analyse der Q-Texte, sondern mit einem Abschnitt „Forms and Genres", in dem er sein Vorgehen in die Tradition form-und redaktionskritischer Forschungen an Q stellt (Formation, 1-8). Seinem Ansatz liegt somit von vornherein die Prämisse zugrunde, formkritische Beobachtungen seien Indizien für literarkritische Scheidungen. Der Nachvollzug seiner diesbezüglichen Analysen bestätigt dies. Gerade diese Voraussetzung aber ist aus methodischen Gründen zu bestreiten.

[239] *Kloppenborg* hat die Defizite des redaktionskritischen Ansatzes sehr genau erkannt. Vgl. etwa Excavating, 113: „The diachronic form of redaction criticism suffered from important defects. It privileged the distinction between tradition and redaction and hence ran the double risk of undervaluing elements in the gospel that have been taken over more or less unchanged from a source, and of over-

sieren, sollte deshalb von der (wenn auch zumeist nur annäherungsweise und – wie im obigen Beispiel gezeigt – oft hypothetisch bleibenden) Struktur der Jesusreden ausgegangen werden, die in Q vereinigt wurden. Nur auf dieser Basis kann das Profil von Q beschrieben und auf dieser Basis dann auch sein Beitrag für die historische Frage nach Jesus und der ältesten Jesusüberlieferung erhoben werden.

5 Zusammenfassung

Um den Beitrag von Q für die früheste Jesusüberlieferung zu erfassen, müssen die Möglichkeiten und Grenzen der Arbeit an diesem hypothetischen Dokument genau bedacht werden. In Teilen der neueren Q-Forschung zeigt sich diesbezüglich die problematische Tendenz, gerade das hypothetisch rekonstruierte Q-Dokument zur Grundlage weitreichender Thesen über die frühe Jesusüberlieferung und die Geschichte dse Urchristentums überhaupt zu erklären. Die hier vorgetragenen Argumente führen dagegen zu folgenden Einschränkungen:
Weder der literarische Charakter noch Umfang und Wortlaut von Q lassen sich eindeutig feststellen. Jeder Umgang mit Q muß deshalb Thesen über Wortlaut und Charakter einzelner Texte bzw. des Q-Dokumentes überhaupt begründen, da es aufgrund der Quellenlage stets nur Rekonstruktions*vorschläge* geben kann.
Die These mehrerer literarischer Schichten erweist sich als revisionsbedürftig, da sie sich am Q-Material nicht auf-

valuing elements that have been added or newly created by the editor." In seiner Behandlung der Entstehung von Q diskutiert er allerdings nur das Modell von *Sato* sowie sein eigenes (a.a.O., 136-153). Dagegen wird z.B. meine bereits 1997 erschienene Untersuchung (vgl. Schröter, *Erinnerung*), in der ich in ausführlichen Untersuchungen von Q-Texten etliche Argumente dafür angeführt hatte, diese als *einheitliche* Kompositionen zu betrachten, nicht einmal im Literaturverzeichnis erwähnt. Es fragt sich jedoch, ob das Modell sich übereinanderlagernder Schichten eine methodisch plausible Möglichkeit ist, die Entstehung von Q zu beschreiben.

weisen läßt. Gemeinsam mit grundlegenden Beobachtungen zur ZQT führen diese Erwägungen dazu, Q in ein flexibel gehandhabtes Modell der Entstehung der synoptischen Evangelien einzubinden.

Ein solches Modell gründet darauf, daß der Nicht-Mk-Stoff bei Mt und Lk bestimmte sprachliche und inhaltliche Merkmale aufweist, die Tendenzen innerhalb der frühen Jesusüberlieferung erkennen lassen. Bereits im vorigen Kapitel ist mit dem Aufweis einer mit Mk vergleichbaren Konstruktion der Zeitspanne des Wirkens Jesu, die dennoch durchaus eigene Merkmale besitzt, eine derartige Tendenz in den Blick getreten. In den folgenden Kapiteln wird dies durch weitere Aspekte vertieft werden. Dabei läßt eine vergleichende Analyse von Mt- und Lk-Texten im Einzelfall durchaus Hypothesen über die Gestalt des zugrundeliegenden Textes zu, ohne daß damit eine Gesamtthese über die Gattung von Q oder seinen genauen Umfang und Wortlaut verbunden wäre.

Ein produktiver Umgang mit der Q-Hypothese führt auf diese Weise zur Erhebung wichtiger Charakteristika der frühen Jesusüberlieferung. Die Fixierung auf eine bestimmte Hypothese der Gattung von Q, seiner Entstehung sowie seiner exakten sprachlichen Gestalt geht dagegen über den quellenmäßig zu erhebenden Befund hinaus und ist der Q-Hypothese damit abträglich. Unter dieser Voraussetzung soll Q in den folgenden Kapiteln in die Analyse einbezogen werden.

V
Erwägungen zum Gesetzesverständnis in Q anhand von Q 16,16-18

1 Vorbemerkung

Die frühen Deutungen des Wirkens Jesu deuten sein Auftreten als eine neue Qualifikation der Wirklichkeit: Die in K.III beschriebene Konstruktion der Zeitspanne zwischen dem Auftreten des Täufers und der Wiederkunft des Menschensohnes bedeutet zugleich eine Wahrnehmung der Gegenwart als einer Zeit zwischen dem Anbruch der Gottesherrschaft und deren zukünftiger Vollendung. In diesem Kapitel soll danach gefragt werden, wie sich diese Interpretation auf die Darstellung des Verhältnisses Jesu zur Tora auswirkte. Damit ist insofern ein sensibles Thema berührt, als die vermeintliche Kritik des jüdischen Gesetzes – und damit verbunden die Absetzung Jesu vom Judentum seiner Zeit – lange Zeit ein vergleichsweise unhinterfragter Topos der Forschung war. Die neue Jesusforschung hat diese Sicht jedoch als fragwürdig aufgewiesen. Sie hat gezeigt, daß die Lehre Jesu in das Spektrum des Judentums seiner Zeit einzuordnen ist. Gerade dann läßt sich seine spezifische Deutung der Tora im Licht der Gottesherrschaft erfassen[240].

Im Folgenden wird keine Gesamtaufnahme dieses Problemkreises vorgenommen[241]. Ich konzentriere mich vielmehr auf einen Aspekt, der diese Frage von einer bestimmten Seite her beleuchtet, nämlich die Stellung Jesu zur Tora in Q. Q bezieht diesbezüglich – wie sich noch näher zeigen wird – eine von Mk charakteristisch unter-

---

[240] Vgl. auch *Schröter*, Jesus als Lehrer.
[241] Vgl. hierzu die Ausführungen bei *Becker*, Jesus, 337-387; *Theissen/Merz*, Jesus, 321-332.

schiedene Position, insofern hier der Aufweis der Konvergenz von νόμος und Verkündigung Jesu im Zentrum steht. Auf diese Weise arbeitet Q der später von Mt programmatisch ausgebauten Forderung des περισσεύειν der δικαιοσύνη gegenüber derjenigen der Schriftgelehrten und Pharisäer (Mt 5,20) vor. Ein Blick auf Q kann deshalb dazu verhelfen, Entwicklungen verständlich zu machen, die auf eine strikte Bewahrung jüdischer Traditionen, auch beim programmatischen Überschritt zur Heidenmission sowie sowie dem damit verbundenen Gegenüber von ἐκκλησία und συναγωγή, ausgerichtet waren.

Das Stichwort νόμος begegnet innerhalb von Q nur in den Versen 16,16 und 17, davon einmal in der Zusammenstellung ὁ νόμος καὶ οἱ προφῆται (Lk) bzw. οἱ προφῆται καὶ ὁ νόμος (Mt). Diese Verse bieten sich somit als Ausgangspunkt für die Frage nach dem Verhältnis von Jesu und Tora in Q an. Des weiteren ist es aufschlußreich, einen Blick auf das Ehescheidungslogion und seine Verarbeitung in Q zu werfen. Aufgrund der bei der Behandlung von Q-Texten notwendigen rekonstruktiven Arbeit ist dabei auch auf die Verarbeitung der Verse durch Mt und Lk einzugehen.

2 Erwägungen zu Q 16,16-18

2.1 Zur Position der Logien in Q. Beobachtungen zur redaktionellen Verarbeitung durch Mt und Lk

Aufgrund der Differenzen zwischen Mt und Lk ist es zunächst notwendig, nach dem Ort sowie dem zu vermutenden Wortlaut der Logien in Q zu fragen. Dazu ist ein Blick auf die jeweilige redaktionelle Verarbeitung zu werfen. Dies soll so geschehen, daß zunächst auf Mt 5,17-20 geblickt (a), sodann nach der Funktion von Lk 16,16-18 in seinem Kontext gefragt wird (b), um schließlich auf die Frage eines ursprünglichen Q-Kontextes von 16,16 bei Mt einzugehen (c).

Es erhebt sich zunächst die Frage, ob Mt hier einen ursprünglichen Q-Zusammenhang, der bei Lk noch zu greifen ist, aufgelöst oder aber Lk die Spruchgruppe erst selbst komponiert hat. In letzterem Fall wäre noch einmal neu nach dem Ort der Logien in Q zu fragen. Die Relevanz für die hier verfolgte Fragestellung liegt dabei darin, daß zunächst geklärt werden muß, ob bereits in Q die Rede von νόμος καὶ προφῆται als einer bis zu Johannes reichenden Epoche durch das Logion von der bleibenden Gültigkeit des νόμος weitergeführt wurde oder aber ob dies erst aus der lk Redaktion heraus verständlich gemacht werden kann.

a) In der Forschung ist, vornehmlich im Gefolge von Heinz Schürmann[242], nicht selten die Ansicht vertreten worden, Lk gebe in 16,16-18 – möglicherweise bereits seit 16,14 oder sogar seit 16,9 bzw. 16,1 – die Q-Vorlage wieder[243]. Allerdings ist zu beachten, daß Schürmann nach der traditionsgeschichtlichen Herkunft Mt 5,19 fragt, einem Logion also, das keine Lk-Parallele besitzt und somit nicht zum sicheren Bestand von Q gerechnet werden kann. Es ist somit fraglich, ob ein derartiges Logion als Ausgangspunkt dafür dienen kann, einen ursprünglichen Q-Zusammenhang zu eruieren[244]. Auch wenn man die vormt Existenz eines Logions hinter Mt 5,19 annimmt[245], ist damit noch nicht erwiesen, daß es innerhalb eines Q-Zusammenhanges tradiert worden ist, in dem auch 5,18 gestanden hat. Des weiteren dürften weder der Versuch, Mt 5,20 als Verarbeitung von Lk (Q) 16,15 und 16 aufzuweisen[246], noch derjenige, in

---

[242]   Vgl. *Schürmann*, Gebote.

[243]   Für einen Q-Kontext von 16,16-18 plädieren etwa *Kosch*, Thora, 427-444; *Catchpole*, Quest, 232-238; *Kloppenborg*, Nomos and Ethos in Q, 43-46; *Davies/Allison*, Matthew, II, 252-254; *Tuckett*, Q and the History of Early Christianity, 406. Des weiteren hat *Piper*, Wisdom, 86-99, eine Vorlage hinter Lk 16,9-13 zu erweisen versucht. Am weitesten geht *Schürmann*s Vorschlag, der eine Vorlage hinter Lk 16,1-18 vermutet.

[244]   Es ist zu beachten, daß *Schürmann* seine Argumentation von der – nicht näher begründeten – Annahme her aufbaut, Mt habe 5,19 bereits mit 5,18 (=Lk 16,17) im Zusammenhang gelesen, was auf die hinter Mt liegende Q-Vorlage verweise, a.a.O., 127f.

[245]   So etwa *Luz*, Erfüllung, 408f.

[246]   So *Schürmann*, a.a.O., 130. Er verweist dazu auf das in Mt 5,20 und Lk 16,15 begegnende Thema der ungenügenden pharisäischen Gerechtigkeit, zum anderen auf die Formulierung als Einlaßspruch (εἰσέλθητε εἰς τὴν βασιλείαν), die eine Analogie zu dem εἰς αὐτὴν (βασιλείαν) βιάζεται in Lk 16,16 darstelle.

5,17 Reminiszenzen an Lk 16,16 zu entdecken[247], als gelungen zu bezeichnen sein. Das Vorkommen der diesbezüglich von Schürmann genannten Wendungen besagt nämlich nicht mehr, als daß in beiden Spruchgruppen die Thematik des Gültigkeitsbereiches von Gesetz und Propheten im Gegenüber zu den Pharisäern diskutiert wird. Als gemeinsames Logion läßt sich dabei lediglich 5,18/Lk 16,17 eruieren. Dagegen dürfte es sich in den Versen 17 und 20 um Logien der mt Redaktion handeln[248], die somit die Spruchgruppe 5,17-20 rahmen, welche Mt unter Rückgriff auf das Q-Logion 5,18 sowie auf das aus der mündlichen Tradition stammende Logion hinter 5,19 selbst zur Einleitung der Antithesen der Bergpredigt komponiert hat. Ist somit der Versuch, eine gemeinsame Q-Vorlage hinter Mt 5,17-20 und Lk 16,14-18 auf der Grundlage des Mt-Textes zu erweisen, kaum als plausibel anzusehen, so ist in einem nächsten Schritt zu fragen, ob sich Lk 16,16-18 unabhängig von einer derartigen These als Q-Kontext wahrscheinlich machen läßt. Dazu ist auf die Logik der Zusammenstellung dieser Verse im lk Kontext einzugehen[249].

b) Lk wendet sich in K.16 der Thematik des rechten Umgangs mit dem Reichtum zu. Diese wird in 16,1-9 und 19-31 anhand zweier Gleichnisse illustriert, die jeweils mit der Wendung ἄνθρωπός τις ἦν πλούσιος eingeführt werden[250]. In beiden kommt zum Ausdruck,

---

[247] *Schürmann*, a.a.O., 131, verweist hierzu auf die Wendung ὁ νόμος καὶ οἱ προφῆται, die Mt bei der Formulierung von 5,17 beeinflußt habe.

[248] Vgl. etwa *Luz*, Matthäus, I, 229f.

[249] Vgl. hierzu *Klinghardt*, Gesetz, 15-29; *Hoffmann*, Studien, 54-56.

[250] Man kann darüber streiten, ob das erste Gleichnis in V.7; 8a; 8b oder erst in V.9 endet. Unter der Voraussetzung, daß vorlk Tradition und lk Verarbeitung nicht literarkritisch voneinander zu trennen sind, ist diese Diskussion jedoch weniger relevant. Deutlich ist jedoch, daß es sich– wie häufig bei Lk – um eine Erzählung handelt, in der das exemplarische Moment von dem metaphorischen kaum zu trennen ist. Im vorliegenden Fall besteht die Pointe in der Klugheit des οἰκονόμος (vgl. 16,8: φρόνιμως ἐποίησεν). Daß es sich um eine „unmoralische" Geschichte handelt, bedeutet bezüglich des metaphorischen Charakters keinen Unterschied zu den sog. „Beispielerzählungen", denn selbstverständlich wird hier nicht zum Betrug aufgefordert, ebensowenig wie die Erzählung vom barmherzigen Samariter dazu auffordert, einen unter die Räuber Gefallenen zu suchen. Innerhalb von V.8f. vollzieht sich jedenfalls die Verschiebung von der Ebene des erzählten Falles zu deren Anwendung, ähnlich wie etwa in 12,20f. oder 14,24. Vor dem Hintergrund dieser Beobachtungen wäre einmal danach zu fragen, ob Lk nicht auf eine ganz eigene Weise fiktive und reale Bestandteile innerhalb einer Reihe

daß der Umgang mit irdischem Besitz von unmittelbarer Relevanz für das Ergehen im Endgericht ist[251]. Die dazwischen stehende Logiengruppe 16,10-18 verknüpft das Thema „Reichtum" mit demjenigen der Bewahrung des νόμος. In den Versen 10-13 wird hierzu zunächst die Unvereinbarkeit von δουλεύειν θεῷ und δουλεύειν μαμωνᾷ (V.13) herausgestellt. Damit wird deutlich, daß der in V.9 geforderte Umgang mit dem μαμωνᾶς τῆς ἀδικίας seine Kriterien von dem Dienst für Gott her erhält. Die dort bereits angeklungene Aufforderung, den μαμωνᾶς so zu gebrauchen, daß er endzeitlichen Nutzen bringt, wird hier somit dadurch zugespitzt, daß eine Orientierung an dessen irdischem Nutzen als nicht vereinbar mit einem δουλεύειν θεῷ behauptet wird.

V.14 nimmt, hieran anknüpfend, die im lk Reisebericht immer wieder anzutreffende Pharisäerpolemik auf[252]. Im vorliegenden Vers werden sie als geldgierig (φιλάργυροι) bezeichnet. In der hierauf Bezug nehmenden Rede Jesu wird evident, daß die Thematik des Umgangs mit dem μαμωνᾶς in direktem Zusammenhang mit der Frage nach der Geltung des νόμος steht. Wenn nämlich in bezug auf die Pharisäer gesagt wird, daß sich ihr δικαιοῦν nur auf Menschen, nicht jedoch auf Gott beziehe (V.15), so wird dies durch die Verse 16-18 als Ausdruck eines Ungenügens gegenüber den seit der Zeit der βασιλεία in veränderter Weise geltenden Forderungen des νόμος interpretiert. Der Vorwurf, der gegen die Pharisäer erhoben wird, erklärt sich somit aus der im Hintergrund stehenden Konzepti-

von Gleichniserzählungen miteinander verschränkt und die Kategorie „Beispielerzählung" somit nicht nur auf die vier seit *Jülicher* traditionell hierzu gerechneten Texte, sondern auch auf 14,16-24; 16,1-9 und 18,1-8 anzuwenden wäre.

[251] In 16,9 wird das Gleichnis vom ungerechten Verwalter durch die Wendungen ὅταν ἐκλίπῃ und αἰώνιοι σκηναί direkt auf das Eschaton bezogen. Das Gleichnis vom reichen Mann und armen Lazarus macht durch V.25 unmittelbar deutlich, daß durch irdischen Reichtum endzeitlicher Lohn verwirkt wird, wie umgekehrt irdischen Defiziten eschatologischer Ausgleich korrespondiert.

[252] Man kann geradezu sagen, daß Lk auf die Pharisäer als Negativschablone alle diejenigen Eigenschaften projiziert, vor denen er seine Leser warnen möchte. Eröffnet wird dies in 11,37-52 mit den Weherufen, bevor sie dann in 12,1 der Heuchelei geziehen, in 14,7-24 als ehrsüchtig, in 15,2 als unbarmherzig gegenüber den ἁμαρτωλοί und in 18,10-14 als selbstgerecht dargestellt werden. Aufschlußreich für die hiesige Stelle ist schließlich, daß in 14,2-6 bereits die Thematik der rechten Auslegung des νόμος (hier des Gebotes der Sabbatruhe) zur Sprache gekommen war. Für eine historische Rekonstruktion des Profils der Pharisäer wird man die lk Stilisierung somit wohl nur mit großer Vorsicht heranziehen können.

on des νόμος, bezüglich dessen zwei Stadien unterschieden werden. Nach Lk gibt es – das macht V.16 deutlich – einen grundsätzlichen Unterschied zwischen der Zeit von νόμος καὶ προφῆται und derjenigen der βασιλεία τοῦ θεοῦ. Dieser impliziert, daß der νόμος eine Neudefinition erfährt. Genau hierzu dient die Fortsetzung durch 16,17f.: Der νόμος gilt weiterhin, nun jedoch in seiner Interpretation durch die Lehre Jesu[253]. Somit ist ein Anschluß an 16,19-31 erreicht: Die Wiederaufnahme des Themas „Reichtum" illustriert nunmehr, daß der Umgang mit dem Besitz als Haltung gegenüber dem νόμος interpretiert wird[254], an dem sich zu orientieren unmittelbare Relevanz für die Beurteilung im Endgericht besitzt.

Zusammenfassend läßt sich somit urteilen, daß Lk das Thema des unter veränderten Bedingungen weiterbestehenden νόμος an dieser Stelle einführt, um dessen Relevanz in der Zeit der βασιλεία zu explizieren. Dieses macht er inhaltlich an der Haltung gegenüber irdischem Reichtum deutlich, woraus umgekehrt zu folgern ist, daß der rechte Umgang mit dem μαμωνᾶς für Lk eine unmittelbar aus dem νόμος resultierende Forderung ist, der die Pharisäer nicht genügen. Es zeigt sich somit, daß Lk den νόμος unter den Bedingungen der Verkündigung der βασιλεία als ein Phänomen versteht, das Offenheit gegenüber religiös und sozial Deklassierten ausdrücklich verlangt. Auf dieser Linie liegt dann auch seine Verarbeitung der Gesetzesthematik in der Apg, wenn dort gerade umgekehrt von den Heidenchristen die Einhaltung ritueller Reinheitsvorschriften verlangt wird (so in Apg 15,20). In der Behandlung der νόμος-Thematik läßt sich bei Lk also die Intention erkennen, sowohl kultische als auch ethische Forderungen mit dem Ziel der Beschreibung von dessen Funktion als Maßstab für eine neue Gemeinschaft aus Juden und Heiden aufzunehmen.

Es kann somit als äußerst unwahrscheinlich bezeichnet werden, daß Lk in 16,16-18 auf eine bereits vor ihm zusammengestellte Logiengruppe zurückgegriffen hat. Vielmehr ist die Komposition in der beschriebenen Weise auf die für ihn spezifische Verarbeitung der

---

[253] Aus der Überlieferung des Ehescheidungsverbotes bei Mk, Q und Paulus dürfte hervorgehen, daß es sich hier um einen frühen Topos der Jesusüberlieferung handelt. Lk führt dieses Gebot hier an, um deutlich zu machen, auf welche Weise die Aussage über das Fortbestehen des νόμος aus V.17 konkret zu verstehen ist. Dabei konnte über das Verbot von Ehebruch und Heirat einer Geschiedenen eine Verknüpfung jüdischer Reinheitsvorschriften mit paganer Ethik, in der die Thematik ehelicher Treue ebenfalls im Horizont kultischer Reinheit diskutiert wurde, erreicht werden. Vgl. dazu *Klinghardt*, Gesetz, 89-96.

[254] Vgl. bes. 16,29-31, wo mit Μωϋσῆς καὶ προφῆται auf V.16 rekurriert wird.

Gesetzesthematik zurückzuführen. In einem letzten Schritt ist darum danach zu fragen, ob die Parallele zu Lk 16,16 in Mt 11,12f. für einen Q-Kontext in Anspruch genommen werden kann[255].

c) Ansatzpunkt für eine solche Frage ist die Beobachtung, daß Mt dieses Logion innerhalb desjenigen Q-Komplexes überliefert, in dem es um das Verhältnis von Jesus und Johannes dem Täufer geht (Q 7,18-35/Mt 11,2-19). Dieser wird in 11,10 (Q 7,27) mit dem Zitat aus Ex 23,20/Mal 3,1 als der Vorläufer Jesu beschrieben, woran sich die hier diskutierten Verse bei Mt anschließen. Das zuweilen zu lesende Argument, es sei nicht einsichtig zu machen, warum Lk diese Verse aus einem derartigen Zusammenhang versetzt und die Spruchgruppe 16,16-18 seinerseits erst geschaffen haben solle[256], wird schon angesichts der oben unter b) herausgestellten deutlich erkennbaren lk Verarbeitung der νόμος-Thematik in 16,16-18 fraglich. Dazu ist die Beobachtung zu ergänzen, daß Lk in 7,29f., also an derjenigen Stelle, an der bei Mt die Analogie zu Q 16,16 folgt, eine Notiz darüber einfügt, daß die Pharisäer im Gegensatz zu λαός und τελῶναι die Johannestaufe verweigerten. Da diese bei Lk als Kritik an falschem Vertrauen auf die Abrahamskindschaft (so in 3,7-9 = Q) und damit zugleich als die die Verkündigung der βασιλεία durch Jesus vorbereitende Umkehrtaufe verstanden wird, bedeutet die Verweigerung dieser Taufe zugleich eine Nicht-Anerkennung der damit verbundenen Konsequenzen in bezug auf die Neuqualifizierung des νόμος, wie sie oben ausgeführt wurde.

In der mt Einordnung setzen die Logien in 11,12f. dagegen die Verhältnisbestimmung von Jesus und Johannes seit 11,2 fort. In einer gegenüber Lk 16,16a und b anderen Reihenfolge wird zunächst von dem mit dem Auftreten des Johannes datierenden βιάζεσθαι der βασιλεία gesprochen, bevor dann in V.13 οἱ προφῆται καὶ ὁ νόμος auf die Zeit bis zu Johannes begrenzt werden. Die Differenz besteht demzufolge hauptsächlich darin, daß in der mt Version mit dem

---

[255] Für die Logien in Mt 5,18 und 5,32 ist ein Q-Kontext von vornherein auszuschließen. Zu 5,18 wurde oben bereits Stellung genommen. In bezug auf 5,32 ist deutlich, daß es sich um eine der von Mt komponierten Antithesen handelt, die bei ihm diejenige über das Verbot des Ehebruches (5,27-30) unter Verarbeitung des Q-Logions fortsetzt. Dabei ist es nicht so eindeutig, wie in der Regel behauptet wird, daß erst Mt die Unzuchtsklausel in das Logion eingefügt habe. In der Regel wird hierfür auf die Parallele in 19,9 verwiesen, wo Mt die Wendung μὴ ἐπὶ πορνείᾳ in seine Verarbeitung von Mk 10,2-12 eingefügt hat. Dies kann freilich auch auf der Grundlage eines Logions geschehen sein, das Mt in 5,32 bereits aus der Tradition übernommen hat. Hierauf wird zurückzukommen sein.

[256] Vgl. etwa *Kloppenborg*, Nomos and Ethos, 44, in Anknüpfung an *J. Weiß*.

Auftreten des Johannes das βιάζεσθαι, bei Lk dagegen das εὐαγγε-λίζεσθαι der βασιλεία datiert[257]. Betrachtet man dies vor dem Hintergrund der vorangehenden, unstrittig als Q-Komposition zu identifizierenden Verse 11,2-11 (Q 7,18f.22-28), so ergibt sich, daß Mt 11,12f. die Aussage über das in 11,11 (Q 7,28) formulierte Verhältnis zwischen Jesus und Johannes in bezug auf die βασιλεία organisch fortsetzt: Obwohl Johannes der Größte unter den Menschen ist, ist er in bezug auf die βασιλεία Jesus untergeordnet[258]. Dennoch gilt, daß mit der Bußpredigt des Johannes, die den Anfang von Q darstellt, der Anbruch der βασιλεία datiert. Somit gibt es gute Gründe, die Einordnung von Q 16,16 in Mt 11,12f. bereits für Q anzunehmen[259]. In der Konzeption von Mt und Q wird die Zeit seit Johannes aufgrund des seitdem eingetretenen gewaltsamen Konfliktes um die βασιλεία[260] von derjenigen von Propheten und Gesetz

---

[257] Bei Lk wird Johannes dadurch von Jesus unterschieden, daß seine Funktion als Bußprediger, der der βασιλεία-Verkündigung Jesu den Weg bereitet, besonders herausgearbeitet wird. Dies geht schon aus dem gegenüber Mk und Mt erweiterten Jes-Zitat in Lk 3,1-6 sowie aus der bereits erwähnten, gegenüber Q erweiterten Bußpredigt in 3,10-14 hervor. Johannes hat also in bezug auf die βασιλεία eine von Jesus deutlich unterschiedene Funktion, wogegen er bei Mt diesem gerade parallelisiert wird. Für letzteres ist darauf zu verweisen, daß in Mt 3,2 bereits die dann in 4,17 von Jesus aufgenommene Verkündigung der anbrechenden βασιλεία als Tätigkeit des Johannes geschildert wird.

[258] Dabei ist μικρότερος nicht – wie zumeist in der Exegese dieser Stelle – superlativisch, sondern komparativisch verstanden, denn es geht im Kontext um eine Verhältnisbestimmung von Jesus und Johannes. Dagegen leuchtet es wenig ein, daß Johannes als geringer gegenüber allen anderen Menschen in bezug auf die βασιλεία bezeichnet werden soll, zumal im unmittelbar folgenden Gleichnis von den spielenden Kindern wiederum eine Gleichstellung mit Jesus erfolgt.

[259] In diesem Sinne entscheiden sich auch *Hoffmann*, Studien, 50-79; *Jacobson*, Gospel, 114-120.

[260] In diesem Sinne ist das βιάζεται in Mt und Q zu verstehen (vgl. auch *G. Schrenk*, βιάζομαι, βιαστής, ThWNT 1, 608-613; 610f.). Grundsätzlich gibt es diesbezüglich folgende Interpretationsmöglichkeiten: 1) βιάζεσθαι kann in passivem Sinn verstanden und dann a) positiv auf das „Erstürmtwerden" der βασιλεία oder b) negativ auf die Gewalt, die dieser angetan wird, bezogen werden. Oder aber man versteht 2) βιάζεσθαι in medialem Sinn und interpretiert das Logion als Aussage über das Sich-Durchsetzen des Gottesreiches seit den Tagen des Johannes. Die Lösung 2) scheitert sowohl daran, daß sich – wie gezeigt – das hierbei vorausgesetzte Verständ-

unterschieden. Diese Unterscheidung bedeutet eine Zusammenord-
nung von Johannes und Jesus, die auf der in Mt 11,2-14 (Q 7,18f.;
21-28; 16,16) entwickelten Differenzierung aufbauend nunmehr
beide nebeneinander stellt. Damit jedoch ist die hier bei Mt erfolgende Verhältnisbestimmung insofern von derjenigen des Lk verschieden, als in jener Johannes und Jesus eine je eigene, aus der Akzentuierung ihrer Botschaft zu entnehmende Funktion innerhalb der
βασιλεία haben, wogegen sie bei diesem dadurch unterschieden
sind, daß das mit dem Auftreten Jesu verbundene εὐαγγελίζεσθαι
der βασιλεία auf der Vorbereitung durch die Johannespredigt aufbaut, die somit das Bindeglied zwischen der Verkündigung Jesu und
Gesetz und Propheten darstellt. Auch das lk Interesse ist somit keineswegs auf eine Einteilung der Geschichte in heilsgeschichtliche
Epochen gerichtet, vielmehr geht es hier darum, die Frage nach der
Gültigkeit des νόμος unter den Bedingungen der Basileiaverkündigung Jesu zu klären[261].

Aus diesen Überlegungen lassen sich folgende Schlüsse
ziehen: Die Frage nach dem Gültigkeitsbereich des νόμος
wird in Q im Zusammenhang mit derjenigen nach dem
Verhältnis von Johannes und Jesus diskutiert. In der mt

nis einer zeitlichen Periodisierung weder für Mt noch für Lk verifizieren läßt, wie auch daran, daß sich eine derartige positive Bedeutung von βιάζεσθαι nicht belegen läßt. Für Mt, der hier Q folgen
dürfte, ist eine solche Deutung schon von daher ausgeschlossen, als
die anschließende Formulierung καὶ βιασταὶ ἁρπάζουσιν αὐτήν
auf jeden Fall auf eine gewalttätige, also negativ bewertete Hand-
lung zu beziehen, ein Bedeutungswechsel zu dem vorausgehenden
βιάζεται jedoch schwerlich einsichtig zu machen ist. Innerhalb von
Lösung 1) legt sich die Deutung mit negativer Konnotation von der
Wortbedeutung her nahe, insofern nämlich ein positives Verständnis
von βιάζεσθαι auch hierfür nur schwerlich zu belegen ist und sich
mit dem Nachsatz schlecht verträgt. Intendiert ist somit offensichtlich eine Aussage über mit dem Auftreten des Johannes beginnende
gewaltsame Aktivitäten, die im Zusammenhang mit der βασιλεία
stehen. Hierauf liegt der Akzent des Mt- und des Q-Logions. Dagegen handelt es sich bei Lk um eine Aussage über das Hineindrängen
der Menschen *in die* βασιλεία, wodurch der Akzent hin zu der lu-
kanischen Sicht der sich zu den Völkern ausbreitenden Gottesherrschaft verschoben wird.

[261]   In diesem Sinne auch *Schmithals*, Lukas, 170: „Jegliche Ab-
trennung von Epochen der Heilsgeschichte liegt Lukas fern: Johannes der Täufer verbindet Gesetz und Propheten mit der Verkündigung der Gottesherrschaft."

Version des Logions, die nach der hiesigen Option auch
für Q vorauszusetzen ist, wird dabei das gegenüber der
Zeit von Propheten und Gesetz Neue in dem gewalttätigen
Konflikt um die βασιλεία, nicht jedoch in einer Differenzierung zwischen Jesus und Johannes gesehen. Dieser
Konflikt wird als in der Kontinuität des προφητεύειν von
προφῆται καὶ νόμος sich ereignender beschrieben (vgl.
hierzu das begründende γάρ in Mt 11,13). Diese Konzeption wird von Mt übernommen, bei Lk dagegen durch eine
veränderte Behandlung der Frage nach der Qualifikation
des νόμος in der Zeit der βασιλεία ersetzt. Lk hat demnach deutlich erkennbare Gründe, die ihn zur Umstellung
von Mt 11,12f. bewogen haben. Die beiden anderen Logi-
en (Lk 16,17/Mt 5,18; Lk 16,18/Mt 5,32) sind dagegen
auch bei Mt in Kompositionen eingebunden, die als reda-
kionell zu beurteilen sind. Über ihren Ort in Q kann darum
keine Aussage mehr getroffen werden. Im Folgenden sind
die Logien ausgehend von diesem Befund hinsichtlich ihres Beitrages für das Verständnis des νόμος in Q auszule-
gen.

2.2 Zu Q 16,16

Neben dem oben Ausgeführten sprechen folgende Gründe
dafür, daß der Q-Wortlaut des Logions im wesentlichen
bei Mt erhalten sein wird:
1) Die Rede vom mit dem Auftreten des Johannes beginnenden gewaltsamen Konflikt um die βασιλεία ordnet
sich in die Konzeption von Q ein, derzufolge die Boten der
βασιλεία – wozu nach Q sowohl Johannes und Jesus als
auch die von Jesus ausgesandten Träger der Q-Botschaft
gehören – bei der Ausrichtung ihres Auftrags den Anfein-
dungen und Verfolgungen der ablehnenden Teile Israels
ausgesetzt sind[262]. Dagegen hat eine Absetzung der Ver-

---

[262]   Daß die Auseinandersetzung mit dem ablehnenden Israel ein
wesentliches Moment der Konzeption von Q darstellt, ist spätestens
seit der Untersuchung von *Lührmann*, Redaktion, in der Q-
Forschung allgemein akzeptiert. Zu dieser Auseinandersetzung sowie zur Rede von der Verfolgung wegen der Verkündigung und des

kündigung der βασιλεία von Gesetz und Propheten sowie
von Johannes dem Täufer innerhalb der Konzeption von Q
keinen Platz.

2) Die Wendung οἱ προφῆται καὶ ὁ νόμος begegnet in
dieser Reihenfolge nur hier im NT und ist auch ansonsten
nicht zu verifizieren. Sie stellt angesichts der damit bezeichneten Schriftengruppen die ungewöhnlichere Fassung
gegenüber Lk 16,16 dar. Auch Mt schreibt an denjenigen
Stellen, an denen er frei formuliert, ὁ νόμος καὶ οἱ προφῆται (so in 5,17; 7,12; 22,40)[263]. Es kann darum angenommen werden, daß sich der hiesige Wortlaut dem Q-
Logion verdankt.

3) Mt überliefert – akzeptiert man die obige Argumentation – seit 11,2 einen Q-Kontext, wogegen Lk in 16,16-18
nach der hier vertretenen Position eine eigene Spruchgruppe komponiert hat. Dies macht es zusätzlich wahrscheinlich, daß Mt auch in der sprachlichen Gestalt des
Logions Q näher steht als Lk.

Für das Verständnis des νόμος in Q trägt das Logion unter
den genannten Voraussetzungen folgendes bei: Der seit
der Verkündigung Johannes' und Jesu ausgebrochene
Konflikt um die βασιλεία ereignet sich in Kontinuität zu
dem, was von Propheten und Gesetz geweissagt worden
war. Der νόμος kommt hier somit – neben den Propheten –
als Größe in den Blick, auf deren Grundlage die Q-Boten
sich ihre eigene Situation des Konfliktes, in den sie aufgrund ihrer Botschaft von der anbrechenden βασιλεία geraten sind, deuten. Sie interpretieren diesen Konflikt als
Erfüllung der dortigen Voraussagen und deuten ihre eigene Zeit damit als eine solche, in der sich die geweissagten

---

Bekenntnisses zu dem Menschensohn Jesus vgl. Q 7,31-35; 11,14-
26.29-32; 11,39-52; 6,22f.; 10,3; 10,12-15; 12,2-12.

[263]   Die Wendung begegnet sonst immer mit der Voranstellung des
νόμος (für die LXX vgl. 2 Makk 15,9; für das hellenistische Judentum 4 Makk 18,10; im NT noch Apg 13,15; 24,14; 28,23). Die hiesige, auffällige Formulierung könnte sich von daher erklären, daß
das Element des προφητεύειν betont werden soll. So auch *Da-
vies/Allison*, Matthew, II, 256f.

Drangsale der Endzeit ereignen[264]. Der νόμος und die Propheten stellen hier somit für die Q-Boten den Deutungshorizont ihrer eigenen Situation dar.

2.3 Zu Q 16,17

Das Logion besagt zunächst in beiden Fassungen, daß eine Änderung oder gar Aufhebung des Gesetzes unmöglich ist. Die sprachlichen Unterschiede lassen sich dabei folgendermaßen auswerten.

Während sich bei Mt eine zeitliche Konditionierung mit ἕως ἄν findet, ist das lk Logion auf eine Mk 10,25 (Mt 19,24; Lk 18,25) vergleichbare Weise als Sentenz formuliert[265]. Es ist unwahrscheinlich, daß beide ἕως ἄν-

---

[264] Hierfür spricht etwa, daß der Kampf, den nach apokalyptischen Traditionen in der Endzeit selbst Familienmitglieder gegeneinander führen werden (so etwa äthHen 100,1f.), in Q 12,52f. als Folge der Botschaft Jesu gedeutet wird, die die Q-Gruppe unmittelbar betrifft.

[265] Bezüglich der Diskussion, welche der beiden ἕως ἄν-Formulierungen als mt Redaktion anzusehen ist, ist einerseits zu bedenken, daß die mit Lk übereinstimmende Wendung vom παρελθεῖν τὸν οὐρανὸν καὶ τὴν γῆν es zunächst nahelegt, daß Mt diese Formulierung aus dem Q-Logion übernommen hat. Andererseits hat *Berger*, Amen-Worte, 73f., diese Beobachtung durch eine weitere präzisiert, die für den traditionsgeschichtlichen Hintergrund von Mt 5,18 von Belang ist. *Berger* geht nämlich aufgrund eines Formschemas, welches aus einer Amen-Einleitung, einer folgenden Negation mit οὐ μή und prophetischem Futur sowie einem mit ἕως oder μέχρις formuliertem Temporalsatz bestehe und sich vornehmlich in Mk 9,1; 13,30; 14,25; Mt 10,23 (in ähnlicher Weise auch in Mt 5,26 und Joh 13,38) feststellen lasse, davon aus, daß in Mt 5,18 die zweite ἕως ἄν-Formulierung (ἕως ἂν πάντα γένηται) ursprünglich, die erste (ἕως ἂν παρέλθη ὁ οὐρανὸς καὶ ἡ γῆ) dagegen von Mt sekundär hinzugefügt worden sei. Das von *Berger* herausgearbeitete Schema macht es in der Tat wahrscheinlich, daß hinter Mt 5,18 der Einfluß einer zu der Q-Version alternativen Fassung des Logions liegt. Die plausibelste Lösung scheint darum zu sein, daß Mt ein derartiges Logion mit der Q-Fassung kombiniert hat. (Anders *Klinghardt*, Gesetz, 19, Anm. 15: Die Formulierung vom Vergehen von Himmel und Erde sei nicht von einem Q-Logion her, sondern auf der Grundlage von Mk 13,30f. in Mt 5,18 eingefügt worden. Da man jedoch kaum annehmen wird, daß das Logion, das vom Nicht-Vergehen einer κεραία des νόμος [diff. Mk: der λόγοι Jesu] spricht,

Formulierungen auf Mt zurückzuführen sind (vgl. Anm. 265). Näherliegend ist die Annahme, daß sie auf unterschiedliche Varianten des Logions zurückgehen, die Mt miteinander kombiniert hat. In diesem Fall wäre also auch für das Q-Logion eine Formulierung mit ἕως ἄν vorauszusetzen[266]. Unabhängig davon, wie man sich hier entscheidet, gilt jedoch, daß durch die Aussage vom Vergehen von Himmel und Erde die Unmöglichkeit einer Einschränkung der Geltung des νόμος zum Ausdruck gebracht wird. Von dem Logion in 16,16 unterscheidet sich das hiesige also zunächst dadurch, daß hier vom νόμος im Sinne konkreter Anweisungen gesprochen wird, die weiterhin in Kraft bleiben.

Für die inhaltliche Einordnung dieses Logions in die Jesusüberlieferung ist ein Vergleich mit der Analogie in Mk 13,30f. aufschlußreich. Zunächst wird erkennbar, daß das Logion im Kontext apokalyptischer Belehrung tradiert werden konnte. Mk 13,30f. gehört zu denjenigen Worten, in denen die Jünger über die Zeit bis zur Wiederkunft des Menschensohnes belehrt werden. Aus der sprachlichen Struktur lassen sich des weiteren Hinweise für die Deutung des Q-Logions eruieren. Setzt man nämlich aus den genannten Gründen voraus, daß auch dieses eine ἕως ἄν-Formulierung enthalten hat, so bringt Q hier die unveränderte Geltung des Gesetzes bis zum Wiederkommen Jesu als des Menschensohnes zum Ausdruck[267].

---

zweimal unabhängig voneinander entstanden ist, verliert sich die traditionsgeschichtliche Rückfrage bei Verzicht auf die Annahme eines Q-Logions im Dunkel.)

[266] So urteilt etwa auch *Harnack*, Sprüche, 42, der als Wortlaut des Q-Logions ἕως ἄν παρέλθῃ ὁ οὐρανὸς καὶ ἡ γῆ, ἰῶτα ἓν ἢ μία κεραία οὐ μὴ παρέλθῃ ἀπὸ τοῦ νόμου rekonstruiert. Anders dagegen die Entscheidung des *International Q Project*, JBL 109 (1990), 501, das der Lk-Fassung folgt.

[267] *Schweizer*, Noch einmal, nimmt unter Rekurs auf *Berger* an, daß das Logion ursprünglich in einer Endzeitrede der judenchristlichen Gemeinde gestanden habe, die damit gegen freiere Auffassungen vom Gesetz, wie sie etwa im Stephanuskreis existierten, protestiert habe. Von daher sei es dann in die Q-Überliefererung aufgenommen worden. Auch wenn diese Rekonstruktion wohl noch zu sehr der aus dem lk Geschichtsbild entnommenen Gegenüberstel-

Ein zweiter aus dem Vergleich mit Mk 13,30f. sich erge-
bender Aspekt folgt aus der Differenz zu der dort behaupt-
teten ewigen Geltung der *Worte Jesu*, angesichts derer die
in Q betonte Gültigkeit des νόμος als für die Q-Rezeption
charakteristisches Element hervortritt. Die Frage nach dem
traditionsgeschichtlichen Zusammenhang beider Varianten
ist dabei nicht ohne weiteres zu beantworten.

So ist etwa das Urteil von Kosch, Q 16,16 und 16,18 seien
authentische Jesusworte, 16,17 dagegen ein eingefügtes
Kommentarwort[268], ein Urteil, das eine bestimmte – nämlich gesetzeskritische – Akzentuierung der Verkündigung
Jesu bereits voraussetzt, die dann nachträglich von Q abgeschwächt worden sei. Allerdings könnte auch die Betonung der Gültigkeit von Jesu Lehre bei Mk gerade einer
gegenüber Tempel und Gesetz kritischen Darstellung der
Verkündigung Jesu entspringen, was angesichts etwa von
11,22-25, wo die neue Haltung gegenüber Gott kritisch
vom Tempel abgesetzt wird, durchaus plausibel erscheint.
Gegenüber einem derartigen Urteil bezüglich der Konvergenz einer der Fassungen mit der Verkündigung des irdischen Jesus ist also durchaus Zurückhaltung angebracht.

Festhalten läßt sich somit, daß Q für eine Richtung innerhalb der frühen Rezeption der Jesusüberlieferung steht, für
die die bleibende Gültigkeit des νόμος ein aktuelles Thema war. Q bezieht innerhalb der Diskussion um die Frage
nach dem Verhältnis des νόμος zur Verkündigung Jesu
eine Position, die sich von denjenigen des Markus oder
Paulus dadurch unterscheidet, daß hier in einer intensiven
Diskussion mit dem pharisäischen Judentum[269] die Gruppe

---

lung judenchristlich – heidenchristlich verpflichtet ist, so dürfte
doch die aus der sprachlichen Struktur und dem Inhalt des Logions
sich ergebende Intention zutreffend erfaßt sein. Für die an der Bewahrung des νόμος ausgerichtete Version des Logions läßt sich somit als frühchristlicher Traditionskreis gerade die Q-Überlieferung
selbst feststellen.

[268] Vgl. *ders.*, Tora, 443; ähnlich *Schweizer*, Noch einmal, 71: Die
Redequelle habe mit dem Logion, wie auch sonst, Jesu Kritik am
Gesetz abgeschwächt.

[269] Die Pharisäer sind eindeutig diejenige Gruppe innerhalb des
Judentums, mit der sich Q hauptsächlich konfrontiert sieht. Dies
geht vornehmlich aus der Anti-Pharisäerrede in Q 11,29-52 hervor,

der Jesusnachfolger selbst den Anspruch erhebt, den νόμος auf angemessene Weise zu interpretieren. Dies soll im Folgenden durch den Blick auf die Interpretation einer konkreten Regelung, nämlich derjenigen in Q 16,18, in den Blick kommen.

2.4 Zu Q 16,18

Unter 2.1 wurde bereits dargelegt, daß nach der hier vertretenen Auffassung der Ort des Logions bei Lk auf die spezifische Verarbeitung der νόμος-Thematik im Horizont der Frage nach dessen Geltung unter den Bedingungen der Basileiaverkündigung zurückzuführen ist. Dies ist bei der nun zu diskutierenden Frage nach der sprachlichen Gestalt des Q-Logions zu berücksichtigen. Für die Nachzeichnung der traditionsgeschichtlichen Entwicklung des Logions ist dabei zunächst auf folgendes zu achten:

1) In allen Versionen der Synoptiker kommt eine Form von μοιχᾶσθαι bzw. μοιχεύειν vor. Es geht also immer um das Thema Ehebruch. Bei Paulus (1 Kor 7,10f.) ist dies nicht der Fall.

2) Die synoptischen Versionen sind weiter dadurch gekennzeichnet, daß jeweils in einem zweigliedrigen Logion zwei Formen des Ehebruchs beschrieben werden. Dabei unterscheiden sich die Mk- und die Q-Version in folgender Weise:

2.1) Nur in Mk 10,12 kommt die Möglichkeit in den Blick, daß sich die Frau vom Mann trennen kann. Damit befindet sich Markus in Übereinstimmung mit Paulus, bei dem die von der Frau ausgehende Trennung sogar denjenigen Fall darstellt, an dem er seine Anweisung entwickelt, wogegen das Nicht-Entlassen durch den Mann erst im Anschluß an diese genannt wird.

in der diesen eine ungenügende Beachtung der Vorschriften des νόμος vorgeworfen wird. Möglicherweise werden bereits in der Gerichtspredigt des Täufers in Q 3,7 die Pharisäer angesprochen (so *Uro*, John the Baptist, 234, sowie *Tuckett*, Q and the History of Early Christianity, 116), obwohl dies aufgrund des divergierenden Textes (Mt nennt als Adressaten Φαρισαῖοι καὶ Σαδδουκαῖοι, Lk οἱ ὄχλοι) unsicher bleibt.

2.2) Die unmittelbaren Versionen des Q-Logions, also Mt 5,32 und Lk 16,18, sind dagegen dadurch gekennzeichnet, daß in einem zweigliedrigen Parallelismus sowohl das Entlassen der Frau als auch die Heirat einer Entlassenen als Formen des Ehebruchs gekennzeichnet werden. In beiden Fällen stellt also die Trennung einen vom Mann ausgehenden Akt dar.

2.3) Das Verbot der Wiederheirat ist offensichtlich kein ursprünglicher Bestandteil des Q-Logions, sondern von Mk 10,11f. her sowohl in Mt 19,9 als auch in Lk 16,18 aufgenommen worden. Daraus folgt, daß die Pointe des Q-Logions anders zu bestimmen ist als diejenige bei Markus. Das Fehlen des Verbotes der Wiederheirat macht nämlich deutlich, daß Ehebruch hier dadurch entsteht, daß eine Frau geheiratet wird, die bereits zuvor mit einem Mann zu tun gehabt hat. Genau hierin liegt der Grund dafür, daß Mt in 5,32 schreibt, daß der Mann *die Frau* durch das Entlassen zu einer solchen macht, die die Ehe bricht (ποιεῖ αὐτὴν μοιχευθῆναι), nicht jedoch selbst zum Ehebrecher wird. Damit kann nämlich nur gemeint sein, daß der Ehebruch dadurch entsteht, daß die Frau *als Entlassene* wieder heiratet, was offensichtlich vorausgesetzt ist. Dagegen wird der Mann, in Korrespondenz hierzu, erst dadurch selbst zum Ehebrecher, daß er eine Entlassene heiratet.

3) Nur bei Mt gibt es die „Unzuchtsklausel", daß nämlich eine Frau nicht entlassen werden darf παρεκτὸς λόγου πορνείας (5,32) bzw. μὴ ἐπὶ πορνείᾳ (19,9).

Aus diesen Beobachtungen lassen sich folgende Schlußfolgerungen ableiten:

1) Die paulinische Version steht nur in einem weiteren traditionsgeschichtlichen, jedoch in keinem engeren sprachlichen Zusammenhang mit der synoptischen Überlieferung[270]. So ist hier etwa – entgegen dem in den sy-

---

[270] Dieser Zusammenhang läßt sich nicht über das in Mk 10,11f. par Mt bzw. Q 16,18 überlieferte Logion von Ehescheidung und Wiederheirat, sondern über das in Mk 10,9 anzutreffende Wort über die Unauflöslichkeit der Ehe (ὃ οὖν ὁ θεὸς συνέζευξεν ἄνθρωπος μὴ χωριζέτω) greifen, insofern es auch bei Paulus um das μὴ χωρί-

noptischen Versionen durchgängig anzutreffenden ἀπολύ-
ειν – von χωρισθῆναι die Rede. Auch findet sich bei
Paulus kein Hinweis darauf, daß die Trennung von Frau
und Mann im Horizont der Regelungen der Tora diskutiert
wird. Gemeinsam mit den bereits genannten Differenzen
weist dies darauf hin, daß Paulus frei aus ihm bekannter
Jesusüberlieferung zitiert. Die mit Mk gemeinsame Erwähnung der Möglichkeit des Sich-Trennens der Frau
weist in einen von dem Q-Logion verschiedenen kulturellen Raum, insofern hier ausdrücklich mit der Möglichkeit
gerechnet wird, daß die Trennung auch von der Frau ausgehen kann. Diese Praxis ist in einem stärker hellenisierten
Judentum zu suchen und widerspricht der gängigen jüdischen Rechtsauffassung[271].

2) Sowohl das Verbot der Heirat einer Entlassenen als
auch die bei Mt überlieferte „Unzuchtsklausel" lassen sich
dagegen nicht auf der Grundlage jüdischen Scheidungs-
rechtes erklären, sondern diskutieren die Ehefrage im Horizont von Reinheitsvorstellungen[272]. Anders als bei Mk
geht es hier nicht um eine Begründung aus der Schöp-
fungsordnung, die dort gegen die Tora gestellt wird, sondern um eine Regelung des Sexuellen, die die atl. Reinheitsgebote für Priester ausweitet und sie darüber hinaus
zur grundsätzlichen Behandlung der Ehefrage heran-

ζεσθαι bzw. die Versöhnung nach erfolgter Trennung geht. Vgl.
hierzu auch *M. und R. Zimmermann*, Zitation, 94-96.

[271]   Diese leitet sich von Dtn 24,1-4 her, wo die Trennung als nur
vom Mann ausgehende diskutiert wird. Das hier begegnende Verbot
der Rückkehr zu dem ersten Mann nach einmal erfolgter Trennung
wird etwa auch von Philo, SpecLeg 3,30f., vertreten.

[272]   Vgl. hierzu auch *Berger*, Gesetzesauslegung, 508-575, bes. 561-
567. Im Hintergrund stehen zum einen die sexuellen Reinheitsvorschriften aus Lev 18, die im nachexilischen Judentum vielfältig rezipiert worden sind, zum anderen die nach Lev 21,7.14f. (vgl. auch Ez
44,22) eigentlich nur für Priester geltende Weisung, keine Ehebre-
cherin oder Geschiedene zu heiraten. In der traditionsgeschichtlichen Entwicklung tritt unter dem Einfluß dieser Texte der Aspekt
der Reinheit bei der Diskussion des Themas „Ehescheidung" in verschiedenen jüdischen Texten deutlich in den Vordergrund.

zieht[273]. Eine aufschlußreiche Analogie in der Behandlung der Ehefrage ist diesbezüglich in Qumran anzutreffen, wo – unter Bezugnahme auf Gen 1,27 (vgl. Mk 10,6); Dtn 17,17 – zu Lebzeiten zwei Frauen zu haben als Unzucht (זנות) und damit als Verstoß gegen Reinheitsgebote gegeißelt wird[274]. Hier werden also die beiden Begründungen des ursprünglichen Schöpfungswillens (vgl. Mk 10,3-9) sowie das Reinheitsgebot (vgl. Mt 5,32 [Q]) gemeinsam angeführt, die dann in der synoptischen Überlieferung auseinandertreten. Innerhalb der letzteren liegen Mk 10,11f. und Mt 5,32 somit am weitesten auseinander.

3) In bezug auf das Q-Logion läßt sich weiter festhalten, daß die mt „Unzuchtsklausel" genau auf der Linie der bereits festgestellten Intention liegt. Q könnte diese Klausel somit durchaus bereits enthalten und Mt dadurch veranlaßt

---

[273] Vgl. *Berger*, Gesetzesauslegung, 564-566. Ersteres findet sich etwa in Jos, Ant. 3,276 (die Priester dürfen keine Dirne, Sklavin, Kriegsgefangene, Gastwirtin oder von ihrem früheren Mann Verstoßene heiraten); Philo, Somn. 2,185 (Auslegung von Lev 21,17.13: der Hohepriester ist Mann einer Jungfrau, die auch eine solche bleibt, ähnlich Jos, Ant. 3,277); letzteres in Jub 33,9 (Jakob nähert sich Bilha nicht mehr, weil Ruben sie durch seinen Beischlaf mit ihr für jeden andern Mann verunreinigt hat); PsSal 8,10 (Eidesabkommen [συνθῆκαι μετὰ ὅρκου] über den Verkehr mit der Frau des Nächsten werden als Ehebruch bezeichnet); TestRub 3,15 (Jakob rührt Balla nach der Gottlosigkeit [ἀσέβεια], die Ruben an ihr verübt hat, nicht mehr an); TestLev 9,10 (Levi soll sich eine Frau nehmen, die jung, ohne Makel und Befleckung ist und nicht aus einem fremdstämmigen Geschlecht stammt); Jos, Ant. 4,244 (Verbot für alle jungen Männer Israels, eine Frau zu heiraten, die keine Jungfrau oder eine Sklavin ist); Herm, Mand. IV 1,4-10 (ein Mann sündigt solange nicht, wie er ohne Wissen mit einer ehebrecherischen Frau zusammenlebt; wenn er sie entläßt und eine andere heiratet, begeht er Ehebruch). Die bei Jos, Ant. 3,277 noch auf den Hohenpriester bezogene Forderung, die Jungfrau als solche zu bewahren, wird bei Paulus, 1 Kor 7,37f. bereits als das grundsätzlich als κρεῖσσον zu Bewertende genannt.

[274] Vgl. CD IV 20-V 2. In V 9-11 werden die eigentlich für Männer geschriebenen Inzestgesetze auch auf Frauen ausgedehnt, was noch einmal die Tendenz zur Verallgemeinerung der atl. Bestimmungen zeigt. Vgl. weiter 11Q19 (11QTempel) LVII 15-19 (keine fremdstämmige Frau, nicht mehr als eine Frau, Wiederheirat ausschließlich im Fall des Todes der ersten Frau).

haben, die Ausnahmeregelung auch in den Mk-Text einzu-
fügen[275]. Neben der sprachlichen Beobachtung, daß Mt in
den Mk-Text mit μὴ ἐπὶ πορνείας eine stärker gräzisierte
Fassung einfügt, als sie in dem Logion in 5,32 begegnet,
spricht hierfür auch, daß die Scheidung bei Unzucht sich
auf der Grundlage der genannten jüdischen Reinheitsvorstellungen gerade als Intention des Q-Logions verständlich
machen läßt, insofern nämlich der gemeinsame Bezugs-
punkt der Klausel und des Verbotes, eine Entlassene zu
heiraten, darin liegt, daß in beiden Fällen die Frau für den
Mann unrein geworden ist und darum für die Ehe nicht
mehr zur Verfügung steht. Damit jedoch liegt hier eine
Rezeption der Regelungen des jüdischen νόμος vor, die
sich grundsätzlich von derjenigen bei Mk unterscheidet.
Die bereits in Dtn 24,1 zugebilligte Regelung, daß der
Mann die Frau wegen einer עֶרְוַת דָּבָר entlassen kann (LXX:
ὅτι εὗρεν ἐν αὐτῇ ἄσχημον πρᾶγμα), wird in Q (und Mt)
nämlich in Übereinstimmung mit einer Traditionslinie, in
der kultische Reinheit und Ehe in enge Beziehung zueinander gesetzt werden, zur Grundlage der Definition von
Ehebruch erhoben[276]. Bei Mk dagegen wird die Bestimmung aus Dtn 24,1 (γράψει αὐτῇ βιβλίον ἀποστασίου
καὶ δώσει εἰς τὰς χεῖρας αὐτῆς) den Schöpfungsaussa-
gen aus Gen 1,27 und 2,24 konfrontiert und dadurch als
Zugeständnis an die σκληροκαρδία der Juden dargestellt.
Anders gesagt: Während Mk an eine von der Schöpfungs-
ordnung geforderte Treuepflicht gegenüber dem Ehepart-
ner appelliert, die auch durch das Ausstellen eines Schei-
debriefes nicht unterlaufen werden kann, ist für Q und Mt
die Frage der Ehescheidung im Horizont des Zusammenhangs von Sexualität und Reinheit zu diskutieren, was

---

[275] Die Unzuchtsklausel wird etwa auch von *Luz*, Matthäus, I, 269,
als vormt beurteilt, wenngleich er in bezug auf einen Q-Text zu-
rückhaltend bleibt.

[276] Es ist eine bereits verschiedentlich geäußerte Annahme, daß die
Wendung λόγος πορνείας aus Mt 5,32 eine Rezeption des in Dtn
24,1 angegebenen Scheidungsgrundes darstellt, vgl. *Berger*, Gesetzesauslegung, 512f.; *Luz*, Matthäus, I, 274, Anm. 32. Es könnte ein
nicht über die LXX vermittelter Rückgriff auf die atl. Tradition vorliegen, der bereits für Q reklamiert werden kann.

konkret bedeutet, daß Sexualverkehr mit *einem* Mann die Frau für alle anderen zur Unreinen macht. Zugespitzt läßt sich aus Mt 5,32 nämlich folgern, daß es nicht verboten ist, eine Frau wegen Unzucht zu entlassen und daraufhin eine Nicht-Geschiedene zu heiraten. Beide Positionen knüpfen somit auf je unterschiedliche Weise an Vorstellungen an, die sich im Judentum des Zweiten Tempels auf der Grundlage von Lev 18 und 21 bzw. Dtn 24 entwickelt hatten.

4) Die oft anzutreffende Behauptung, die verschiedenen Versionen des Ehescheidungs-Logions ließen sich auf ein absolutes Scheidungsverbot Jesu zurückführen, der damit die Regelungen des jüdischen Gesetzes verschärft habe[277], läßt sich so nicht verifizieren. Festzuhalten ist vielmehr, daß Umgang mit einer unrein gewordenen Frau in Q, Entlassen und Wiederheirat von Frau und Mann bei Mk als Ehebruch definiert werden. Paulus dagegen spricht nur von Alleinbleiben oder Versöhnung als möglichen Konsequenzen der Trennung, klammert also die Thematik Ehebruch von vornherein aus. Welche dieser Positionen auf die Verkündigung Jesu zurückzuführen ist, läßt sich nicht einfach durch ein Subtraktionsverfahren ermitteln, in welchem der kleinste gemeinsame Nenner als das historisch Ursprüngliche deklariert wird. Vielmehr muß mit der Möglichkeit gerechnet werden, daß *eine* der hier sichtbar werdenden Begründungen aus der Verkündigung Jesu stammt.

In bezug auf die zur Diskussion stehende Frage zeigt sich somit, daß innerhalb der Jesusüberlieferung eine Linie existiert, für die die Auseinandersetzung um die Auslegung der Tora auf eine grundsätzlich andere Weise erfolgt, als dies bei Mk der Fall ist. Dies soll nunmehr in einigen abschließenden Bemerkungen etwas präzisiert werden.

---

[277] Vgl. etwa *G. Strecker*, Die Antithesen der Bergpredigt (Mt 5,21-48 par), ZNW 69 (1978), 36-72; 52-56.

3   Zusammenfassung

Aus der Analyse von Q 16,16-18 ist deutlich geworden, daß der mit dem Auftreten des Johannes datierende Anbruch der βασιλεία sowie der damit im Zusammenhang stehende Konflikt, in dem die Q-Boten gegenwärtig stehen, als ein in Kontinuität zu Propheten und Gesetz stehendes Ereignis gewertet wird (16,16). Des weiteren wurde deutlich, daß die Q-Überlieferung die unveränderte Gültigkeit des Gesetzes als einen in der Jesusüberlieferung verankerten Topos betrachtet und ihre eigene Aufnahme und Fortsetzung dieser Verkündigung von dieser Überzeugung getragen ist (16,17). Schließlich wurde anhand der spezifischen Gestalt des Scheidungsverbotes in 16,18 erkennbar, daß die konkrete Rezeption der Regelungen des νόμος im Horizont einer Tradition erfolgt, in welcher jüdische Reinheitsvorstellungen eine Rolle spielen und die sich diesbezüglich von der mk Aufnahme unterscheidet. Die konsequenteste Fortsetzung dieser Ansätze der Q-Überlieferung findet sich bei Mt, dessen Entwurf sich in mancher Hinsicht eher als Deutung der Mk-Erzählung im Lichte von Q verstehen läßt als umgekehrt[278].

Es dürfte somit gerade die Q-Überlieferung dafür verantwortlich zeichnen, daß auch in der späteren Entwicklung der Jesusüberlieferung das Element der Bewahrung des νόμος lebendig geblieben ist. Sowohl Mt als auch Lk haben diese Frage auf je eigene Weise diskutiert und in ihren Konzeptionen weitergeführt. Es läßt sich von daher zumindest anfragen, ob die Sicht, daß Jesus selbst der Tora kritisch gegenübergestanden habe und gegenläufige Tendenzen als spätere Angleichungen seiner Verkündigung an das jüdische Gesetz durch judenchristliche Kreise zu be-

---

[278] Markant ist freilich, daß bei Mt mit der Hinwendung zu den ἔθνη ein entscheidender Schritt über Q hinaus erfolgt. Gerade an den diesbezüglichen Stellen zeigt sich jedoch, wie Mt diesen Vorgang als einen solchen versteht, der keinesfalls selbstverständlich ist, sondern auf dem erstaunlichen Glauben der Heiden sowie der Ablehnung Jesu durch „Israel" gleichermaßen basiert. Gerade für das MtEv dürfte somit die in der Forschung lange Zeit heftig diskutierte Alternative „judenchristlich/heidenchristlich" zu kurz greifen.

urteilen seien, nicht noch einmal zu überdenken wäre. Möglicherweise läßt sich der Streit um die rechte Interpretation des νόμος ja als ein der Jesusüberlieferung von Beginn an inhärentes Element wahrscheinlich machen, das erst durch die Orientierung an den paulinischen Aussagen über das Gesetz[279] in den Hintergrund gedrängt worden ist[280].

[279] Ob sich diese als primär gesetzes*kritisch* verstehen lassen, wäre freilich noch einmal eigens zu fragen.
[280] Vgl. hierzu auch die Ausführungen von *Berger*, Jesus als Pharisäer.

VI
Jesus, der Menschensohn.
Zum Ansatz der Christologie in Markus und Q

1 Vorbemerkungen

Der bislang eingeschlagene Weg hat folgende Ergebnisse erbracht: Die Jesusfrage führt zu einer Konstruktion seiner Person und seiner Zeit unter den Bedingungen des historisch-kritischen Bewußtseins. Mk und Q erweisen sich dabei als die frühesten greifbaren Konzeptionen einer historisch bewahrenden Erinnerung an das Wirken Jesu. Im Umgang mit Q ist weiter zu bedenken, daß es sich um ein hypothetisch erschlossenes Dokument handelt. In Mk und Q werden bestimmte Grundzüge erkennbar, das Wirken Jesu zu deuten. Bislang traten die Konstruktion der Zeitspanne seines Auftretens sowie die Frage seiner Stellung zum Gesetz als wichtige Themenbereiche in den Blick. In den beiden folgenden Kapiteln soll dies hinsichtlich der christologischen Frage: „Wer ist Jesus?" sowie derjenigen der Einbindung der Jesusüberlieferung in eine Geschichte des Urchristentums fortgesetzt werden.

1) Der Begriff „Christologie" wird in der theologischen Literatur in der Regel unspezifisch verwandt und bezeichnet dann diejenigen Konzeptionen, mittels derer Wirken und Geschick der historischen Person Jesus von Nazaret interpretiert werden[281]. Im Blick auf die frühchristlichen

---

[281] Nach *D. Ritschl* ist mit „Christologie" das „Nachdenken über Begründung und Bedeutung des apostolischen Zeugnisses von Jesus Christus sowie seiner Ausgestaltungen und Anwendungen durch die Geschichte der Kirche" bezeichnet. Vgl. *ders.*, Christologie, EKL 1 (1986), 712-714; 712. Bezüglich des „apostolischen Zeugnisses" *selbst* findet sich bei *Ritschl* die Unterscheidung zwischen expliziter und impliziter Christologie: „*Implizit* christologisch sind nahezu alle

Texte geht es dabei speziell um die Erfassung desjenigen Prozesses, innerhalb dessen verschiedene jüdische Endzeit- und Heilserwartungen mit dieser Person in Verbindung gebracht wurden[282].

Hiervon zu unterscheiden ist die Verwendung der Bezeichnung χριστός in den frühchristlichen Entwürfen. Dies ist zunächst zu betonen, um die Problematik, ob der Anwendung des Christus-Titels auf Jesus eine sachliche Präferenz zukommt, deutlich hervortreten zu lassen. Insonderheit wird eine an den narrativen Verarbeitungen von Wirken und Geschick Jesu ausgerichtete Untersuchung nicht von der Voraussetzung ausgehen können, deren Spezifika seien über ein bereits in bestimmter Hinsicht qualifiziertes Christusbekenntnis zu erfassen[283]. Vielmehr läßt

Stellen im NT, die über Jesus bzw. Christus handeln" (ebd., dort kursiv). In der TRE findet sich dagegen kein Artikel „Christologie", sondern ein Verweis auf das Stichwort „Jesus Christus". Im ersten Teil dieses Artikels (von *E. Schweizer*) werden sodann die Konzeptionen der neutestamentlichen Autoren dargestellt. In anderen Lexika – wie z.B. RGG, LThK, EKL oder ABD – dagegen wird dieselbe Thematik unter dem Stichwort „Christologie (Christology)" abgehandelt. Dieser Befund weist auf den semantisch durchaus weiter gefaßten Begriff „Christologie" hin, unter dem verschiedene Bezeichnungen Jesu subsumiert werden.

[282] *J.D.G. Dunn*, Christology, ABD 1 (1992), 979-991; 979.

[283] So liegt etwa nach *Gnilka* dem MkEv eine „Urpassion" voraus, in welcher der Tod Jesu sowohl nach dem Modell des leidenden Gerechten gedeutet als auch mit dem Messiasbekenntnis in Zusammenhang gebracht worden sei. Diese „Urpassion" sei zudem in das Kerygma von Kreuz und Auferstehung eingebettet worden, wozu der Verfasser vermutlich einen Glaubenssatz nach Art von 1 Kor 15,3-5 verarbeitet habe. (Vgl. *ders.*, Theologie, 143-151.) Dabei bleiben allerdings die für 1 Kor 15,3-5 entscheidenden Interpretamente des Gestorbenseins ὑπὲρ τῶν ἁμαρτιῶν ἡμῶν sowie der Erscheinung vor den Jüngern unberücksichtigt, denn diese treten in der mk Erzählung nicht in den Vordergrund. Auch wenn *Gnilka* urteilt, daß mit dem MkEv „etwas Neues auf(tritt)" (a.a.O., 151), so wird dieses Urteil dennoch dahingehend eingeschränkt, daß sich dieses „Neue" auf die Verbindung der Jesusüberlieferung mit dem Kerygma von Kreuz und Auferstehung beziehe. Die Ansicht von der Entstehung der literarischen Gattung „Evangelium" aus der Verbindung von Passionskerygma und – ebenfalls „kerygmatischer" – biographischer Überlieferung trägt jedoch schwerlich entscheidend zum Ver-

ein Blick auf die Anfänge der Rezeption der Verkündigung Jesu in bezug auf die Relevanz des Christus-Titels wichtige Differenzierungen hervortreten. Diese sind vor allem hinsichtlich der These, zur Erfassung der christologischen Konzeption des Mk – und damit für die Anfänge der narrativen Deutung der Jesusüberlieferung überhaupt – spiele das bereits vorliegende Kerygma von Kreuz und Auferstehung eine entscheidende Rolle, von Belang[284].
Besonders gravierend ist die Wahrnehmung dieses doppelten Sprachgebrauches in bezug auf Q, wo nach einhelliger Auffassung die Bezeichnung χριστός nicht begegnet,

ständnis der mk Erzählung bei, weil sie die Analyse des Mk-Textes von Beginn an unter das Vorzeichen der „Redaktion" vorgegebener Quellen stellt.

Dies ist auch dann nicht grundsätzlich anders, wenn man mit *Strecker* „die Verbindung von θεῖος ἀνήρ-Vorstellung und dem Menschensohnbegriff [als] vormarkinisch und offenbar auf hellenistischem Boden entstanden" beurteilt, die Grundstruktur der mk Christologie also bereits in der vormk Überlieferung angelegt sieht. (Vgl. *ders.*, Theologie, 374.) Zur Kritik der hier im Hintergrund stehenden Prämissen vgl. bereits *Petersen*, Literary Criticism, 17-23. Eine derartige Erklärung der Entstehung des MkEv dürfte nicht nur unter den von *Petersen* herausgestellten methodischen Defiziten einer bestimmten Auffassung von „Redaktionsgeschichte" leiden, sondern zudem der Einsicht, daß das MkEv als eigenes literarisches Werk gattungsmäßig zu erfassen ist (vgl. z.B. *Aune*, New Testament, 24. 46-66; *Onuki*, Sammelbericht) und deshalb von der hier entworfenen Welt her interpretiert werden muß, kaum gerecht werden.
[284] Die bereits von *Schniewind*, Synoptiker-Exegese, 183, betonte und in neuerer Zeit von *Frankemölle*, Evangelium, 210, bekräftigte Ansicht, daß kerygmatische Deutung und historische Erklärung im Blick auf die Evangelien zusammengehalten werden müssen, ja deren Entstehen erst begreiflich machen, bleibt dabei unbestritten. Dem Urteil *Frankemölles* „Wer diese grundsätzliche Einheit in den neutestamentlichen Traditionen auflöst, arbeitet mit falschen Alternativen ..." (ebd.), ist zweifellos zuzustimmen. Freilich ist damit die Frage, wie das „Kerygma" im Blick auf die Evangelien inhaltlich zu füllen ist, noch nicht beantwortet, sondern allererst gestellt. Der – etwas pauschal anmutende – Verweis auf das „Kerygma von Kreuz und Auferstehung" sowie die biographische Jesusüberlieferung wird dem kaum gerecht, weil er den theologiegeschichtlichen Ort von Mk und Q nicht wirklich beschreibt. Vgl. bereits *Dautzenberg*, Stellung; *ders.*, Wandel.

der Begriff „Christologie" aber dennoch zur Erfassung der hier vorliegenden Anschauung von Jesus verwandt wird[285].

Für Mk gilt dies in analoger Weise, insofern Relevanz und Tragweite der Bezeichnung χριστός innerhalb seiner Jesusdarstellung anerkanntermaßen nur einen – wenngleich durchaus wichtigen – Bestandteil der Gesamtkonzeption darstellen[286]. Da die Bezeichnung χριστός bzw. משיח traditionsgeschichtlich zudem an bestimmte Endzeiterwartungen innerhalb des Judentums des Zweiten Tempels geknüpft ist[287], ist im Sinne der Präzision exegetischer Sprache ein weiterer von einem engeren Gebrauch von „Christus" bzw. „Messias" und „messianisch" zu unterscheiden. Nur die engere Verwendung ist dabei an den mit diesem Ausdruck verbundenen jüdischen Heilsvorstellungen orientiert[288]. Dies gilt unbeschadet der Tatsache, daß χριστός offensichtlich schon in einem frühen Stadium zum cognomen Jesu geworden ist[289] und die Jesusanhänger in Antiochien nach Apg 11,26 als Χριστιανοί bezeichnet wurden.

2) In Darstellungen neutestamentlicher Christologie wurde – vornehmlich seit Wilhelm Boussets einflußreicher Untersuchung[290] – der Verwendung von „Hoheitstiteln" große

---

[285] Vgl. etwa *Polag*, Christologie; *Tuckett*, Q and the History of Early Christianity, K.7: Q's Christology u.v.a.
[286] *M. de Jonge*, Earliest Use, 324-329; *Breytenbach*, Grundzüge.
[287] Diese sind in sich selbst freilich vielfältig und nicht im Sinne eines fixierten Konzeptes aufzufassen. Vgl. *Collins*, Scepter; *Charlesworth*, Concept; *Neusner u.a.*, Judaisms.
[288] Vgl. *Hofius*, Ist Jesus der Messias?, 104.
[289] Dies läßt sich vornehmlich aus dem bereits in der vorpaulinischen Tradition festzustellenden Sprachgebrauch (vgl. etwa die Formulierungen Ἰησοῦς Χριστός bzw. die Inversion Χριστὸς Ἰησοῦς sowie die formelhaften Wendungen ἐν Χριστῷ und εὐαγγέλιον τοῦ Χριστοῦ) erheben. Vgl. *Hengel*, Erwägungen. Zu verweisen ist diesbezüglich auch auf das Mißverständnis bei Suet, Claud. 25,11; Caes. 5,25 und Tac, Ann. 15,44, die den Christus-Titel mit dem Eigennamen Chrestus verwechseln. Das sprachliche Phänomen der Verwendung von χριστός als cognomen hat sich auch in Mk 1,1 niedergeschlagen.
[290] *Bousset*, Kyrios Christos.

Aufmerksamkeit eingeräumt[291]. Dieser Ansatz ist in der neueren Forschung in dreierlei Hinsicht in die Kritik geraten.

Zum einen ist betont worden, daß die traditionsgeschichtliche Frage nach der Verwendung dieser Ausdrücke[292] in nichtchristlichen Quellen von derjenigen nach ihrer Anwendung auf Jesus zu unterscheiden ist[293]. Welche Aspekte aus dem Bedeutungsspektrum eines Ausdrucks herangezogen wurden, um Jesu Wirken zu interpretieren, kann nur aus dem jeweiligen Gebrauch, nicht jedoch durch eine hiervon abgelöste traditionsgeschichtliche Analyse erhoben werden[294]. Es ist in Rechnung zu stellen, daß mit der Anwendung dieser Bezeichnungen auf Jesus angesichts seines Wirkens und Geschicks gegenüber ihrer Verwendung in frühjüdischen Schriften Bedeutungsverschiebungen verbunden waren, die ihren Gehalt semantisch neu bestimmten[295].

Zweitens ist zu bedenken, daß mit der Orientierung an Bezeichnungen endzeitlicher Heilsbringer nur einige Aspekte der Deutung des Wirkens Jesu in den Blick treten. Die Bedeutung, die seinem Auftreten beigemessen wurde, konnte aber auch auf andere Weise als durch die Anwendung der-

---

[291]   *Hengel*, Christological Titles; *Hahn*, Hoheitstitel; *Fuller*, Foundations; *Cullmann*, Christologie.

[292]   Das Wort „Titel" suggeriert, daß mit der Anwendung bestimmter Ausdrücke zugleich mit diesen verbundene Konzepte auf Jesus übertragen wurden. Angesichts der neueren Diskussion um die hierbei eine zentrale Rolle spielenden Ausdrücke υἱὸς τοῦ ἀνθρώπου, χριστός, υἱὸς θεοῦ und κύριος, die die Existenz derartiger fixierter Konzepte für alle genannten Ausdrücke fraglich erscheinen läßt, empfiehlt es sich jedoch, von einer solchen Annahme Abstand zu nehmen. Statt dessen ist die Frage, welche Bedeutungsaspekte jeweils aktualisiert wurden, im Zusammenhang des je aktuellen Gebrauchs zu untersuchen.

[293]   *Chouinard*, Gospel Christology, 23. 28.

[294]   Dies ergibt sich aus der semantischen Tatsache, daß die aus den Verwendungen eines Ausdrucks zu erhebende lexikalische Bedeutung dessen Bedeutungsspektrum zwar eingrenzt, die aktuelle Bedeutung innerhalb einer Äußerung jedoch nicht festlegt. Hierfür sind vielmehr weitere – z.B. grammatische, syntaktische und kotextuelle – Aspekte heranzuziehen.

[295]   Vgl. *Dahl*, Messiahship, 17.

artiger Bezeichnungen ausgedrückt werden[296]. Dies ist vor allem bei denjenigen Entwürfen, die die Wirksamkeit Jesu erzählerisch verarbeitet haben, zu beachten.

Drittens muß bedacht werden, daß sich aus der Deutung Jesu in einer Schrift nur bedingt historische Schlußfolgerungen auf deren Adressaten ziehen lassen. Daß etwa in Q Tod und Auferstehung keine herausragende Rolle spielen, führt nicht automatisch zu dem Schluß auf eine frühchristliche Gruppe, die an diesen Dingen nicht interessiert war bzw. deren christologisches Denken durch den Entwurf von Q umfassend repräsentiert wird. Aus den urchristlichen Schriften läßt sich nicht entnehmen, was deren *Adressaten* gedacht haben, sondern zunächst einmal, was deren *Verfasser* weiterzugeben als wesentlich erachteten[297]. Die Vorstellung durch die frühchristlichen Schriften repräsentierter Gemeinden mit je eigenen christologischen Anschauungen dürfte dagegen in zu unmittelbarer Weise vom Text auf die dahinterliegende historische Realität schließen[298]. Auch wird die These der Existenz miteinander in christologischer Hinsicht konkurrierender Gruppen, die hinter den frühchristlichen Schriften und deren Quellen zu erkennen seien[299], dem Befund weniger gerecht als die Annahme sich gegenseitig beeinflussender, miteinander verknüpfter und durch die Einarbeitung früherer in spätere Quellen fusionierter christologischer Gedanken[300]. Im Blick auf die „Hoheitstitel" zeigt sich dies nicht zuletzt daran, daß sie sich in den frühchristlichen Quellen in ihrer Bedeutung oftmals überlappen.

---

[296] Vgl. *Keck*, Renewal, bes. 369 und bereits *Vielhauer*, Weg, 143. 196.

[297] Der unmittelbare Rückschluß von Texten auf dahinterstehende Gemeinden bzw. Gruppen ist eine Erblast der „Formgeschichte", die einer grundlegenden Revision bedarf. Hier sei dazu angemerkt, daß die Verwendung der Kategorie „Sitz im Leben" nicht zu einer Vernachlässigung der rhetorischen Disposition der Evangelien führen darf. Vgl. hierzu auch *Henderson*, Jesus, 84-93.

[298] Vgl. *Dahl*, Sources of Christological Language, 125f.

[299] So etwa *Koester*, Gospels.

[300] Vgl. *M. de Jonge*, Earliest Use, 322.

3) In der Diskussion um die Christologie des MkEv hat in der älteren Forschung die Auffassung eine Rolle gespielt, Mk korrigiere durch seinen Entwurf ein vorausliegendes Verständnis, welches vornehmlich an den Wundern Jesu orientiert gewesen sei und den Titel υἱὸς θεοῦ im Sinne eines hellenistischen θεῖος ἀνήρ-Konzeptes interpretiert habe[301]. Die von Mk entwickelte Christologie wird hier somit wesentlich als Auseinandersetzung mit vorausliegenden Traditionen erklärt[302].

In bezug auf Q haben sich analoge Überlegungen darin niedergeschlagen, daß die Versuchungsgeschichte in Q 4 als ein erst später hinzugefügter Text beurteilt wird, der ältere Traditionen aus einer veränderten christologischen Perspektive neu interpretiere[303]. Des weiteren wurde dafür plädiert, die Verse 10,21f. als Q eigentlich fremdes Gedankengut beinhaltenden und somit ebenfalls erst später hinzugekommenen Teil zu betrachten. Die dort zum Ausdruck kommende Sicht auf Jesus als den υἱός, der in einem exklusiven Verhältnis zu Gott als πάτερ steht, weise auf ein bereits entwickelteres christologisches Stadium hin, das für die älteren Traditionen in Q noch nicht vorauszusetzen sei[304]. Einer weiteren Auffassung zufolge sind

---

[301]   Markant etwa *T.J. Weeden*, Mark – Traditions in Conflict, Philadelphia 1971. Die Fragwürdigkeit des hier vorausgesetzten θεῖος ἀνήρ-Konzeptes hat *du Toit* aufgewiesen; vgl. *ders.*, Theios Anthropos. Das Postulat einer derartigen christologischen Anschauung, die auch für die Gegner des Paulus im 2. Korintherbrief vermutet wurde (vgl. *D. Georgi*, Die Gegner des Paulus im 2. Korintherbrief. Studien zur religiösen Propaganda in der Spätantike [WMANT 11], Neukirchen-Vluyn 1964), dürfte damit zumindest nach einer neuen Begründung verlangen.

[302]   Im Extrem wird diese Position bis dahin ausgeweitet, daß man dem MkEv eine konsistente Christologie abspricht und sein Werk nur als eine Synthese vorausliegender Auffassungen betrachtet. Vgl. etwa *E. Trocmé*, Is there a Markan Christology?, in: Christ and Spirit in the New Testament. In Honour of C.F.D. Moule, Cambridge 1973, 3-13. Hier kommt deutlich zum Ausdruck, daß eine redaktionskritische Betrachtung dann unbefriedigend bleibt, wenn sie als Fortsetzung „formgeschichtlicher" Ansätze entworfen wird.

[303]   *Schulz*, Q, 177-190; *Kloppenborg*, Formation, 247f.; *Jacobson*, First Gospel, 86-95 u.a.

[304]   *Uro*, Sheep, 114. 200-240; *Jacobson*, First Gospel, 147 u.a.

die meisten Menschensohn-Worte in Q einem Stadium zuzuschreiben, das in eine spätere Phase innerhalb der literarischen Entwicklung des Q-Dokumentes gehört. Die prophetisch-apokalyptische Zuspitzung der Botschaft Jesu sei demnach erst zu einem Zeitpunkt erfolgt, an dem die Träger der Q-Überlieferung auf schroffe Ablehnung durch ihre jüdischen Landsleute gestoßen seien, was dazu geführt habe, diesen den zum Gericht wiederkommenden Menschensohn anzusagen[305].

Die folgenden Überlegungen sehen von derartigen Differenzierungen ab. Der Wert traditionsgeschichtlicher Fragestellungen wird damit in keiner Weise in Abrede gestellt. Die hier verfolgte Auslegung basiert jedoch auf drei Überlegungen, die es geraten erscheinen lassen, von den genannten Herangehensweisen Abstand zu nehmen.

Zunächst wäre es wenig plausibel, zwischen Tradition und Redaktion derart zu differenzieren, daß die Konzeption einer Schrift nur aus der letzteren erhoben wird. Die Aufnahme vorausliegender Tradition ist stets eine bewußte Entscheidung, die für die Interpretation einer Schrift nicht weniger zu berücksichtigen ist als (im Fall von Mk und Q ohnehin nur schwer nachweisbare) Veränderungen, die an dieser vorgenommen wurden[306].

Des weiteren ist es unwahrscheinlich, daß bestimmte Traditionen unter einem dezidiert *kritischen* Aspekt aufgegriffen wurden und

---

[305] Die Diskussion um die Menschensohnworte in Q ist sehr weitgefächert und von etlichen Hypothesen über verschiedene Schichten in Q geprägt. Dies ist hier nicht im einzelnen zu dokumentieren. Verwiesen sei jedoch auf *Koester*, Sayings. *Koester* unterzieht hier die Gegenüberstellung „weisheitlich – apokalyptisch", die in Teilen der Q-Forschung eine wichtige Rolle spielt, einer kritischen Überprüfung und legt dar, daß die auf das Gericht und den apokalyptischen Menschensohn ausgerichtete Redaktion von Q eine bereits in den älteren Schichten zu konstatierende Tendenz fortsetze. Auch dort werde Jesus bereits als eschatologischer Prophet, jedoch nicht als Sozialreformer oder kynischer Philosoph dargestellt. Diese Sicht ist eine wichtige und notwendige Korrektur bestimmter Tendenzen der amerikanischen Q-Forschung. Sie zeigt, daß auch Forscher, die mit verschiedenen Kompositionsstufen von Q rechnen, diese nicht schroff voneinander abgrenzen.

[306] Vgl. *Tuckett*, Q and the History of Early Christianity, 41-82, bes. 75-82; *ders.*, Stratification; *Breytenbach*, Das Markusevangelium als traditionsgebundene Erzählung?, 98-101.

sich folglich innerhalb eines Werkes *zwei einander entgegengesetzte* Positionen widerspiegeln würden. Die Fragwürdigkeit dieses, vornehmlich in der Mk-Forschung einflußreich gewesenen Modells wird heute weitgehend zugestanden. Sie führt dazu, bei der Erhebung des Profils einer frühchristlichen Schrift diachrone Aspekte auf der Grundlage der literarischen Analyse des vorliegenden Textes zu diskutieren und in diese einzubinden. Auf diese Weise lassen sich zugleich problematische, weil auf ungesicherten Voraussetzungen über verschiedene Schichten bzw. Redaktionsstufen aufgebaute Thesen vermeiden.

Drittens schließlich ist es fraglich, ob die Christologie des Mk mit Hilfe eines Konfliktmodells zu erfassen sei[307] und die genannten Q-Texte eine älteren Traditionen fremde Sicht einbringen und darum von diesen zu separieren seien[308]. Die Frage nach vorausliegenden Traditionen ermöglicht zweifellos Einblicke in die frühe Phase der Jesusüberlieferung und schärft damit zugleich den Blick für den Charakter derjenigen Schriften, in denen sie verarbeitet wurden[309]. Die Entwicklung der christologischen Anschauungen des Urchristentums kann jedoch durch ein Fortschreibungs- und Integrationsmodell vermutlich plausibler beschrieben werden als durch ein Separations- und Konfliktmodell.

4) Auf der Grundlage dieser Voraussetzungen soll im Folgenden danach gefragt werden, auf welche Weise Wirken

---

[307]   Die Einschätzung der Funktion der von Markus berichteten δυνάμεις Jesu hat sich seit der Zeit der Untersuchungen von *Weeden*, *Schreiber* u.a. wesentlich verändert, so daß hier auf eine nähere Begründung verzichtet werden kann. Vgl. etwa *Lindemann*, Machttaten, bes. 206f.; *Schmücker*, Wundergeschichten.

[308]   Zur Versuchungserzählung vgl. *Tuckett*, Temptation Narrative; zu den Menschensohnworten *ders.*, The Son of Man in Q; zu 10,21f. *ders.*, Q and the History of Early Christianity, 276-281. Gattungsanalytische Argumente (so etwa *Sato*, Q und Prophetie, 36, in bezug auf die Versuchungserzählung) sind in diesem Zusammenhang wenig plausibel, denn sie basieren auf dem Zirkelschluß, daß Q auf einer ersten Kompositionsstufe durch Worte bzw. Reden Jesu geprägt gewesen sei, was dann durch die Entfernung von Texten anderer Gattungen aus dieser postulierten Stufe erwiesen werden soll.

[309]   So ist es z.B. wahrscheinlich, daß sich Markus und Q der Bewahrung und Weitergabe der Verkündigung Jesu verpflichtet wußten. Dagegen sind weder die Annahme eines ideologischen Gegensatzes von mündlicher und schriftlicher Tradierung noch diejenige urchristlicher Propheten, die im Namen des Erhöhten auftreten würden, wirklich plausibel.

und Geschick Jesu in Mk und Q interpretiert wurden. Anders als im vorpaulinisch-paulinischen Traditionsbereich wird die Erzählung des irdischen Wirkens Jesu bei Mk und Q zu einem prägenden Element. Das Charakteristikum dieser Entwürfe kann deshalb darin gesehen werden, die Bedeutung Jesu durch die Präsentation seines irdischen Wirkens herauszustellen[310]. Indem dieses in eine endzeitliche Perspektive gerückt wird, erhält es zugleich eine die Zeit des irdischen Jesus transzendierende Relevanz.

Um einen beiden Konzeptionen angemessenen Zugang zu ermöglichen, wird im Folgenden zunächst danach gefragt, durch welche Merkmale das Wirken Jesu in diesen Quellen gekennzeichnet ist. Dies legt sich nahe, weil wesentliche Aspekte dieser Darstellungen nicht durch hoheitliche Bezeichnungen, sondern durch Erzählung bzw. Rede expliziert werden[311]. Dabei ist besonders auf die Basileia-Verkündigung sowie auf die Selbstbezeichnung Jesu als ὁ υἱὸς τοῦ ἀνθρώπου zu achten, weil diese für die Verknüpfung des *zurückliegenden Wirkens* Jesu mit seiner *zukünftigen Bedeutung* von zentraler Bedeutung ist. Vor diesem Horizont soll sodann auf die anderen Bezeichnungen – neben Menschensohn – eingegangen werden. Abschließend ist nach dem Ertrag des Ausgeführten im Blick auf die Entstehung der Christologie zu fragen.

2 Aspekte der Deutung des Wirkens Jesu

1) Für die mk Erzählung ist wichtig, daß Jesus bereits am Beginn als χριστός und – folgt man der u.a. von ℵ[1] B D L W 2427 bezeugten Lesart – als υἱὸς θεοῦ eingeführt wird. Für Q läßt sich aufgrund des nicht mehr erhaltenen Anfangs diesbezüglich keine Aussage treffen. Wichtig ist jedoch, daß auch hier die Vorstellung Jesu als υἱὸς τοῦ θεοῦ in der Versuchungserzählung, also vor seiner ersten Wirk-

---

[310] Für Mk vgl. in dieser Hinsicht etwa den Entwurf von *Dormeyer*, Markusevangelium.

[311] Vgl. *Tannehill*, Narrative Christology; *Boring*, Christology. Für Q gilt analog, daß die Christologie stärker implizit als explizit zur Sprache gebracht wird (*Polag*, Christologie, 127).

samkeit, erfolgt[312]. Um zu erheben, was mit Hilfe dieser Bezeichnungen über Jesus ausgesagt wird, ist auf ihre Verwendung innerhalb der Entwürfe von Mk und Q zu achten, bevor auf Bedeutungsaspekte im zeitgenössischen Judentum eingegangen wird.

Grundsätzlich gilt diesbezüglich, daß die Beschreibung des mit Jesu Auftreten verbundenen Ereignisses – nämlich des Anbrechens der βασιλεία – bei Mk in seinen Machttaten, in Q dagegen in den Reden seinen Schwerpunkt besitzt. Diese stellen somit die jeweilige Grundlage für seine Bezeichnung als χριστός, υἱὸς θεοῦ, κύριος und ὁ υἱὸς τοῦ ἀνθρώπου dar[313]. Beide Entwürfe haben zudem den historischen Umstand, daß der so Beschriebene getötet wurde, in die Interpretation seines Wirkens – einschließlich der Verwendung der genannten Bezeichnungen – integrieren müssen.

2) In Mk und Q wird ein chronologischer und geographischer Rahmen für das Auftreten Jesu gesetzt. Johannes markiert einen wichtigen Einschnitt in der Geschichte Israels[314], der Ort seiner Wirksamkeit sind Wüste und Jordangegend[315]. Beide gehen zudem von der gegenwärtigen

---

[312] Q 4,3.9. Ob dem der Bericht einer Einsetzung Jesu zum Sohn Gottes – gar in Analogie zu der mk Tauferzählung – vorausgegangen ist, läßt sich nur noch hypothetisch beantworten.

[313] Das in Mk 1,21f. zum ersten Mal erwähnte διδάσκειν Jesu wird in V.23-26 durch eine Dämonenaustreibung veranschaulicht, die somit als Erweis der διδαχὴ καινή (V.27) fungiert. In Q dagegen steht die Eröffnungsrede 6,20-49 am Anfang, die der Heilung des Dieners des heidnischen Hauptmanns vorangeht.

[314] Dies wird zum einen durch das Schriftzitat in Mk 1,2/Q 7,27 deutlich, mit dem das Auftreten des Johannes gedeutet wird, des weiteren an Q 16,16, wo die Zeit von Johannes und Jesus als die Zeit der βασιλεία gegenüber derjenigen von Gesetz und Propheten neu qualifiziert wird (vgl. auch oben K.III und V).

[315] Die Wendung ἐν τῇ ἐρήμῳ in Mk 1,4 greift auf das zuvor zitierte Jes-Wort zurück und wendet es auf Johannes an, der somit als Prophet gezeichnet wird. Für Q läßt die Wendung πᾶσα ἡ περίχωρος τοῦ Ἰορδάνου (Mt 3,5/Lk 3,3) als Kennzeichnung des Gebietes, auf das sich die Wirksamkeit des Täufers erstreckt, annehmen. Wenn dahinter eine Anspielung auf Gen 13,10f. (vgl. 1 Klem 11,1) liegt, könnte die Bußpredigt des Täufers in den Horizont des

Abwesenheit Jesu aus, verstehen die Gegenwart also als eine Zeit, die von seinen Nachfolgern durch die Verkündigung der nahen Gottesherrschaft bzw. des Evangeliums auszufüllen ist[316]. Das Wirken Jesu wird vornehmlich in Galiläa lokalisiert[317], Jerusalem erscheint als feindlicher Ort[318]. Zu der Erzählwelt gehören des weiteren Personenkreise, die zu Jesus in freundlicher oder feindlicher Beziehung stehen[319]. Deutlich wird hieraus zunächst, daß es sich in beiden Fällen um Darstellungen handelt, die das Wirken einer historischen Person innerhalb einer konkreten Erzählwelt lokalisieren, indem sie es an bestimmte Zeiten, Orte und Personen binden.

3) Die Verwendung narrativer Darstellungsmittel ist bei Mk deutlich umfangreicher als in Q[320]. Dies zeigt sich bereits an dem häufigen Gebrauch von Chrien, die eine Nähe des MkEv zu biographischen Darstellungen der hellenistischen – vor allem popularphilosophischen – Umwelt aufzeigt[321]. Dabei ist markant, daß die mk Chrien stärker in einen Erzählzusammenhang integriert sind, als dies etwa in den Chriensammlungen bei Diogenes Laertius, Plutarch

Gerichtes über Sodom und Gomorra gestellt sein. Dies würde wiederum durch 10,12 gestützt, wo den die Q-Boten ablehnenden Städten ein schärferes Strafgericht angedroht wird, als es einst über Sodom ergangen ist. Vgl. auch *Kloppenborg*, City and Wasteland, 151f. Mit der Lokalisierung des Johannes ist somit eine programmatische Szenerie für das Folgende gesetzt.

[316]   Q 10,9; Mk 13,10.

[317]   Nazaret (in Q Ναζαρά), Kafarnaum sowie Bethsaida werden bei beiden erwähnt. In Q begegnet darüber hinaus die Ortsbezeichnung Chorazin, bei Markus gehört der See Genezaret zur Szenerie der erzählten Welt, darüber hinaus treten die Küstenregion sowie die Dekapolis in den Blick.

[318]   So bereits in Mk 3,22; 7,1 wo die Gegner Jesu aus Jerusalem nach Galiläa kommen, dann ab K.11. In Q 13,34 wird Jerusalem mit der Tötung der Propheten in Verbindung gebracht.

[319]   Zu ersteren gehören in erster Linie die Jünger sowie Johannes, zu letzteren die Pharisäer und Schriftgelehrten sowie die Familie Jesu (Mk).

[320]   Vgl. etwa *Best*, Mark's Narrative Technique, 43-58.

[321]   Zu den Chrien vgl. den wichtigen Aufsatz von *Hezser*, Verwendung.

oder den Apophthegmata Patrum der Fall ist[322]. Dies zeigt sich vornehmlich an den expliziten Bezügen, mit denen die einzelnen Szenen verknüpft werden[323].

Obwohl derartiges in Q nicht in gleicher Weise nachweisbar ist, gilt auch hier, daß mittels der Komposition von Sprüchen zu größeren Reden, der ansatzweise begegnenden chrienartigen Darstellung sowie des bereits erwähnten Rahmens ein Bild Jesu entworfen wird, welches für die Erhebung der hier entwickelten Christologie leitend sein muß. Die Verwandtschaft mit Mk in traditionsgeschichtlicher und kompositorischer Hinsicht[324] kann dabei als Indiz dafür gewertet werden, daß beide Entwürfe auf einem gemeinsamen Fundament zur Interpretation der Wirksamkeit Jesu aufbauen.

4) Die Wirksamkeit Jesu wird in Mk und Q von der Ansage der βασιλεία τοῦ θεοῦ bestimmt. Damit wird die Aufrichtung der Königsherrschaft Gottes, die seit der Exilszeit nicht mehr als irdisch erfahrbare wahrgenommen und darum als Hoffnung auf ein in der Zukunft zu realisierendes Ereignis formuliert worden war[325], als zentraler Inhalt des

---

[322]   Zeitliche und geographische Angaben, die die erzählten Szenen im MkEv miteinander verbinden, sind etwa εὐθύς, πάλιν, ὀψίας γενομένης, ἐξῆλθεν ἐκεῖθεν u.a.m. Der Befund, daß in späteren Schriften häufig losere Zusammenstellungen begegnen, ist zugleich ein Hinweis darauf, daß die unverbundene Aneinanderreihung der Worte und Chrien im EvThom kein Indiz für Altertümlichkeit ist. Vgl. auch *Hezser*, Verwendung, 393.

[323]   Vgl. z.B. den Rückverweis von 8,18c-21 auf 6,41-44 sowie von 16,7 auf 14,28.

[324]   Vgl. hierzu *Schröter*, Erinnerung, Teil III.

[325]   Vgl. etwa TestDan 5,10b-13; PsSal 2,30-37; Sib 3,46-62.741-784; AssMos 10,1-10. Die Forschung zur Basileia-Thematik hat die oft behauptete Singularität dieses Zentralbegriffs der Wirksamkeit Jesu insofern relativiert, als sie sie in einen breiteren frühjüdischen Erwartungshorizont eingeordnet hat. Dieser ist bestimmt von der Bedrückung Israels durch Fremdvölker, der Diasporasituation, der Erwartung einer endzeitlichen Sammlung des Israels sowie der damit einhergehenden Beendigung der Fremdherrschaft durch ein Eingreifen Gottes. Vgl. *Schwemer*, Gott als König; *Becker*, Jesus, 100-121; *Meier*, A Marginal Jew, II, 237-288; *Wolter*, „Reich Gottes"

Wirkens Jesu bestimmt[326]. Bereits sein erstes öffentliches Auftreten wird in Mk 1,15 und Q 6,20 mit der βασιλεία-Thematik in Verbindung gebracht. Geht es bei Mk um den Aufruf zu μετάνοια und πιστεύειν angesichts der anbrechenden βασιλεία, so wird in Q den Armen die βασιλεία zugesagt. Eine Differenz liegt darin, daß Mk die βασιλεία-Predigt unter den nur in der hellenistischen Literatur bezeugten Terminus εὐαγγέλιον stellt, welches nach 13,10 in der Zeit bis zur Wiederkunft des Menschensohnes allen Völkern zu verkünden ist, wogegen in Q an anderer Stelle – in Aufnahme von Jes 61,1 – nur das Verbum εὐαγγελίζειν begegnet (7,22). Auch dieses steht in enger Verbindung zur βασιλεία-Thematik[327]: Es findet sich innerhalb der Skizzierung von Jesu Wirken als Antwort auf die Täuferfrage, ob er ὁ ἐρχόμενος sei. Die auf verschiedene Jes-Zitate Bezug nehmende Beschreibung des Wirkens Jesu in Q 7,22[328] faßt somit die bisherige Darstellung seines Wirkens zusammen, Sie formt zudem gemeinsam mit 6,20 eine *inclusio*, insofern die dort seliggepriesenen πτωχοί hier als Adressaten des εὐαγγελίζειν Jesu wiederum erscheinen[329].

Für die nähere Ausformulierung der βασιλεία-Thematik ist zum einen auf die Präsentation des Wirkens Jesu, zum anderen auf den Zusammenhang von Beginn und Vollendung der Gottesherrschaft zu achten. Beide Aspekte führen auf die Frage nach der Identität Jesu und damit auf die Spur der in Mk und Q entwickelten Christologie.

---

bei Lukas, 545-547. Zum atl. Hintergrund vgl. *E. Zenger*, Herrschaft/Reich Gottes II. Altes Testament, TRE 15 (1986), 176-189.

[326] Daß dies in dem Wirken Jesu selbst seinen Ursprung hat, läßt sich mit guten Gründen wahrscheinlich machen, ist hier aber nicht Gegenstand der Betrachtung.

[327] Lk hat dann beides miteinander verknüpft und spricht vom εὐαγγελίζειν τὴν βασιλείαν τοῦ θεοῦ (4,43; 8,1; 16,16). In der Apg wird Jesus dann selbst zum Inhalt des εὐαγγελίζειν (5,42; 8,35; 11,20). In Apg 8,12 wird beides miteinander verbunden, wenn die Tätigkeit des Philippus als εὐαγγελιζόμενος περὶ τῆς βασιλείας τοῦ θεοῦ καὶ τοῦ ὀνόματος Ἰησοῦ Χριστοῦ beschrieben wird.

[328] Vgl. hierzu *Neirynck*, Q 6,20b-21; 7,22 and Isaiah 61, 45-51.

[329] Vgl. *Robinson*, The Sayings Gospel Q, 366; *ders.*, Incipit of the Sayings Gospel Q, 32.

5) Bei einem Vergleich der in Mk und Q berichteten Heilungen und Exorzismen fällt auf, daß Q an diesem Bereich der Jesusüberlieferung nur in geringem Maße partizipiert[330]. Dies bedeutet nicht, daß er für das in Q entworfene Jesusbild bedeutungslos wäre, er ist jedoch auf andere Weise als bei Mk den Manifestationen der Gottesherrschaft zugeordnet: Den Armen, Hungernden und Weinenden wird die Aufhebung ihrer Bedürftigkeit als endzeitliches Geschehen zugesagt, dessen Beginn die Augenzeugen des Wirkens Jesu erleben[331]. Daraus ergeben sich bestimmte Prioritäten: Die Sorge um die täglichen Bedürfnisse wird als etwas qualifiziert, worum sich die Heiden kümmern, was für die Jesusgemeinschaft jedoch durch das Streben nach der βασιλεία ersetzt werden soll[332]. Weil Gott im Begriff ist, seine Herrschaft aufzurichten, ist die Mitarbeit hieran oberstes Gebot. Die Adressaten werden aufgefordert, die Nähe der βασιλεία anzusagen (10,9) und durch den Verzicht auf die gängige Reiseausrüstung (10,4) sowie die Ethik von Feindesliebe, Verzicht auf Vergeltung und Nicht-Richten (6,27-42) ihren Anbruch zeichenhaft zu realisieren.

Die δυνάμεις Jesu sind vor diesem Hintergrund als „Erweiszeichen" der sich durchsetzenden Gottesherrschaft zu verstehen. Diente bereits die in 7,1-10 berichtete Heilung als zeichenhafte Umsetzung der Ansage der βασιλεία, so werden die δυνάμεις in 10,13-15 als Grund genannt, der die Bewohner von Chorazin und Bethsaida zum Sinneswandel hätte bewegen müssen. In 11,14-20 schließlich wird eine Dämonenaustreibung zum Anlaß eines Disputes

---

[330]   Zu konstatieren ist ein den Chrien analoges Phänomen: Die Heilungserzählungen finden sich konzentriert bei Mk und Lk, Q und Mt nehmen sie nur sparsam auf und stellen statt dessen die Lehre Jesu in den Vordergrund.

[331]   Nicht zufällig findet sich darum in 10,23 eine weitere, mit 6,20f. eng verwandte Seligpreisung: μακάριοι οἱ ὀφθαλμοὶ οἱ βλέποντες ἃ βλέπετε.

[332]   Q 12,29-31. Vgl. weiter 11,2f. sowie 4,4. Diese Stellen zeigen, daß Q dazu auffordert, die Sorge um die täglichen Bedürfnisse Gott anheimzustellen und ihn um die Aufrichtung seiner Herrschaft zu bitten.

über die Herkunft der Vollmacht Jesu, der in dem Satz
gipfelt, daß der entscheidende Unterschied zwischen Jesu
Exorzismen und denen anderer Exorzisten, die Gleiches
zu tun vermögen, darin besteht, daß *Jesu* Wirken den Anbruch der βασιλεία τοῦ θεοῦ bedeutet (11,20).
Von überaus großer Bedeutung ist in diesem Zusammenhang die bereits genannte Stelle Q 7,22. Das Wirken Jesu
wird hier, am Ende des ersten Teils von Q, unter Rückgriff
auf jesajanische Weissagungen über die Endzeit zusammenfassend beschrieben. Die erwähnten Ereignisse werden in Q allerdings nur zum Teil explizit berichtet: Von
einem stummen Dämon ist in 11,14 die Rede, von der
Verkündung des Evangeliums an die Armen in 6,20. In
7,1-10 wird evtl. die Heilung eines Gelähmten berichtet
(vgl. Mt 8,6). Dies zeigt, daß Jesu Wirken *insgesamt* als
Erfüllung der Endzeiterwartungen angesehen und in diesem Licht interpretiert wird. Hierfür spricht des weiteren,
daß in dem für das Verständnis dieser Stelle wichtigen
Text 4Q521 2 II ebenfalls Blindenheilung, Totenbelebung
und Verkündigung der Frohbotschaft an die Armen als
Ereignisse der Endzeit dargestellt werden[333].
Für die hier verfolgte Frage ist von besonderem Interesse,
daß weder in Qumran noch in sonstigen Texten des Judentums des Zweiten Tempels derartige Aktivitäten mit
dem Wirken des Messias in Zusammenhang gebracht,
sondern von Gott selbst erwartet wurden[334]. Q 7,22 muß

---

[333] Die Edition und Besprechung des Textes erfolgte durch *É.
Puëch*, Une Apocalypse Messianique (4Q521), RQ 15 (1992), 475-
522 (Text a.a.O., 485).
[334] In der Diskussion um das Qumranfragment ist freilich vor allem
umstritten, ob in Z.1 der Singular משיחו oder der Plural משיחיו zu lesen ist, der Text also überhaupt vom Wirken Gottes durch seinen
Messias handelt. Würde hier von dem Messias ausgesagt, daß er
Durchbohrte heilt, Tote belebt, Armen die Frohbotschaft verkündet,
Niedrige sättigt, Verlassene leitet und Hungernde reich macht, läge
in der Tat eine frappierende Analogie zu Q 7,22 (und Lk 4,18f.) vor,
die bereits vorchristlich eine Beziehung zwischen dem Wirken des
Messias und den genannten Aktivitäten belegen würde. (So die
Deutung von *Collins*, Scepter, 205f.) Wird man die Möglichkeit
einer singularischen Lesart – wiewohl sie aufgrund des in Z.2 begegnenden קדושים zumindest nicht eindeutig ist – nicht ausschließen

somit sowohl angesichts des in Q Berichteten als auch vor dem Horizont frühjüdischer Erwartungen an das Wirken des endzeitlichen Gesalbten als eine erstaunliche Kulmination von Endzeitereignissen angesehen werden, die sich mit der Überzeugung des χριστός-Seins Jesu allein nicht erklären läßt. Nicht zufällig wird diese Bezeichnung in Q auch weder hier noch an einer anderen Stelle verwandt. Wird das Auftreten Jesu im Horizont des endzeitlichen Wirkens Gottes interpretiert, so liegt der Grund hierfür vielmehr in dem Anspruch Jesu, wie er in Q zur Sprache kommt. Bevor wir auf diese Frage zurückkommen, ist der Blick zunächst auf Mk zu lenken, wo sich ein analoger Befund formulieren läßt.

Im MkEv findet sich in 7,37 ein mit Q 7,22 vergleichbarer, auf Jes 35,5 Bezug nehmender Rückblick auf die Machttaten Jesu in heidnischem Gebiet. Damit werden seine Heilungen und Exorzismen auch hier als Erweiszeichen der angebrochenen Heilszeit interpretiert. Allerdings liegt auf deren Schilderung bei Mk ein wesentlich größeres Gewicht. Sie konzentrieren sich im ersten Teil der Erzählung und stellen somit die Basis dafür dar, daß Petrus an der christologischen „Scharnierstelle" 8,27-33 das Bekenntnis σὺ εἶ ὁ χριστός ablegen kann. Hier wird zum ersten Mal das von Jesus selbst als Anbruch der βασιλεία gedeutete Wirken (vgl. Mk 1,15) dadurch interpretiert, daß er als χριστός bezeichnet wird. Zwar ist dieses Verständnis unvollkommen und wird im Folgenden durch Jesus

können (vgl. *Puëch*, a.a.O., 486, skeptisch dagegen *J. Maier*, Die Qumran-Essener: Die Texte vom Toten Meer, Band II, München/Basel 1995, 683 mit Anm. 651), so dürfte es jedenfalls kaum plausibel sein, die erwähnten Taten auf den Messias zu beziehen, denn ab Z.5 ist explizit vom Wirken Gottes selbst (vgl. אדני in Z.5 und 11) die Rede. Auch der Verweis auf den sowohl in Q 7,22 als auch in 11Q13 (11QMelch) II 18 zitierten Text Jes 61,1 kann diese Lücke nicht schließen, denn zum einen ist – anders als in 11Q13 – in Q gerade nicht von dem Gesalbten die Rede, andererseits werden in dem Qumrantext die Taten aus Q 7,22 und 4Q521 nicht erwähnt. Aufschlußreich ist freilich, daß auch in 11Q13 eine Verbindung zwischen dem endzeitlichen Boten und der εὐαγγελ-Terminologie hergestellt wird – hier durch die Erwähnung des εὐαγγελιζόμενος aus Jes 52,7 (Z.15f.).

selbst korrigiert werden, gleichwohl ist deutlich, daß der Präsentation des *tatsächlichen Ereignens* der βασιλεία hier ungleich mehr Raum gewidmet wird, als dies in Q der Fall ist.

Der Grund hierfür dürfte in gerade entgegengesetzter Richtung zu denjenigen Versuchen, die hier einen mehr oder weniger geglückten Integrationsversuch einer anderen Christologie vermuten, zu suchen sein. Gerade weil der von Jesus verkündete Anbruch der Gottesherrschaft für die Adressaten des MkEv ambivalent, undeutlich und allenfalls als „kontrafaktische Wahrheit" wahrnehmbar ist, muß die Tatsache ihres Ereignens erzählt werden[335]. Gerade weil sich die Gottesherrschaft nur im Verborgenen manifestiert, müssen die Jünger Jesu über das μυστήριον τῆς βασιλείας explizit unterrichtet werden, welches in dem von außen nicht wahrnehmbaren Zusammenhang von unscheinbarem Beginn in der Gegenwart und machtvoller Vollendung durch Gott selbst in der Zukunft besteht.

Dieser Befund deutet darauf hin, daß die Machttaten Jesu unmittelbar mit der Problematik seiner Identität zu tun haben, die auf der Erzählebene umstritten ist und deren endgültige Lösung erst in der Zukunft erfolgen wird. Daß sie mitunter mit einem Geheimhaltungsverbot belegt werden, verbindet sie dabei mit dem Christusbekenntnis des Petrus. Auf diese Weise wird ein enger Zusammenhang zwischen dem Anbruch der Gottesherrschaft und Jesus als deren entscheidendem Repräsentanten hergestellt.

Dieser Zusammenhang ist jedoch nicht so aufzufassen, daß Jesus selbst das in K.4 genannte μυστήριον sei[336]. Vielmehr besteht das μυστήριον τῆς βασιλείας in deren gegenwärtiger Verborgenheit und zukünftiger, durch Gott und das Kommen des Menschensohnes heraufgeführter

---

[335] *Schmücker* hat richtig beobachtet, daß ohne die Wundergeschichten „[d]ie βασιλεία-Verkündigung ... innerhalb der markinischen Jesus-Erzählung eigentümlich uneingelöst (bliebe)", da „[e]rst durch die Wundergeschichten ... sichtbar (wird), was das Nahesein der βασιλεία τοῦ θεοῦ bedeutet". Vgl. *ders.*, Wundergeschichten, 21.

[336] So *Theobald*, Gottessohn, 46 mit Anm. 31.

Vollendung[337]. Damit erweisen sich die Konzeption der verborgen anbrechenden Gottesherrschaft und diejenige der umstrittenen, von Jesus selbst immer wieder mit „Publikationsverbot" belegten Identität Jesu als zwei einander korrespondierende Linien, die in 8,38-9,1 zusammengeführt werden, wenn dort der Hinweis auf das Kommen des Menschensohnes durch die Ankündigung des baldigen Hereinbrechens der Gottesherrschaft fortgesetzt wird. Die Machttaten Jesu bedeuten somit den Beginn der Gottesherrschaft, sie offenbaren seine Identität jedoch nur teilweise[338].

Aus diesen Beobachtungen lassen sich nunmehr einige für die Frage der Christologie in Mk und Q grundlegende Schlußfolgerungen ableiten.

1) Zunächst ist deutlich erkennbar, daß das Entscheidende des Kommens Jesu in dem damit verbundenen Anbruch der Gottesherrschaft gesehen wird. Die Darstellung der Christologie von Mk und Q hat darum bei dem Befund einzusetzen, daß Jesus der für den Beginn der Aufrichtung

---

[337]   Die viel erörterte Frage nach dem Zusammenhang von Basileia-Thematik und Christologie wird man also nach der hier vertretenen Auffassung nicht im Sinne *Wredes* u.v.a. zu lösen haben, die beides unmittelbar miteinander verknüpfen, das Messiasgeheimnis also mit dem μυστήριον τῆς βασιλείας aus 4,11 identifizieren. In den Gleichnissen geht es jedoch nicht um die Frage nach der Identität Jesu, sondern um diejenige nach Beginn und Vollendung der Gottesherrschaft. Die Frage, wie das Wesen Jesu zu beschreiben ist, ist hiervon noch einmal zu unterscheiden.

[338]   *Theobald*, Gottessohn, 70, bemerkt darum zu Recht, daß die Machttaten Jesu „nicht isoliert zu betrachten, sondern einzuordnen (sind) in die übergreifende Dynamik der anbrechenden Gottesherrschaft." Schwerlich überzeugend ist dagegen sein Urteil, daß nach Markus „nicht die Heilungen und Exorzismen *heilsbegründend* waren, sondern allein die Ereignisse um den ‚Menschensohn': sein Tod am Kreuz sowie sein erhofftes Eintreten als Auferstandener für die an ihn Glaubenden beim nahen Gericht" (ebd., dort kursiv). Der Tod am Kreuz ist bei Markus kaum „heilsbegründend", sondern Teil des göttlichen Planes mit dem Menschensohn Jesus, der sein Ziel in der Vollendung der Gottesherrschaft hat. Die in den Machttaten anbrechende βασιλεία darf darum bezüglich ihrer Heilsrelevanz dem Geschehen um den Menschensohn nicht nachgeordnet werden.

der Gottesherrschaft entscheidende Repräsentant ist. Die Bedeutung der ihm beigelegten Bezeichnungen erschließt sich erst aus dieser Perspektive.

Daß es für die frühen Christen jemals einen „unmessianischen Charakter von Leben und Wirken Jesu" gegeben habe[339], mutet angesichts dieses Befundes dagegen unwahrscheinlich an. Die entscheidende Weichenstellung in bezug auf die paulinische Christologie liegt demzufolge darin, daß im synoptischen Bereich Christologie von Beginn an als Funktion der Deutung des Auftretens Jesu zu begreifen ist. Man kann deshalb mit Gerhard Dautzenberg fragen, ob dies in traditionsgeschichtlicher Hinsicht nicht für ein *Prae* der sich in Mk und Q widerspiegelnden Konzeptionen spricht[340].

2) Sowohl für Mk als auch für Q ergibt sich vor diesem Hintergrund die Frage nach dem Verhältnis von Anbruch und Vollendung der Gottesherrschaft. Bei Mk wird dies in besonderer Weise zum Problem, was vermutlich mit der Situation des jüdischen Krieges und der daraus erwachsenden Situation der Jesusanhänger in Zusammenhang steht. Dies führt zur mk Theorie vom „Geheimnis der Gottesherrschaft", welches in deren verborgenem Anfang besteht, den man erkennen muß, um zu denen zu gehören, die der Menschensohn bei seinem Kommen einsammeln wird (13,27). In Q werden dagegen der kleine Anfang und das große Ende einander gegenübergestellt[341], wobei der Akzent auf der Mahnung zur Wachsamkeit angesichts des unerwarteten Kommens des Menschensohnes liegt.

---

[339] So *Schmithals*, Ursprung, 305.
[340] Vgl. *Dautzenberg*, Wandel, 23f.
[341] Aufschlußreich ist hier etwa ein Vergleich der Rezeptionen des Senfkorngleichnisses. Innerhalb von Mk 4 bildet dieses den Abschluß der mit V.3 beginnenden Unterweisung ἐν παραβολαῖς und bringt somit die in dem Gleichnis von der Aussaat begonnene Schilderung über die Ambivalenz gegenwärtiger Akzeptanz der βασιλεία mit einem Ausblick auf das Ende zum Abschluß. In Q dagegen wird durch die Koppelung mit dem Gleichnis vom Sauerteig der Akzent auf die sukzessiv verwandelnde Wirkung gelegt, die die einmal „ausgesäte" βασιλεία zeitigt.

3) Innerhalb der dargestellten Konzeptionen ist auch die jeweilige Deutung des Todes Jesu anzusiedeln. Nicht zufällig wird dieser mit der Problematik zu vergebender Sünde bei Mk allenfalls am Rande[342], in Q überhaupt nicht in Zusammenhang gebracht. Wichtiger dagegen ist die Aussage, daß Gott seinen Repräsentanten trotz dessen scheinbaren Scheiterns bestätigt und das von diesem begonnene Werk zu Ende führen wird. Bei beiden ist diesbezüglich die postmortale Erhöhung Jesu vorausgesetzt, die die Grundlage für die Überzeugung bildet, daß er selbst beim endzeitlichen Gericht als richtender Menschensohn auftreten wird[343], bei Mk findet sich zusätzlich die Ankündigung der Auferstehung sowie deren Verifikation in dem Bericht von der Auffindung des leeren Grabes.

4) Wie im Folgenden näher zu zeigen sein wird, ist der entscheidende Ausdruck, mit dem der Anspruch Jesu, Repräsentant der βασιλεία zu sein, zur Sprache gebracht wird, weder χριστός noch υἱὸς τοῦ θεοῦ, sondern ὁ υἱὸς τοῦ ἀνθρώπου. Ausgehend von diesem lassen sich dann auch die weiteren Bezeichnungen einem Gesamtbild zuordnen. Dieser Befund führt dazu, die Frage nach der Christologie in Mk und Q auf der Basis der Parallelität von βασιλεία-Konzeption und Menschensohn-Ausdruck zu entwerfen[344]. Im Folgenden ist darum der Verwendung dieses Ausdrucks nachzugehen.

---

[342]   Die Wendungen δοῦναι τὴν ψυχὴν αὐτοῦ λύτρον ἀντὶ πολλῶν in 10,45 bzw. αἷμα τῆς διαθήκης τὸ ἐκχυννόμενον ὑπὲρ πολλῶν mit Sündenvergebung in Zusammenhang zu bringen, ist jedenfalls nicht zwingend. Selbst wenn man dies tut, lassen sich die Stellen kaum zu einem kohärenten Deutungskonzept des Todes Jesu zusammenfügen, sondern bleiben als isolierte Aussagen stehen. Den Akzent trägt dagegen das apologetisch-heilsgeschichtliche Konzept des göttlichen δεῖ der Leidensweissagungen.

[343]   Mk 8,38; 13,26f.; 14,62; Q 11,30; 12,8f.39f.; 17,23f.

[344]   Dieser Weg ist durch die seit *Bultmanns* Einteilung der Menschensohn-Worte in die drei bekannten Gruppen in Gang gekommene Diskussion darüber, welche Gruppe für den irdischen Jesus reklamiert werden könne, sowie durch *Vielhauers* Diktum, Gottesreich und Menschensohn seien konkurrierende Konzepte, eher erschwert worden. In der Q-Forschung wirken diese Prämissen bis in die jüngste Diskussion hinein nach.

3 Jesus, der Menschensohn. Zum Ansatz der Christologie in Markus und Q

1) Die christologische Frage par excellence in Mk und Q ist die Frage nach der Identität dessen, der mit dem Anspruch auftritt, sein Wirken bedeute den Beginn der Gottesherrschaft. Auf der Erzählebene wird dies dadurch zum Ausdruck gebracht, daß angesichts des vollmächtigen Wirkens die Fragen τί ἐστιν τοῦτο; (Mk 1,27), τίς ἄρα οὗτός ἐστιν; (Mk 4,41), πόθεν τούτῳ ταῦτα, καὶ τίς ἡ σοφία ἡ δοθεῖσα τούτῳ, καὶ αἱ δυνάμεις τοιαῦται διὰ τῶν χειρῶν αὐτοῦ γινόμεναι; (Mk 6,2) bzw. σὺ εἶ ὁ ἐρχόμενος; (Q 7,19) gestellt werden und nach Mk 6,14-16 und 8,28 Irritationen darüber entstehen, wer Jesus sei. Im Folgenden soll dargelegt werden, daß die Antwort hierauf von einer Analyse der Verwendung des Menschensohn-Ausdrucks ausgehen sollte, wogegen υἱὸς θεοῦ eine dem untergeordnete Kategorie zur Bezeichnung des Gottesverhältnisses darstellt, jedoch keine Antwort auf die Frage nach der Identität Jesu bereithält[345], die Verwendung von χριστός bei Mk durch den Menschensohn-Ausdruck inhaltlich gefüllt wird, wogegen andere Ausdrücke kein vergleichbares Eigengewicht erlangen, sondern dem Menschensohn-Konzept einzuordnen sind[346].

---

[345] *Dautzenberg* formuliert darum zu Recht: „Wenn es einen Titel gibt, der im Markusevangelium alle Aspekte und Stadien der Geschichte Jesu von seinem Auftreten in Galiläa bis zu seiner Parusie integriert, dann ist es der Titel ‚Menschensohn' und nicht der Titel ‚Sohn Gottes'." Vgl. *ders.*, „Sohn Gottes", 102. Für Q gilt Analoges, vgl. *Hoffmann*, Studien, 142-158 und bereits *Tödt*, Menschensohn, 224-245. Anders dagegen *Theobald*, Gottessohn, 46, der von dem „für ihn [sc.: Markus, J.S.] bzw. seine Gemeinde christologisch maßgebenden Gottessohn-Titel" spricht, der seinerseits den Christus-Titel deute. Die Aussage, daß diese „Titel" in bezug auf die Frage nach der Identität Jesu „Antwortcharakter" besitzen würden (a.a.O., 66), ist jedoch dahingehend einzuschränken, daß sie von außen an Jesus herangetragen, von ihm selbst jedoch mittels des Menschensohn-Ausdrucks interpretiert werden.
[346] Nach *Kingsbury*, Christology, wird der Ausdruck „Son of Man" von Markus freilich gerade nicht dazu verwandt, seine Leser über die Identität Jesu aufzuklären, sei aber dennoch als „a title of maj-

2) Ein sinnvoller Einstieg ist die schon häufig herausge-
stellte Beobachtung, daß der Ausdruck ὁ υἱὸς τοῦ
ἀνθρώπου darin eine Besonderheit aufweist, daß er ausschließlich im Munde Jesu selbst begegnet[347]. Umgekehrt
nennt sich Jesus (fast) nie χριστός[348] oder υἱὸς θεοῦ. Diese Bezeichnungen werden vielmehr von außen an ihn herangetragen[349]. Des weiteren wird mit den Menschensohn-

esty" zu verstehen (a.a.O., 159-173). Ausschlaggebend für diese
Sicht ist *Kingsbury*s Argument, durch den Menschensohn-Ausdruck
werde das Geheimnis der Identität Jesu gerade nicht gelüftet (a.a.O.,
171). Dieses sei dagegen über die Ausdrücke „Messiah", „Son of
David", „King of the Jews" und „Son of God" zu erfassen. Dies
stellt jedoch den Befund auf den Kopf. Wer Jesus ist, wird gerade
mit Hilfe der Menschensohn-Aussagen zur Sprache gebracht, die
somit erst eine Grundlage für die Einordnung der Christus- und
Sohn Gottes-Aussagen darstellen und diese in bestimmter Hinsicht
qualifizieren. Wie dies geschieht, wird noch näher darzulegen sein.
[347]   Von den Ausnahmen Joh 12,34; Apg 7,56, die diesen Befund
nicht grundsätzlich verändern, kann hier abgesehen werden.
[348]   Mk 9,41 ist eine Ausnahme, die das nachösterliche Christusbekenntnis reflektiert, die Erzählebene also durchbricht. Die Inkonse-
quenz, daß Jesus sich hier selbst als Christus bezeichnet, hat schon
Mt empfunden und in εἰς ὄνομα μαθητοῦ geändert.
[349]   Davon zu unterscheiden ist noch einmal die Selbstbezeichnung
Jesu als ὁ υἱός in Mk 13,32 und Q 10,22. Der hier genannte Befund
wird durch eine Analyse beider Stellen insofern gestützt, als es sich
in beiden um eine Interpretation des Menschensohn-Ausdrucks mit
Hilfe der Relation υἱός – πατήρ handelt. Mk 13,32 steht im Kontext
der Rede über die apokalyptischen Ereignisse und spricht dabei von
Engeln, Sohn und Vater. Das Szenario gleicht damit demjenigen von
8,38, wo vom Kommen des Menschensohnes ἐν τῇ δόξῃ τοῦ πατρὸς
αὐτοῦ μετὰ τῶν ἀγγέλων τῶν ἁγίων die Rede ist. Auch dort wird
also der Menschensohn bereits als Sohn des Vaters aufgefaßt. (Vgl.
auch *Lindars*, Son of Man, 112f.) In bezug auf Q 10,22 ist zunächst
darauf hinzuweisen, daß das Wort gemeinsam mit 9,58 einen Rahmen um den zweiten Teil von Q bildet und somit einem Menschen-
sohn-Wort korrespondiert. Des weiteren ist inhaltlich wahrscheinlich zu machen, daß die Rede von der exklusiven Stellung Jesu als
des Sohnes zu Gott als Vater in Korrespondenz zu denjenigen Aussagen steht, die von dem Auftreten des Menschensohnes beim endzeitlichen Gericht sprechen (vgl. etwa 11,30; 12,8f.). Jesus als derjenige, dem von Vater alles übergeben wurde, ist für Q der Menschensohn Jesus, der sich im Gericht zu seinen Bekennern bekennen und

Worten jeweils eine Prädikation verbunden, mittels derer Jesus als der mit Vollmacht zur Sündenvergebung Ausgestattete, als Herr über den Sabbat, als von Israel Abgelehnter, als Heimatloser, als Leidender, Sterbender und Auferstehender oder als zum Endgericht Wiederkommender dargestellt wird[350]. Auch hierin liegt ein charakteristischer Unterscheid zu den χριστός- und υἱὸς θεοῦ-Aussagen. Mit dem Christus-Titel ist an keiner Stelle eine Prädikation verbunden, die diesen näher erläutern würde, abgesehen von der zweimaligen Zusammenstellung mit der – ihrerseits freilich selbst erklärungsbedürftigen – Bezeichnung υἱὸς θεοῦ (bzw. υἱὸς τοῦ εὐλογητοῦ) in Mk 1,1 und 14,62. Mittels der Sohn Gottes-Bezeichnung wird an zwei Stellen bei Mk die Annahme zum Sohn durch Gott selbst vorgenommen bzw. bestätigt (1,11 bzw. 9,7). Die konkrete Bedeutung dieser Bezeichnung läßt sich jedoch ebenfalls nur aus der Relation erheben, in der diese zu dem Menschensohn-Ausdruck steht. Drittens wird durch die Verwendung des Menschensohn-Ausdrucks deutlich gemacht, daß in den verschiedenen Stadien des Weges Jesu stets von derselben Person die Rede ist. Der Ausdruck dient somit dazu, irdische Vollmacht, Niedrigkeit sowie endzeitliche Richterfunktion miteinander zu verbinden. Schließlich ist viertens auf die auffällige Positionierung der Menschensohn-Aussagen hinzuweisen, die auf deren besondere interpretatorische Bedeutung hinweisen. Finden sie sich bei Mk in allen drei Teilen des Evangeliums und zeigen auf, wie die Ausdrücke Christus und Gottessohn eigentlich zu verstehen sind, so rahmen sie in Q den ersten Komplex (6,20-7,35), eröffnen sodann den zweiten (9,58), der seinerseits durch die Aussage von Jesus als dem Sohn abgeschlossen wird (10,22). Im weiteren geht es sodann um das Verhältnis von irdischem Anspruch und endzeitli-

---

seine Verleugner verleugnen wird. Vgl. auch *Hoffmann*, Studien, 121f.

[350] Es ist darum unverständlich, warum *Theobald*, Gottessohn, 42f., vom „verhüllenden" bzw. „esoterischen" Charakter des Menschensohn-Ausdrucks spricht. Mit keinem anderen Ausdruck wird so viel über Jesus ausgesagt wie mit diesem.

cher Vollmacht (12,8f.) sowie schließlich um das Wiederkommen am Ende der Zeit (11,30; 12,40; 17,24).

3) Eine Besonderheit der mk Menschensohn-Verwendung
besteht darin, mittels dieses Ausdrucks die irdische Vollmacht Jesu herauszustellen. Dies ist in Q nicht in gleicher
Weise der Fall, was nicht bedeutet, daß dieser Aspekt in Q
weniger wichtig wäre. Vielmehr dürfte der Unterschied
darin liegen, daß Q von einer unmittelbaren Identität des
Irdischen mit dem Kommenden ausgeht und darum in den
Worten vom irdischen Jesus immer schon zugleich von
demjenigen spricht, der der kommende Richter ist[351].
Innerhalb des Komplexes Mk 2,1-3,6, der auf den Tötungsbeschluß der Gegner Jesu zuläuft, wird in den Menschensohn-Aussagen in 2,10 und 28 zum einen die eigentlich Gott vorbehaltene ἐξουσία zur Sündenvergebung
(vgl. V.7c) von Jesus für sich reklamiert, zum anderen sein
κύριος-Sein in bezug auf den Sabbat behauptet. Wichtig
hierbei ist, daß bereits die erste Stelle, an der sich Jesus
als Menschensohn bezeichnet, im Kontext eines
βλασφημία-Vorwurfs steht und damit den Beginn des
Konfliktes mit den jüdischen Autoritäten markiert. Dies ist
für die Komposition des MkEv von Bedeutung, weil die
letzte Menschensohn-Aussage in 14,62 wiederum in einem
solchen Bezugsrahmen steht (vgl. 14,64)[352]. Dadurch wird
deutlich, daß es der Anspruch des Menschensohnes Jesus
ist, der zu seiner Ablehnung und schließlichen Tötung geführt hat. In bezug auf die Christus- und Sohn Gottes-
Aussagen ist somit festzuhalten, daß erst die durch den

---

[351]   Man könnte also sagen, für Q erübrigt sich eine separate Betonung der Vollmacht des irdischen Jesus. Der von „diesem Geschlecht" abgelehnte, in die Nachfolge rufende ist immer zugleich
auch schon der in Vollmacht wiederkommende Menschensohn Jesus. Erst wo diese Identität zum Problem wird – wie bei Mk –, muß
sie näher begründet werden.
[352]   Auf diese *inclusio* macht auch *Theobald*, Gottessohn, 47, aufmerksam.

Menschensohn-Ausdruck erfolgende Interpretation dieser Bezeichnungen zu Verwerfung und Tötung Jesu führt[353]. Eine zweite Perspektive, die Mk und Q miteinander verbindet, ist die Rede von der Niedrigkeit des Menschensohnes. Für Mk ist dabei besonders hervorzuheben, daß die das Petrusbekenntnis aus 8,29 interpretierende und das vorangegangene Schweigegebot damit motivierende Menschensohn-Aussage aus 8,31 gegenüber der herkömmlichen Vorstellung vom Gesalbten Gottes[354] eine Neufassung bedeutet. Da dies – sieht man von der artikellosen, überschriftartigen Erwähnung in 1,1 ab – das erste Vorkommen der Christusbezeichnung in deutlich titularem Verständnis ist, kommt der Tatsache, daß es durch den bereits in bestimmter Hinsicht qualifizierten Menschensohn-Ausdruck fortgesetzt wird, für die christologische Gedankenführung der mk Erzählung hervorragende Bedeutung zu. Angesichts des von Mk Berichteten ist es nämlich keineswegs selbstverständlich, daß Jesus als ὁ χριστός bezeichnet wird. Vielmehr muß dieser Ausdruck erst problematisiert und in bestimmter Hinsicht qualifiziert wer-

---

[353]   In der mk Erzählung ist der Tötungsbeschluß längst gefaßt, bevor Jesus zum ersten Mal von einer Erzählfigur als Christus bezeichnet wird. Des weiteren ist auf 12,35-37 hinzuweisen, wo das herkömmliche Verständnis des χριστός von Jesus zur Disposition gestellt wird, indem er mittels eines Schriftargumentes nachweist, daß der Christus kein Davidide ist. Vgl. hierzu *Breytenbach*, Das Markusevangelium, Psalm 110,1 und 118,22f., 202-208.

[354]   Wie immer man in der traditionsgeschichtlichen Frage urteilen mag, deutlich dürfte sein, daß Markus seine Neufassung des χριστός-Begriffs angesichts des Wirkens und Geschickes Jesu gegenüber einem Verständnis im Sinne der königlichen Messianologie vornimmt, wie es etwa durch PsSal 17 und 18; 4Q252 1 V sowie dann durch 4Esr und syrBar bezeugt wird. Evtl. ist auch 1QSa II 12.14.20 hierzu zu rechnen. Erst unter dieser Voraussetzung ergeben die Pilatus-Frage σὺ εἶ ὁ βασιλεὺς τῶν Ἰουδαίων; (15,2), die Kreuzesinschrift sowie die spöttische Aufforderung ὁ χριστὸς ὁ βασιλεὺς Ἰσραὴλ καταβάτω νῦν ἀπὸ τοῦ σταυροῦ in 15,32 einen Sinn. Für die hier verfolgte Argumentationslinie kann darum darauf verzichtet werden, zur Diskussion um Herkunft und Bedeutung der Christusbezeichnung, die durch *Karrer*, Der Gesalbte, neu angestoßen wurde, Stellung zu nehmen. Vgl. jedoch die kritischen Bemerkungen von *Zeller*, Transformation, 155-162.

den. Indem Mk dies tut, bindet er zwei Linien christologischer Entwicklung im Urchristentum zusammen, indem er das Christusbekenntnis der vorpaulinischen Tradition mit der Jesusüberlieferung verknüpft, die offensichtlich weniger am Christusbekenntnis als am Menschensohn-Ausdruck orientiert war[355].

Daß der Christustitel in Q nicht begegnet, nimmt angesichts dieses Befundes nicht wunder. Für Q ergibt sich nicht die Notwendigkeit, diesen Titel neu zu interpretieren, da mittels des – offenbar näherliegenden – Ausdrucks „Menschensohn" die wesentlichen Aspekte der Bedeutung Jesu zur Sprache gebracht werden konnten[356]. In Analogie zu den mk Aussagen von Niedrigkeit und Leiden des Menschensohnes stehen hier diejenigen von der Ablehnung durch „dieses Geschlecht" (7,34) sowie der Heimatlosigkeit (9,58). In gewisser Weise lassen sich auch 6,22 und 12,10 hierzu rechnen, wo die Ablehnung des Menschensohnes mit derjenigen seiner Anhänger ursächlich

---

[355] Dies erinnert in gewisser Weise an *Bultmanns* These vom MkEv als Verbindung des hellenistischen Christuskerygmas mit der Jesusüberlieferung. Freilich liegt der entscheidende Unterschied darin, daß *Bultmann* dem MkEv selbst keine eigene Christologie zuerkannt, sondern lediglich eine Übernahme des Kerygmas aus dem hellenistischen Bereich postuliert hatte. Demgegenüber wird hier die Auffassung vertreten, daß das MkEv – ausgehend von einer Christologie mit den „Brennpunkten" Gottesherrschaft und Menschensohn – eine tiefgreifende Reflexion und Modifikation des Christusbekenntnisses bietet und dieses auf eine neue theologische Basis stellt. Darin kann wohl die spezifische theologische Leistung des Markus gesehen werden. Auf dieser Linie liegt auch der Beitrag von *Theobald*, Gottessohn, der gegenüber *Bultmann* ins Feld führt, daß die eigenständige Christologie des Markus „nicht ohne weiteres in die vorpaulinische Traditionslinie eingezeichnet werden darf" (a.a.O., 57). Fraglich bleibt bei seinem Beitrag indes, ob man von einem vormk „Kerygma von [Jesu] Sterben, Auferstehen und Kommen zum Gericht" ausgehen sollte, welches durch Mk in die Passionsgeschichte umgesetzt worden sei (ebd.).

[356] Die historische Frage, ob Jesus als Messias gekreuzigt wurde (so z.B. *Dahl*, Crucified Messiah, 37), wird hier nicht weiter verfolgt. Nimmt man dieses an, würde die Deutung des Todes Jesu in Q dies jedenfalls nicht für so relevant erachtet, daß es zu einer theologischen Neuinterpretation des Christustitels geführt hätte.

verknüpft wird. Q reflektiert in diesen Aussagen somit die Ablehnung und Feindschaft, die Jesus entgegengebracht wurden, auch wenn dies nicht explizit mit seinem Sterben in Zusammenhang gebracht wird.

Ein letzter Aspekt betrifft schließlich die Verknüpfung des gegenwärtigen mit dem zukünftigen Menschensohn. Als Ausgangspunkt hierfür bietet sich die Doppelüberlieferung Mk 8,38/Q 12,8f. an, wo gegenwärtiges Verhalten gegenüber dem Menschensohn in direkte Relation zu dessen Verhalten im endzeitlichen Gericht gesetzt wird[357]. Diese „Scharnierstelle" der Menschensohn-Verwendung stellt die Identität des irdischen Jesus mit dem zum Gericht kommenden Menschensohn explizit heraus. Sie bildet damit zugleich ein Bindeglied zwischen Menschensohn und Gottesreich, insofern beide Ausdrücke mit Jesus verbunden sind und darüber hinaus eine eschatologische Bedeutungskomponente beinhalten. Weiter wird erkennbar, daß sowohl in Mk als auch in Q ein unmittelbarer Zusammenhang zwischen der Nachfolge-Thematik und dem beim endzeitlichen Gericht auftretenden Menschensohn Jesus hergestellt wird, mit dem Unterschied, daß Mk nur das Nicht-Schämen, Q dagegen das offene Bekenntnis fordert.

In der weiteren Ausgestaltung der Rede vom kommenden Menschensohn fällt als Differenz ins Gewicht, daß Mk diese explizit mit Dan 7,13f. begründet, die Bedeutung des Menschensohn-Ausdrucks also im Blick auf sein endzeitliches Wiederkommen von dieser Schriftstelle her füllt (13,26f.; 14,62). Die angesichts des vollmächtigen Wirkens im ersten Teil aufgetauchte und durch die Leidensaussagen im zweiten Teil zugespitzte Frage nach der Identität Jesu findet hier also ihre Auflösung: Der Zusammenhang von Vollmacht und Leiden erschließt sich durch die Einsicht, daß Jesus der bereits in der Schrift angekündigte,

---

[357] Trotz der wiederholt von *Hoffmann* vorgebrachten Sicht, der Menschensohn-Ausdruck in Q 12,8f. sei erst von Lk eingefügt worden, wird hier mit der Mehrheit der Forschung davon ausgegangen, daß die Änderung durch Mt erfolgte, der Menschensohn-Ausdruck also für Q vorausgesetzt werden kann. Zur Auseinandersetzung mit *Hoffmann* vgl. *Schröter*, Erinnerung, 362-365.

endzeitlich wiederkommende Menschensohn ist[358]. In Q, wo sich dieser Bezug auf Dan 7 nicht explizit findet, wird dennoch ein Zusammenhang zwischen Jesus als einem der von der Weisheit gesandten Boten (7,35) bzw. Propheten (11,49) und seiner endzeitlichen richterlichen Rolle hergestellt.

4) Angesichts dieses Befundes stellt sich die Frage nach der genauen Bedeutung des Ausdrucks „Menschensohn". In neuerer Zeit ist – in Ablehnung der These eines apokalyptischen Menschensohn-Konzeptes im Judentum des Zweiten Tempels[359] – dafür plädiert worden, den Ausdruck über seinen aramäischen Hintergrund semantisch zu füllen[360]. Es bleibt jedoch die Frage, was dieses Erklärungsmodell für die Verwendung des Ausdrucks in den Evangelien beisteuert[361]. Der aramäische Ausdruck (בר אנש(א ordnet den Sprecher, der diesen als Selbstbezeichnung verwendet, einer Gruppe zu, bedeutet also „jemand wie ich". Aus den Menschensohn-Worten in Mk und Q geht jedoch hervor, daß Jesus mit diesen seine gerade *Exklusivität* herausstellt. Dies läuft dem aramäischen Befund insofern zuwider, als es keinen Beleg für בר אנש(א) als Ersatz für das exklusiv verstandene Personalpronomen gibt[362].
Die plausibelste Möglichkeit, die Bedeutung des Ausdrucks zu bestimmen, ist somit, von den Aussagen der Evangelien selbst auszugehen[363]. Dient er dort dazu, den besonderen Anspruch Jesu auszudrücken, die damit ver-

---

[358]   Dagegen widerspricht es der Logik des Erzählgefälles, wenn *Theobald*, Gottessohn, 44, davon spricht, daß sich der Leser bzw. Hörer des MkEv in 2,28 bereits an 12,36f. „erinnert" sieht.

[359]   Vgl. etwa *Perrin*, Pilgrimage, 23-36.

[360]   Aus der umfangreichen Literatur sei genannt: *Vermes*, Use; *Casey*, General, Generic and Indefinite; *ders.*, Idiom and Translation; *Robinson*, Son of Man u.v.a.

[361]   Vgl. bereits die Einwände von *Fitzmyer*, "Son of Man".

[362]   Dies ist auch dann nicht anders, wenn man traditionsgeschichtlich zwischen verschiedenen Aussagen differenziert und einige als authentische Jesusworte ansieht. Welche Bedeutung der Ausdruck innerhalb von Markus und Q besitzt, ist damit nicht erklärt.

[363]   Vgl. die gründliche Analyse von *Hampel*, Menschensohn, 51-356.

bundene Ablehnung zu schildern und schließlich das durch seinen Tod nicht falsifizierte, sondern in die Zukunft verlagerte Offenbarmachen seiner Vollmacht anzusagen, so wird er zu einer Bezeichnung, mittels derer Gottesherrschaft und Person Jesu miteinander verknüpft werden. Im Blick auf den traditionsgeschichtlichen Hintergrund zeigt sich dagegen: Auch wenn kein fixiertes Menschensohn-Konzept als Hintergrund der frühchristlichen Verwendung nachweisbar ist, konnte der Ausdruck ὁ υἱὸς τοῦ ἀνθρώπου in Mk und Q dazu verwandt werden, die Vorstellung eines von Gott mit dem endzeitlichen Gericht beauftragten Repräsentanten auf Jesus anzuwenden und unter Rekurs auf Dan 7 zu untermauern[364].

Dieser Befund wird dadurch unterstützt, daß sich die Verwendung des Ausdrucks zur Bezeichnung einer endzeitlichen, von Gott bevollmächtigten Figur auch für äthHen 46; 48; 69; 71 und 4Esr 13 nachweisen läßt[365]. Auch wenn man von diesen Quellen absehen würde[366], bleibt die Tatsache bestehen, daß der Ausdruck ὁ υἱὸς τοῦ ἀνθρώπου mit Hilfe der Rezeption von Dan 7 zur Beschreibung des endzeitlichen Auftretens Jesu Verwendung finden konnte. Insofern sind die frühchristlichen zu den jüdischen Texten analoge Belege dafür, daß der Menschensohn-Ausdruck zur Beschreibung des endzeitlichen Repräsentanten Gottes verwandt wurde. Seine Verwendung in Mk und Q zeigt weiter, daß er bereits in einem frühen Stadium der Jesusüberlieferung dazu diente, das Wirken Jesu zu interpretieren. Dabei wurde nicht einfach ein Konzept auf ihn übertragen, sondern der Ausdruck angesichts seines Wirkens und Geschicks neu gefüllt.

---

[364]   *Hampel*, a.a.O., 7-48, bes. 36f.

[365]   Vgl. etwa *Collins*, Son of Man.

[366]   Der Wert dieser Texte für die Analyse der Evangelien ist wegen der Datierungsprobleme bekanntlich umstritten. Auch wenn jedoch beide erst vom Ende des 1. Jahrhundert (oder später) stammen sollten, ist in ihnen kein deutlicher christlicher Einfluß festzustellen. Für die jüdische Wirkungsgeschichte von Dan 7 lassen sich somit beide Texte heranziehen.

5) Das bisher Ausgeführte läßt sich folgendermaßen zusammenfassen. Sowohl in Mk als auch in Q wird das Wesen Jesu als des vollmächtigen Boten der Gottesherrschaft mittels des Menschensohn-Ausdrucks interpretiert, mit dem die entscheidenden Aussagen über seinen Weg verbunden sind. Gleichzeitig dient dieser Ausdruck bei Mk dazu, die Erwartung eines königlichen Gesalbten neu zu füllen und auf Jesus zu beziehen. Durch die Beschreibung des Wirkens Jesu mittels des auf Schriftverheißungen gründenden Wortes in Q 7,22f. bzw. durch die Präsentation der Machttaten bei Mk wird zudem deutlich, daß seine Bedeutung durch die mit dem königlichen Gesalbten verbundenen Erwartungen nicht ausreichend beschrieben werden kann.

Mk greift deshalb den bereits als cognomen Jesu existierenden Titel χριστός auf und füllt ihn durch die Einbindung in seine Jesuserzählung neu. Dabei ist nicht zu erkennen, daß er auf eine Tradition rekurrieren würde, in der der Christus-Titel mit dem Tod verbunden war, denn eine derartige *unmittelbare* Verbindung findet sich bei Mk – anders als bei Paulus – nicht[367]. Offensichtlich ist Mk jedoch daran gelegen, diesen Titel für Jesus beizubehalten und mit der aus der Jesusüberlieferung stammenden Menschensohn-Christologie zu verbinden. Daß sich für Q dieses Problem nicht stellt, deutet auf eine andere Kommunikationssituation hin. In dieser stand die Bedeutung des Menschensohnes Jesu im Blick auf die Identität von Irdischem und Kommendem im Vordergrund, der Akzent wurde somit auf den paränetischen und mit dem Gerichtdrohenden Aussagen gelegt.

6) Offen geblieben ist bislang die Einordnung der Sohn Gottes-Stellen innerhalb der dargestellten, am Menschensohn-Begriff orientierten Christologie. Hierzu ist zunächst darauf zu verweisen, daß sich bei Mk insofern ein der

---

[367] Markus stellt freilich eine eigene, narrative Verknüpfung des Gesalbtseins Jesu mit seinem Tod her, nämlich in der Salbungserzählung in 14,1-9: Der durch die namenlose Frau zum König gesalbte Jesus wird zugleich für sein Begräbnis gesalbt.

„Christus"-Verwendung analoger Befund formulieren läßt, als sowohl in 9,9 als auch in 14,62 „Sohn Gottes" durch den Menschensohn-Begriff interpretiert wird. Die Verwendung des Ausdrucks ist damit freilich noch nicht erschöpft. Vielmehr kommt er darüber hinaus in der Tauferzählung, als Anrede des unreinen Geistes in 5,7 und beim Bekenntnis des Hauptmanns in 15,39 vor. In Q begegnet er in der Versuchungserzählung als Anrede des διάβολος an Jesus.

Durch die Sohn Gottes-Bezeichnung wird somit die Beziehung Jesu zu Gott in den Blick genommen. Diese wird bei Mk durch die Geistverleihung und damit verbundene „Adoption" durch Gott sowie die Bestätigung dieses besonderen Gottesverhältnisses angesichts der ersten Leidensweissagung in 9,2-10 zur Sprache gebracht. Dies beantwortet freilich noch nicht die Frage, ob hier – vergleichbar etwa der erwähnten, von Mk vorausgesetzten königlichen Messianologie als Hintergrund der Neufassung des Christusbegriffs – ebenfalls ein bestimmtes Konzept im Hintergrund steht, auf welches in Mk und Q rekurriert würde.

Aus traditionsgeschichtlicher Perspektive ist zunächst nicht recht ersichtlich ist, warum Jesus überhaupt als „Sohn Gottes" bezeichnet wird, denn der χριστός wird in frühjüdischen Texten nie „Sohn Gottes" genannt. Das hierfür zuweilen herangezogene Fragment 4Q246 II[368] ist keine tragfähige Basis eines solchen Verständnisses, insofern die dortigen Erwähnungen eines „Sohnes Gottes" und „Sohnes des Höchsten" (ברה די אל) bzw. (בר עליון) als Bezeichnungen des Gesalbten keineswegs eindeutig sind[369]. Zu beachten ist weiter, daß der Ausdruck in Q nie mit denjenigen Schriftstellen in Beziehung gesetzt wird, die für eine derartige Verwendung zur Verfügung standen und andernorts auch rezipiert wurden, wie etwa 2 Sam 7,14 oder Ψ 2,7. Allenfalls für Mk könnte sich ein Verständnis

---

[368] Vgl. etwa *Collins*, Scepter, 154-164.
[369] Vgl. die Besprechung und inhaltliche Auswertung des Textes bei *Fitzmyer*, Contribution, 90-93. 102-107. Kritisch auch *Müller*, „Sohn Gottes", 2-4.

des Ausdrucks von dem in der Tauferzählung begegnenden Bezug auf Ψ 2,7 als Interpretation der zuvor berichteten Geistbegabung her ergeben[370].

Hingewiesen wurde auch auf die Verwendung in Weish 2-
5, wo der leidende Gerechte als „Sohn Gottes" bezeichnet
wird[371]. Die Analogien zu Mk und Q liegen darin, daß in
beiden Fällen dem gegenwärtigen Leiden die Unsterblich-
keit (Weish 3,4: ἀθανασία; 5,15; δίκαιοι δὲ εἰς τὸν αἰ-
ῶνα ζῶσιν), Auferstehung (Mk 8,31; 9,31; 10,34; 14,28;
16,6) bzw. Erhöhung (Q 13,35; 11,30[372]) gegenübergestellt
werden, mittels derer eine Rechtfertigung des gegenwärtigen Leidens durch Gott erfolgt. Allerdings bleibt zu beachten, daß ein Bezug zu diesem Text in Mk und Q nirgendwo hergestellt wird, es sich zudem um den exemplari-
schen Gerechten, also nicht um eine konkrete Einzelgestalt
(schon gar nicht um einen endzeitlichen Heilsbringer)
handelt[373], die Sohn Gottes-Bezeichnung bei Mk und Q
zudem nie in Leidensaussagen begegnet[374].

Aus diesem Befund ist zu folgern, daß sich die Verwendung der Sohn Gottes-Bezeichnung in Q als eine Analogie
zu derjenigen in Weish 2-5 (oder auch JosAs 6,3.5; 21,3,
wo Joseph als der Gott Gehorsame als „Gottessohn" bezeichnet wird) darstellt. In der programmatisch am Beginn
stehenden Versuchungsgeschichte erweist Jesus durch seine Abweisung der Versuchungen des διάβολος seine wahre Gottessohnschaft, die in seinem Gehorsam gegenüber
Gott besteht. Die exzeptionellen Versuchungen stellen sein
Gottesverhältnis dabei als ein in besonderer Weise vor-
bildliches heraus. Beziehungen zu seiner Niedrigkeit oder

---

[370]   Zur Rezeption beider Texte im frühen Christentum vgl. etwa
Hebr 1,5. Ψ 2,7 steht bekanntlich möglicherweise auch hinter der
Himmelsstimme bei der Taufe Jesu in Mk 1,11. 2 Sam 7,14 wird
außerdem in 4Q174 III 1 rezipiert, wobei es hier um die Erfüllung
der als Weissagung auf den kommenden Sproß Davids verstandenen
Schriftstelle, nicht um dessen Apostrophierung als Sohn Gottes geht.

[371]   So etwa *Müller*, „Sohn Gottes".

[372]   Vgl. *Zeller*, Entrückung.

[373]   Vgl. etwa den Plural in Weish 3,1-9.

[374]   Eine Ausnahme stellt Mk 15,39 dar, wo der Hauptmann gerade
angesichts des Todes die Gottessohnschaft Jesu bekennt. Vgl. gleich
die Bemerkungen zu dieser Stelle.

seiner Funktion als endzeitlicher Heilsbringer werden dagegen mit Hilfe dieses Ausdrucks nicht hergestellt.

Bei Mk läßt sich in dem eben beschriebenen Sinn lediglich das Bekenntnis des Hauptmanns verstehen, der angesichts des Kreuzestodes den Gehorsam Jesu als Ausdruck von dessen Gottesverhältnis versteht und ihn darum als υἱὸς θεοῦ (wie in Q 4,3.9 ohne Artikel) bezeichnet. Für die anderen Stellen reicht ein solches Verständnis dagegen nicht aus. So wird in der Tauferzählung die Verleihung des Geistes mit der Sohnschaft verbunden, die Jesus zum Bevollmächtigten Gottes macht, der darum Macht über die Dämonen besitzt. Gerade anders als in Q ist Jesus bei Mk also von Beginn an (nämlich seit der Taufe) von Gott „adoptierter" Sohn, weshalb er als mit dem Geist Begabter Vollmacht hat, durch sein Wirken das Reich des Satans zu besiegen und das Gottesreich heraufzuführen (3,23-27).

Gegenüber der Versuchungserzählung in Q gewinnt die υἱὸς θεοῦ-Bezeichnung bei Mk also entscheidend an Gewicht. Er baut den Ausdruck in titularem Sinn aus, wodurch eine Nähe zu der Verwendung in Röm 1,3f. entsteht. Wird Jesus dort erst seit der Auferstehung als zum Sohn Gottes Eingesetzter bekannt, so steht diese Einsetzung bei Mk bereits am Beginn der Wirksamkeit, die damit als ganze unter dem Vorzeichen der Aufrichtung der βασιλεία τοῦ θεοῦ durch den geistbegabten Gottessohn steht. Das Bekenntnis des Hauptmanns in 15,39 läßt freilich erkennen, daß sich Mk der Ambivalenz der υἱὸς θεοῦ-Bezeichnung durchaus bewußt ist. Bezeichnet der Hauptmann Jesus angesichts seines Kreuzestodes als einen (!) gewesenen (!) υἱὸς θεοῦ, so läßt sich dies in die Traditionslinie von Aussagen, wie sie in Weish 2-5 begegnen, einordnen[375]. Der Leser des MkEv soll freilich die „wahre" Gottessohnschaft Jesu vor dem Hintergrund von 1,11; 9,7 und 14,61f. verstehen und deshalb das Bekenntnis des Hauptmanns als ergänzungsbedürftig erkennen.

---

[375] Nicht zufällig ändert Lk gerade an dieser Stelle die mk Formulierung in δίκαιος ἦν!

7) Bezüglich der Bezeichnung Jesu als κύριος läßt sich
wahrscheinlich machen, daß es sich hierbei in Mk und Q –
anders als etwa in Phil 2,11; Röm 10,9; 1 Kor 12,3 – nicht
um einen Ausdruck für den Erhöhten handelt. Vielmehr
verbleibt die hiermit verbundene Charakterisierung Jesu
auf der Ebene der Autorität des Irdischen. Die von der Rezeption von Ψ 109,1 (bzw. Ps 110,1) beeinflußte Vorstellung von Jesus als erhöhtem κύριος findet sich in Mk und
Q dagegen nicht[376]. Mk stellt in 12,35f. die Aufnahme dieser Schriftstelle unter die Frage, ob der Christus der Davidsohn ist (was durch das Schriftargument verneint wird),
was einen deutlichen Unterschied zu Apg 2,34f.; Röm
8,34; 1 Kor 15,25; Kol 3,1; Eph 1,20 und Hebr 1,3.13; 8,1;
10,12f. bedeutet, wo mit Hilfe dieses Verses die bereits
erfolgte Erhöhung Jesu ausgesagt wird. Die mk Verwendung des Psalms läßt sich dagegen nur von seinem Gebrauch des Christus-Titels her erfassen, der an der Erwartung des kommenden Menschensohnes orientiert ist.
Auch der in 1 Kor 16,22 und Did 10,6 aramäisch sowie in
Offb 22,20 griechisch belegte Gebetsruf μαράνα θά bzw.
ἔρχου κύριε Ἰησοῦ findet in der frühen Jesusüberlieferung keine Entsprechung. Aus der Verwendung des Ausdrucks in Q[377] sowie aus Mk 2,28; 7,28 und 11,3[378] geht

---

[376] Die Frage, wie es zur Anwendung des κύριος-Titels auf Jesus
kommen konnte, ist hier nicht zu erörtern. Die Diskussion ist dadurch mitbestimmt gewesen, daß die Wiedergabe des Jahwenamens
durch κύριος in den vorchristlichen LXX-Handschriften nicht belegt
ist (PapFouad 266: יהוה bzw. eine Lücke; 4Q24: ΙΑΩ; 8HevXIIgr:
יהוה), ein Befund, der auch durch Aquila- sowie Hexapla-Fragmente
gestützt wird. Dennoch läßt sich zeigen, daß Juden Gott als „Herr"
(מרה, κύριος) bezeichnen konnten (11Q10 XXIV 6; 4Q202 IV 5;
Jos, Ant. 13,68; 20,90; TestLev 18,2; grHen 10,9). Zudem bleibt die
Frage, was anstelle der in den LXX-Texten befindlichen Lücke bzw.
anstelle des Tetragramms, ΙΑΩ oder ΠΙΠΙ gesprochen wurde (vgl.
Fitzmyer, Background, 122f.).
[377] Er begegnet in bezug auf Jesus in Q 6,46; 7,6; 9,59 (innerhalb
von Gleichnissen bzw. Bildworten zudem in 12,42f.45f.; 13,25;
16,13 sowie 19,16.18), als Bezeichnung Gottes in 4,8.12; 10,2.21;
13,25.
[378] Die Verwendung in 12,9 und 13,35 liegt auf einer anderen
Sprachebene, insofern er hier innerhalb einer fiktionalen Erzählung
begegnet.

hervor, daß er stets gebraucht wird, um Jesu irdische Autorität auszudrücken. Die entscheidende Differenz zu ὁ υἱὸς τοῦ ἀνθρώπου liegt somit darin, daß der κύριος-Ausdruck gerade nicht dazu verwandt wird, eine hierüber hinausgehende Charakterisierung Jesu vorzunehmen.

8) Abschließend läßt sich formulieren, daß der Grundzug des christologischen Denkens von Mk und Q darin gesehen werden kann, den Anspruch des irdischen Jesus in den Horizont seines Wiederkommens zum Endgericht zu stellen. Hierzu wurde bei den Menschensohn-Aussagen angesetzt, die dann weitergebildet und auf den Wiederkommenden bezogen wurden. Bei Mk erfolgt zusätzlich die Integration der χριστός- und υἱὸς θεοῦ-Aussagen in dieses Modell, der dabei allerdings auch an der Menschensohn-Bezeichnung orientiert bleibt. Die Vorstellung des erhöhten, gegenwärtig regierenden κύριος bleibt dem Bereich der Jesusüberlieferung in diesem Stadium dagegen fremd und wird erst durch Mt und Lk eingeführt[379].
Angesichts dieses Befundes ist zu urteilen, daß der theologiegeschichtliche Ort der Jesusüberlieferung durch die Relevanz des Menschensohn-Ausdrucks als eines Leitbegriffs deutlicher umrissen werden kann. Dem treten andere Aspekte der Darstellung des Wirkens und Geschickes Jesu an die Seite. So läßt sich für Q eine „Sendungschristologie" ausmachen, insofern Jesus in der Konfrontation mit „diesem Geschlecht" gezeichnet, als τέκνον τῆς σοφίας apostrophiert (7,35) und in die Tradition des gewaltsamen Prophetengeschicks gestellt wird (vgl. auch 11,49f.; 13,34). Sein Auftreten wird somit vornehmlich im Horizont der Konfrontation mit dem ablehnenden Israel interpretiert und angesichts dieser Ablehnung verteidigt.
Wird die Problematik der Diskrepanz von Anspruch Jesu und seiner Ablehnung und Tötung in Q somit durch Rück-

---

[379] *Bousset*s These vom Gegenüber einer Menschensohn- und einer Kyrios-Christologie im ältesten Christentum wird durch die hier vorgetragenen Überlegungen somit in gewisser Weise durchaus ins Recht gesetzt. Seine Sicht der religionsgeschichtlichen Hintergründe sowie des Gegenübers von hellenistischem und palästinischem Bereich des frühen Christentums wäre dabei freilich zu modifizieren.

griff auf die Tradition von der auf Erden keinen Platz fin-
denden Weisheit in Verbindung mit dem gewaltsamen
Prophetengeschick gelöst, so entspricht dem bei Mk die
verborgene Identität Jesu[380], die es ermöglicht, an seinem
Anspruch auch angesichts seines Todes festzuhalten. Beiden Konzeptionen gemeinsam ist schließlich, daß sie die
Gegenwart als „Zwischenzeit" bis zur Vollendung der
Gottesherrschaft auffassen. In Q wird diese durch die Re-
präsentanz Jesu in seinen Boten gefüllt, was bei Mk keine
Entsprechung besitzt, dem aber in der paulinischen Christologie die Rede von der gegenwärtigen Herrschaft des
Κύριος Ἰησοῦς, bei Mt die Anwesenheit des Erhöhten in
seiner Gemeinde, bei Lk das Konzept des ἅγιον πνεῦμα
und bei Joh der an die Stelle Jesu tretende παράκλητος
korrespondiert.

4   Schlußfolgerungen

Die hier vorgetragenen Überlegungen führen zu folgenden
Konsequenzen.
1) Die häufig vertretene Auffassung, am Beginn der
urchristlichen Christologie habe das Bekenntnis zu dem
Auferweckten als dem Christus und dem erhöhten Gottes-
sohn gestanden, in welches dann die Menschensohn-
Aussagen eingepaßt worden seien[381], erfährt durch die
Analyse der narrativen Verarbeitung von Wirken und Ge-
schick Jesu in Mk und Q eine Modifikation. Das genannte
Modell geht davon aus, daß auch in Q das Bekenntnis zu
Jesus als dem Christus und Gottessohn vorausgesetzt, je-
doch nicht eigens expliziert worden sei[382]. Eine derartige
Annahme *e silentio* ist nicht per se auszuschließen, sie

---

[380]   Diese Formulierung ist vielleicht zutreffender als die gängige
Rede vom „Messiasgeheimnis". Diese ist insofern nicht ganz präzi-
se, weil eigentlich nicht die Messianität Jesu geheimgehalten wird
(diese muß vielmehr nur in der rechten Weise verstanden werden),
sondern seine wahre Identität als verachteter, getöteter und dennoch
vollmächtig wiederkommender Menschensohn.
[381]   So etwa *Merklein*, Auferweckung.
[382]   *Merklein*, a.a.O., 245 mit Anm. 82.

ordnet jedoch die in der frühen Jesusüberlieferung ausge-
bildete Interpretation des Wirkens Jesu zu schnell in Vorstellungen des vorpaulinisch-paulinischen Bereiches ein.
Die hier dargelegten Beobachtungen könnten dagegen in
eine andere Richtung weisen.

2) Im (galiläischen) Bereich der Jesusüberlieferung hat
sich eine eigenständige Interpretationsrichtung entwickelt,
die an der Basileia-Verkündigung Jesu sowie dem Menschensohn-Begriff orientiert war und diese Aspekte angesichts seines Todes sowie der Erfahrung seiner Auferstehung bzw. Erhöhung[383] zu der Erwartung des (baldigen)
endzeitlichen Heraufführens der Gottesherrschaft durch
Gott selbst sowie der Überzeugung, daß Jesus als Gottes
Repräsentant hierbei eine entscheidende Rolle spielen
werde, ausgebaut hat. Letzteres wurde bei Mk zusätzlich
mit einem Rückgriff auf Dan 7,13f. verdeutlicht. Für diese
Sicht spricht die Beobachtung, daß die Bezeichnungen
χριστός sowie υἱὸς θεοῦ in Q nicht bzw. nicht in titularem Sinn begegnen und bei Mk erst mit Hilfe des Menschensohn-Ausdrucks für die Interpretation des Auftretens
Jesu fruchtbar gemacht werden[384].

3) Der Christus- sowie der Sohn Gottes-Titel erhalten bei
Mk auf diese Weise eine deutlich eschatologische Ausrichtung. Dies betrifft auch das absolute ὁ υἱός in Q 10,22
und Mk 13,32, das vom Menschensohn-Begriff her zu in-

---

[383] Zur Interpretation der Wahrnehmungskategorien im Zusammenhang mit den Auferweckungs- und Erscheinungsaussagen vgl.
Lampe, Wissenssoziologische Annäherung, 357-361.

[384] *Hahns* These, die Bezeichnungen „Messias" und „Gottessohn"
seien ursprünglich auf die endzeitliche Funktion Jesu und erst sekundär auf seine Auferstehung und Erhöhung angewandt worden
(vgl. *ders.* Hoheitstitel, 180. 288), gewinnt in bezug auf die christologische Entwicklung im Bereich der Jesusüberlieferung durch die
hier angestellten Beobachtungen an Plausibilität. Offen bleibt vor-
erst, ob es sich bei der Erhöhungs- und Inthronisationsvorstellung in
der Tat um ein sekundäres Modell handelt, das erst angesichts der
Parusieverzögerung an die Stelle des ersteren getreten sei. Anders
als *Hahn* würde ich den pagan-hellenistischen Anteil an der υἱὸς
θεοῦ-Vorstellung sowie die Entwicklung der Menschensohn-
Konzeption einschätzen.

terpretieren ist[385]. Die Christologie von Mk und Q ist somit an der Erwartung der Wiederkunft des gegenwärtig abwesenden Menschensohnes Jesus ausgerichtet, die seine Nachfolger dazu verpflichtet, in der Zwischenzeit sein Wirken fortzusetzen, was bei Mk als κηρυχθῆναι τὸ εὐαγγέλιον εἰς πάντα τὰ ἔθνη (13,10) ausgedrückt wird.

4) Vertritt Q eine ganz am Wirken des irdischen Jesus orientierte Christologie und entwickelt diese mittels des Ausbaus der Menschensohn-Vorstellung, so integriert Mk den Christus- und den Sohn Gottes-Titel in seine Konzeption. Damit wird ein unterschiedlicher theologiegeschichtlicher Standort erkennbar: Steht Q ganz auf dem Boden der Jesusüberlieferung und interpretiert diese in nachösterlicher Zeit neu, so stellt Mk eine Verbindung zu dem Bekenntnis Ἰησοῦς Χριστός bzw. zu der Auffassung von dem Gottessohn Jesus als dem bevollmächtigten, geistbegabten Repräsentanten Gottes her. Dies geschieht jedoch nicht in der Perspektive des erhöhten κύριος, sondern des wiederkommenden Menschensohnes.

5) Die theologiegeschichtliche Konsequenz des hier Ausgeführten lautet somit, daß die Verbindung von Basileia-Verkündigung und Menschensohn-Christologie ein selbständiges Modell frühchristlicher Bekenntnisbildung darstellt, das erst sekundär – durch Mk – mit dem „antiochenischen" Modell der vorpaulinischen Tradition verbunden wurde. Dies sollte zu einer eigenen Akzentuierung der christologischen Entwicklung im Bereich derjenigen Entwürfe, die an der narrativen Verarbeitung der Jesusüberlieferung orientiert waren, führen. Daß hierbei von Beginn an bereits ein bestimmtes „Kerygma" vorausgesetzt gewesen sei, läßt sich jedenfalls anhand der Bekenntnisbildung in Mk und Q nicht aufweisen. Die christologische Entwicklung im Bereich der Jesusüberlieferung könnte sich mit anderer Gewichtung vollzogen haben, als dies oft angenommen wird. Der Menschensohn Jesus ist demnach der

---

[385]   Auch ohne die Annahme, in der Tradition hinter 1 Thess 1,9f. habe ursprünglich ein ὁ υἱὸς τοῦ ἀνθρώπου gestanden, ist deutlich, daß die Verwendung der Sohnes-Bezeichnung *in funktionaler Perspektive* der Rede vom kommenden Menschensohn in Markus und Q entspricht.

entscheidende Repräsentant der Gottesherrschaft, nur als dieser ist er dann auch der Christus und der Gottessohn. Im folgenden, das Buch abschließenden Kapitel soll dieses Ergebnis im Blick auf die mit Jerusalem und Galiläa bezeichneten urchristlichen Aufbrüche reflektiert und weitergeführt werden.

VII
Jerusalem und Galiläa.
Überlegungen zur Verhältnisbestimmung von Pluralität und Kohärenz für die Konstruktion einer Geschichte des Urchristentums

1 Das Problem

1.1 Die Geschichte des Urchristentums und der Charakter historischer Erkenntnis

In seinem Buch „Das Urchristentum als gegliederte Epoche" betont Jürgen Becker bereits im Vorwort, daß es ihm darum gehe, „die entscheidenden Konturen dieses ersten Abschnittes der Christentumsgeschichte und deren innere Bedeutung für die Beurteilung der Phänomene in den Blick [zu] nehmen"[386]. Bei aller notwendigen Detailarbeit dürfe die Notwendigkeit nicht aus dem Blick geraten, an einem Gesamtbild des Forschungsterrains zu arbeiten, wenn anders die neutestamentliche Wissenschaft der Geschichtsforschung der angrenzenden Disziplinen – wie etwa auf den Gebieten der griechisch-römischen Antike oder der Judaistik – ein Gesprächspartner sein wolle[387].

Diese Äußerungen Beckers sind in der gegenwärtigen Situation der neutestamentlichen Wissenschaft von besonderer Bedeutung. Die Aktualität seiner Forderung nach einem kohärenten Gesamtentwurf wird besonders daran deutlich, daß sich durch die Forschungen an der Logienquelle sowie an außerkanonischen Schriften Aspekte ergeben haben, die die Entwicklung des Urchristentums in einem neuen Licht erscheinen lassen könnten. Zur Disposition steht näherhin die Frage, wie sich die in Q sowie im EvThom erkennbaren Interpretationen der Verkündigung

---

[386] *Becker*, Urchristentum, 7.
[387] A.a.O., 10.

Jesu zu denjenigen Ansätzen verhalten, die ihren Ausgangspunkt in dem Zeugnis von Tod für die Sünden, Auferstehung und Erscheinung Jesu, wie es etwa in 1 Kor 15,3-5 summarisch niedergelegt ist, nehmen. Bereits ein vorläufiger Blick auf die genannten Entwürfe macht deutlich, daß bei der Rezeption der Jesusverkündigung Schwerpunkte gesetzt wurden, die sich von denjenigen des (vor)paulinischen Bereiches deutlich unterschieden. Somit stellt sich die Frage, wie sich diese Ansätze in ein Bild der ersten Jahrzehnte des Christentums integrieren lassen – und damit auch das Problem von Pluralität und Kohärenz –, auf neue Weise.

Die folgenden Ausführungen verstehen sich als Beitrag zu einem Gesamtverständnis der Geschichte des Urchristentums, das diesen Einsichten Rechnung trägt. Dabei ist an die in Kapitel I dargelegten Ausführungen zum erkenntnistheoretischen Status historischer Hypothesen anzuknüpfen. Im Blick auf die Jesusfrage wurde dort argumentiert, daß die Feststellung historischer Tatsachen und ihre Einordnung in einen übergreifenden geschichtlichen Zusammenhang historisch-kritische Arbeit an den Quellen (Droysens „Heuristik" und „Kritik") und kreativ-schöpferische Phantasie (Droysens „Interpretation") gleichermaßen erfordern, um „forschend zu verstehen" (Droysen)[388]. Wenn diese, von Humboldt und Droysen deutlich formulierte, in Max Webers Wissenschaftslehre aufgegriffene, in der von Positivismus und Historismus bestimmten Phase jedoch mitunter in den Hintergrund getretene Thematik in neuerer Zeit wieder verstärkt reflektiert wird[389], so geschieht dies unter veränderten erkenntnistheoretischen und sprachphilosophischen Prämissen, die sich auf die Grundlagen der Geschichtswissenschaft auswirken:

---

[388] Für die neuere Diskussion vgl. etwa *Lorenz*, Konstruktion, 367-436; *Goertz*, Umgang mit Geschichte, bes. 95-117; *Sellin*, Einführung, bes. 17-32. 125-139.

[389] Zur neueren Diskussion des Historismusbegriffs vgl. die Aufsätze von *Oexle*, Geschichtswissenschaft sowie die Beiträge in *Scholz*, Historismus. Zur Besprechung beider Bücher vgl. *Hertfelder*, Neue Ansichten vom Historismus.

Ereignisse und Tatsachen werden erst dadurch zur aktiv
angeeigneten Vergangenheit – und damit zum Bestandteil
der eigenen Geschichte und Konstitution von Identität –,
daß sie durch Erinnern und Erzählen im Gedächtnis semantisch organisiert, den Quellen somit durch spätere
Konstruktionen von Geschichten Sinnstrukturen zugeordnet werden[390]. Eine strikte Trennung von *res fictae* und *res
factae* ist bei der Beschäftigung mit den Zeugnissen aus
vergangenen Zeiten nicht durchzuhalten[391], und dies gilt
auch für die Diskussion um die Anfänge des Christentums.
Erwägungen zur Geschichte des Urchristentums sollten
diese Einsichten aus Erkenntnis- und Geschichtstheorie
aufgreifen. Sie besagen, daß wir es auch bei einer Konstruktion der Anfänge des Christentums nicht mit Tatsachen, die unabhängig von unserer deutenden Tätigkeit existieren würden, zu tun haben, weil Vergangenheit niemals
unabhängig von der Perspektive der jeweiligen Gegenwart
zugänglich ist. Bei Entwürfen der Frühzeit des Christentums handelt es sich vielmehr um Modelle, die die zugänglichen Quellen zu einem Gesamtbild verknüpfen und
somit notwendig einen perspektivischen, konstruierenden
Charakter besitzen. Als Geschichte gewinnt das Vergangene deshalb stets eine neue Qualität und ist nicht mit den
in der Vergangenheit geschehenen Ereignissen identisch.
In den folgenden Ausführungen soll vor diesem Hintergrund die oben angedeutete, für eine Geschichte des
Urchristentums zentrale Frage nach der Integration der
Jesusüberlieferung in ein historisches Modell aufgegriffen
werden.

---

[390] Zum kognitionstheoretischen Hintergrund von Gedächtnis und
Erinnerung vgl. *Schmidt*, Gedächtnis – Erzählen – Identität. Bezüglich der tropologischen Voraussetzungen historischer Erkenntnis ist
– trotz aller inzwischen vorgebrachter Kritik – immer noch überaus
hilfreich: *White*, Text und bereits *ders.*, Metahistory.
[391] Vgl. etwa *Jauß*, Gebrauch; *Mommsen*, Sprache; *Fried*, Wissenschaft und Phantasie.

1.2 Zur Verhältnisbestimmung von (vor)paulinischem Bekenntnis und Jesusüberlieferung in der neueren Diskussion um die Geschichte des Urchristentums

Eines der zentralen, bislang jedoch nicht befriedigend gelösten Probleme der Geschichte des Urchristentums besteht in der – traditionell auf die Formel „Jerusalem oder Galiläa?"[392] gebrachten – Verhältnisbestimmung der in der Apg und bei Paulus bezeugten Jerusalemer Gemeinde zu dem Bereich der Jesusüberlieferung, also denjenigen Traditionen, auf die dann später die synoptischen Evangelien zurückgegriffen haben. Die theologiegeschichtliche Relevanz dieser Fragestellung liegt indes auf der Hand: Ließe sich wahrscheinlich machen – wie es etwa in den Arbeiten von Helmut Köster vertreten wird[393] –, daß wesentliche Teile der Überlieferungen vom irdischen Jesus zunächst unabhängig von den in Jerusalem bzw. Antiochia[394] ausgeprägten theologischen Anschauungen tradiert worden sind, dann läge hier ein Überlieferungsbereich vor, der das Bild der historischen und theologischen Abläufe in den ersten Jahrzehnten gegenüber einem der Apg folgenden Entwurf an einer wichtigen Stelle ausdifferenzieren würde. Demnach wäre der historische Verlauf von der Gemeinde in Jerusalem über die Missionstätigkeit der Hellenisten nach Antiochia und dann weiter durch Paulus in den

---

[392]   Vgl. etwa *J. Weiß*, Urchristentum, 12.

[393]   Vgl. etwa *Köster*, GNOMAI DIAPHOROI; *ders.*, Gospels.

[394]   Eine scharfe Grenze wird man hier seit der Aufgabe der Unterscheidung einer palästinischen Urgemeinde vom hellenistischen Christentum (so noch *Bousset* und *Bultmann*) nicht ziehen können. Maßgeblich ist die Einsicht, daß die für das hellenistische Christentum postulierten Merkmale – wie etwa der Gebrauch des Kyriostitels für Jesus oder die Überzeugung vom Tod Jesu für die Sünden anderer – keine gegenüber dem judenchristlich-hellenistischen Denken der Jerusalemer Hellenisten neue Stufe der religiösen Entwicklung bedeuten. Die These einer vorchristlichen Gnosis ist ebenso zweifelhaft und auch durch die Nag Hammadi-Schriften nicht belegt worden. Die These vom Urchristentum als einem „synkretistischen Phänomen" ist somit kaum aufrechtzuerhalten und bereits durch *Hahn* und *Hengel* korrigiert worden.

kleinasiatischen und ägäischen Raum lediglich ein Aus-
schnitt aus der urchristlichen Geschichte, dem die Traditionslinie der Jesusüberlieferung als historisch und theologisch eigenständig an die Seite gestellt werden müßte.
Dies wäre in theologischer Hinsicht insofern von Bedeutung, als das Proprium der Überlieferung von Worten und
Taten Jesu nicht auf der Grundlage der Jerusalemer Deutungen der Ostererfahrungen erklärt werden könnte, sondern auf demgegenüber eigenständigen Interpretationen
des Wirkens und Geschickes Jesu basieren würde. Es ist
somit deutlich, daß die Bestimmung dieses Verhältnisses
für die Beurteilung der Frage nach Pluralität und Kohärenz
an den Anfängen des christlichen Glaubens von entscheidender Bedeutung ist.

In Darstellungen einer Geschichte des Urchristentums ist
bereits des öfteren darauf hingewiesen worden, daß sich
vornehmlich aus den nach Galiläa weisenden Berichten
über die Erscheinungen des Auferstandenen bei Mk und
Mt, aber auch aus der in 1 Kor 15,6 erwähnten Erscheinung vor mehr als 500 Brüdern auf einmal, die schwerlich
in Jerusalem habe stattfinden können, die Existenz galiläischer Gemeinden erschließen lasse[395]. Allerdings bleibt
diese Annahme in der Regel folgenlos, da nicht damit gerechnet wird, daß dieser Traditionsbereich einen von den
Jerusalemer Osterereignissen unabhängigen Beitrag zur
frühchristlichen Theologiegeschichte beisteuern würde.
Vielmehr trete dieser erst in dem Augenblick in die erkennbare Geschichte, als er von den – ihrerseits von der
urchristlichen Verkündigung von Tod und Auferstehung

---

[395] *Conzelmann*, Geschichte, 21, bemerkt, die Annahme einer
zweiten Urgemeinde in Galiläa habe „alle Wahrscheinlichkeit für
sich", auch wenn man über diese Gemeinde bzw. Gruppe von Gemeinden praktisch nichts wisse. Nach *Hyldahl*, History, 124-130, ist
es die nächstliegende Annahme, daß die Jünger früher oder später in
ihre Heimat zurückgekehrt seien, was bei Mk und Mt reflektiert
werde. Die Darstellungen von *Meyer*, Ursprung und *Goppelt*, Zeit,
11, versuchen dagegen, die Nachrichten aus der Apg mit denen aus
Mk und Mt zu harmonisieren. Demnach wären die Jünger nach den
Erscheinungen in Galiläa wiederum nach Jerusalem zurückgekehrt
und hätten dort die Wirksamkeit Jesu mit der Kirchengründung fortgesetzt.

Jesu herkommenden – Konzeptionen des Mk und Mt aufgegriffen wird[396].

Die These einer „galiläischen Tradition" ist dagegen von
Johannes Weiß grundsätzlich in Zweifel gezogen worden.
Weiß betrachtete die entsprechenden Texte bei Mk und Mt
nicht als Reflexe historischer Gegebenheiten, sondern als
„Phantasieprodukt", das sich einem alten Jesuswort und
dessen nachösterlicher Ausgestaltung verdanke. Inhalt dieser Tradition sei die nicht erfüllte Erwartung, daß Jesus die
Jünger von Jerusalem nach Galiläa führen werde. Nach
Weiß ist somit der in der Apg geschilderte Verlauf in den
ersten Jahrzehnten zugleich derjenige, der die größte historische Wahrscheinlichkeit besitzt, da sich die Entwicklungen in der frühchristlichen Geschichte nur unter dieser
Voraussetzung sinnvoll erklären ließen. Zwar hatte bereits
Kirsopp Lake in Auseinandersetzung mit Weiß und Frede-
ric C. Burkitt die Frage gestellt, was der Grund für die Erfindung einer nachösterlichen galiläischen Tradition, von
der man gewußt habe, daß sie nicht wahr sei, hätte sein
sollen[397]. Die Annahme einer auf den Jerusalemer Osterereignissen basierenden Entstehung des Urchristentums
wurde mit diesem Einspruch jedoch nicht grundsätzlich in
Frage gestellt[398].

Wie der Geschichtswert der Apg eingestuft und ob demzufolge mit der Existenz von Gemeinden in Galiläa, von denen wir nichts wissen[399], oder aber mit der exklusiven
Konstituierung *einer* nachösterlichen Gemeinde in Jerusalem gerechnet wird, zu der auch die Träger der Jesusüberlieferung gehört hätten[400], bedeutet demnach für eine

---

[396]   Anders ist dies jedoch sowohl bei *Bousset*, Kyrios Christos, als
auch bei *Lohmeyer*, Galiläa und Jerusalem. Beide rechnen – freilich
auf unterschiedlicher Argumentationsgrundlage – damit, daß sich in
dem Bereich der palästinischen Gemeinden eine eigene Tradition
mit einem selbständigen christologischen Konzept entwickelt habe.

[397]   Vgl. *ders.*, The Command not to leave Jerusalem and the
„Galilean Tradition", in: *F.J.F. Jackson and K. Lake*, The Beginnings of Christianity V, Grand Rapids 1933, 7-16; 8.

[398]   Vgl. etwa *Hengel*, Christologie.

[399]   So *Conzelmann*, Geschichte, 21.

[400]   So z.B. *Hengel*, Problems, 137.

Darstellung der frühchristlichen Entwicklung offenbar nur
einen geringen Unterschied. In beiden Fällen stellt die Ge-
schichtsdarstellung des Lukas, ergänzt durch die Angaben
aus den paulinischen Briefen, den Leitfaden für die Konstruktion der theologischen Entwicklung in den ersten
Jahrzehnten dar, wogegen der galiläische Bereich mit der
Verlagerung der Perspektive nach Jerusalem im Dunkel
der Geschichte verschwindet und erst mit dem MkEv –
also um das Jahr 70 – wieder in den Blick tritt. Für die Interpretation der Jesusüberlieferung in den frühen greifbaren Quellen – also in Mk und Q – wirkt sich dies dann so
aus, daß für Q zwar eine gewisse Sonderstellung eingeräumt, das MkEv jedoch auf der Grundlage des Kerygmas
von Kreuz und Auferstehung gedeutet wird[401]. Die Rezeption der Jesusüberlieferung wird somit – sieht man einmal
von dem eher als Sonderweg dargestellten Entwurf von Q
ab – theologisch von einem Kerygmabegriff her entworfen, der um Kreuz und Auferweckung zentriert sei und in
der postulierten „Urpassion", die in Übereinstimmung mit
1 Kor 15,3-5 entworfen sei, zum Ausdruck komme[402].
Dies wird erst in dem Augenblick grundsätzlich anders,
wo die Existenz von Traditionsbereichen neben dem jerusalemisch-antiochenischen nicht lediglich als ein historisch zwar zu registrierendes, theologiegeschichtlich jedoch letztlich belangloses Detail notiert wird. So deutete
Dieter Lührmann bereits in einem Beitrag aus dem Jahr
1972 an, daß der verschiedentlich anzutreffende Rekurs
auf den vorösterlichen Jesus das nicht nur zeitlich, sondern
durchaus auch sachlich gemeinte Prae, das in dem Ausdruck *Ur*gemeinde zur Sprache komme, in Frage stelle
und auf die Notwendigkeit differenzierterer Wahrnehmung
der theologischen Entwicklungen der ersten Jahrzehnte
verweise[403].
Als Beleg für einen derartigen selbständigen Zugriff auf
die Bedeutung Jesu nennt Lührmann die Logienquelle, die,

---

[401]   Vgl. etwa *Gnilka*, Theologie, 133-143 (zu Q) sowie 152f. (zum
MkEv).
[402]   *Gnilka*, a.a.O., 148.
[403]   *Lührmann*, Erwägungen.

ohne sich auf das Osterkerygma zu beziehen, eine unmittelbare Kontinuität zu Jesu Gerichtsverkündigung herstel-
le[404]. Hier sei somit – ebenso wie im MtEv sowie im Ev-
Thom, jedoch charakteristisch unterschieden von der paulinischen Tradition – eine Zusammengehörigkeit von Heil
und vorösterlichem Jesus behauptet, die sich mit den um
Tod und Auferstehung zentrierten Konzeptionen nicht einfach auf einen Nenner bringen lasse.

Der bereits genannte Ansatz Kösters liegt auf der gleichen
Linie wie diese Äußerungen Lührmanns[405]. Auch Köster
geht es darum, die sich in den frühchristlichen Schriften
widerspiegelnden vielfältigen Anknüpfungen an Jesus herauszustellen. Diese erlauben es nach Köster gerade nicht,
einen Typus frühchristlichen Bekenntnisses als normativ
anzusehen und alle anderen demgegenüber als defizitär
bzw. häretisch abzuwerten.

In Aufnahme des Werkes von Walter Bauer „Rechtgläubigkeit und Ketzerei im ältesten Christentum" möchte
Köster deshalb die theologischen Kategorien Orthodoxie
und Häresie als für die Beschreibung der theologischen
Entwicklungen im Urchristentum untauglich erweisen, da
am Beginn oftmals diejenigen Gruppen dominierend gewesen seien, die später als häretisch beurteilt wurden. Die
ab dem 2. Jahrhundert entwickelten Maßstäbe der Kanonizität dürften somit nicht den Blick dafür verstellen, daß am
Beginn des Christentums Interpretationen von Verkündigung und Geschick Jesu vorgenommen worden seien, die
andere Schwerpunkte gesetzt hätten. Diese Mannigfaltigkeit, nicht jedoch ein einheitliches Kerygma von Kreuz
und Auferweckung sei es darum, was an den Anfängen des
Christentums gestanden habe.

Ausgehend von diesen Prämissen löst Köster das oben angezeigte Problem demnach auf die Weise, daß er mit Auf-
nahmen der Verkündigung Jesu rechnet, die nicht dem in
den kanonischen Schriften sich widerspiegelnden Be-

---

[404]   A.a.O., 463.
[405]   Zu verweisen wäre in diesem Zusammenhang auch auf die Darstellungen von *Fischer* und *Vouga*. Beide sind der Beurteilung der
Quellen *Kösters* bzw. ähnlich gelagerten Arbeiten verpflichtet, bieten allerdings keine eigenen Begründungen für diese Urteile an.

kenntnis verpflichtet gewesen seien. Die Wege, auf denen
an Jesu Wirken angeknüpft worden sei, hätten bereits vor
den kanonischen Evangelien mit der Sammlung von Worten Jesu, Dialogen sowie Erzählungen über ihn begonnen.
Die kanonischen Evangelien stellten dagegen diesen Anfängen gegenüber bereits eine nächste Stufe dar, auf der
diese frühen Sammlungen in übergreifende Konzeptionen
mit anderen Intentionen eingebunden worden seien. Bei
einer Beschäftigung mit den Anfängen des Christentums
müsse darum auf die – oftmals in außerkanonischen
Schriften besser bewahrten – frühen Sammlungen geachtet
werden, die bei einer Orientierung an den kanonischen
Evangelien gar nicht erst in den Blick träten.

Auf diesem Weg gelangt Köster zu einer Gesamtanschau-
ung der Anfänge des Christentums, die dieses als ein viel-
fältiges, sich an verschiedenen Orten mit je eigenen
Schwerpunkten ausprägendes Phänomen beurteilt. Seine
Sicht stellt der oben erwähnten, an der Apg orientierten
Perspektive somit eine klare Alternative entgegen. Anders
als etwa Weiß oder auch Martin Hengel erklärt Köster das
Christentum nicht aus der einen Wurzel der Jerusalemer
Ostererscheinungen heraus, sondern sieht an seinen Anfängen eine Vielfalt von Rezeptionsprozessen, die erst
sukzessive einem Harmonisierungs- und Kanonisierungs-
prozeß unterworfen worden seien, bei dem zugleich bestimmte Ansätze als häretisch ausgeschieden wurden.

Die von Conzelmann konstatierte Überlieferungslücke für
den galiläischen Bereich füllt sich bei Köster dadurch, daß
er von Quellenschriften hinter den Evangelien ausgeht, die
vor der Abfassung sowohl der später kanonisierten als
auch der für häretisch erklärten Evangelien entstanden sei-
en. Die Verbindung zwischen der Jesusüberlieferung und
dem Kerygma von Kreuz und Auferstehung sei bei Mk
erfolgt, dessen Konzeption durch eine Betonung der Verkündigung des Todes Jesu als eines erlösenden Opfers bestimmt sei, wie sie in Mk 10,45 sowie der Abendmahlsüberlieferung zum Ausdruck komme. Das MkEv sei des
weiteren als eine Schrift anzusehen, die die vorhandenen
Überlieferungen unter das Vorzeichen der Wiederkunft
des Menschensohnes stelle und die Wunderüberlieferun-

gen, deren Gefahr der Verfasser erkenne, durch die Betonung der Passion Jesu korrigiere[406].

Für die Erörterung der hier behandelten Frage nach dem Verhältnis von (vor)paulinischem Christuskerygma und Jesusüberlieferung bietet Kösters Entwurf somit ein eindrucksvolles, in sich konsistentes Modell an, das darum zur Auseinandersetzung gewählt wird. Zunächst sind einige grunsätzliche Bemerkungen anzubringen, anschließend wird anhand exegetischer Ausführungen eine Alternative vorgestellt.

1.3 Zur Auseinandersetzung mit den Prämissen von Helmut Kösters Entwurf

Positiv an Kösters Ansatz ist zunächst, daß die Frage nach den verschiedenen Formen, in denen Verkündigung und Wirken Jesu im Urchristentum rezipiert wurden, neu zur Disposition gestellt wird. Es läßt sich in der Tat kaum übersehen, daß das Kerygma von Tod und Auferweckung nicht einfach als diejenige urchristliche Überzeugung angesehen werden kann, die dann auch alle anderen Rezeptionsvorgänge beeinflußt habe. Vielmehr sind es erst die Auslegenden, die die verschiedenen urchristlichen Entwürfe mit einem derartigen Paradigma zu neuer Kohärenz verbinden. Wenn das Kerygma von Kreuz und Auferweckung zur gemeinsamen Überzeugung im Urchristentum erklärt wird[407], so handelt es sich hierbei nicht um eine Aussage, die sich an allen urchristlichen Schriften gleichermaßen verifizieren ließe, sondern um eine Perspektive, mit deren Hilfe sie zu einem kohärenten Deutungsmodell verbunden werden. Dies ist nicht zu beanstanden, allerdings sollte der erkenntnistheoretische Status dieses wie auch anderer Modelle deutlich bleiben.

Bei der Abgrenzung eines Korpus kanonischer Schriften waren zudem Maßstäbe leitend, die nicht auf die Beurteilung der historischen Vorgänge im Urchristentum selbst durchschlagen dürfen. Die Frage nach dem Verhältnis von

---

[406] Vgl. *Koester, Gospels*, 289-292.
[407] So etwa *Gnilka*, Theologie, 462f.

historischer Wahrnehmung und theologischem Urteil ist
damit freilich noch nicht beantwortet, sondern in ihrer
Dringlichkeit erst zum Bewußtsein gebracht[408]. Als produktiv muß in diesem Zusammenhang weiter angesehen
werden, daß es Köster dezidiert nicht positivistisch um
eine Rekonstruktion der Worte bzw. Taten des historischen Jesus, sondern um die Analyse der Rezeption seines
Wirkens in den verschiedenen frühchristlichen Schriften
geht[409]. Daß dabei ausdrücklich auch nichtkanonische
Schriften einbezogen werden, öffnet den Horizont für die
Wahrnehmung derjenigen Vorgänge, die zur Herausbil-
dung einer „Normativität des Christlichen" geführt haben.
Gegen den Ansatz Kösters sind allerdings folgende Einwände geltend zu machen: Auch wenn der Einbeziehung
außerkanonischer Schriften in eine Geschichte des Urchristentum vorbehaltlos zuzustimmen ist, so ist doch damit
die Frage nach der *historischen Einordnung* dieser Schriften noch nicht beantwortet. Die in Anknüpfung an Bauer
vorgenommene Außerkraftsetzung des Kriteriums der Kanonizität führt bei Köster mitunter dazu, außerkanonischen
Schriften den Status sehr früher Zeugnisse, deren Quellen
nicht selten bis ins 1. Jahrhundert zurückdatiert werden,
zuzugestehen, ohne daß dies im Detail begründet würde.
Auch wenn die unterbliebene Aufnahme in den Kanon

---

[408] Wie *Köster* dieser Differenzierung von historischer und theologischer Fragestellung Rechnung tragen will, wird vornehmlich in
seinem Aufsatz Häretiker im Urchristentum deutlich. Demzufolge
lassen sich Rechtgläubigkeit und Häresie nicht inhaltlich festlegen,
da es stets eine der jeweiligen geschichtlichen Situation adäquate
Sprachlichkeit des Glaubens zu finden gelte. Das Kriterium hierfür
liefert nach *Köster* die Geschichtlichkeit der Offenbarung, der es die
eigene theologische Existenz stets auszusetzen gelte. An dieser
Stelle scheint mir allerdings eine Reflexion auf die bei der Abgrenzung des Kanons leitenden Kriterien fruchtbarer zu sein als eine
Orientierung an der „Paradoxie der Bindung des Glaubens an den
Ursprung im gekreuzigten Jesus von Nazareth" (a.a.O., 76). Vgl.
hierzu *Schröter*, Religionsgeschichte.
[409] Vgl. etwa *ders.*, GNOMAI DIAPHOROI, 110: „Das geschichtliche Kriterium Jesus von Nazareth bleibt an das geschichtliche
Zeugnis von ihm gebunden und kann davon nicht getrennt werden."
Dem ist nachdrücklich zuzustimmen.

nicht den Schluß zuläßt, daß es sich hierbei um gegenüber
den kanonischen Schriften *zeitlich nachgeordnete* Quellen
handelt, so ist der Umkehrschluß selbstverständlich ebensowenig gerechtfertigt. Notwendig sind hierfür vielmehr
Analysen, die den historischen Ort der außerkanonischen
Schriften im Einzelfall bestimmen. Die Frage der zeitlichen wie literarischen Unabhängigkeit darf dagegen weder
in der einen noch in der anderen Richtung mit derjenigen
der später erfolgten oder unterbliebenen Kanonisierung
vermischt werden.

Ein zweiter Einwand ist gegen Kösters Anknüpfung an
Bultmanns Modell vom Urchristentum als einem „synkretistischen Phänomen", einschließlich der damit verbundenen Einschätzung des Verhältnisses von Gnosis und frü-
hem Christentum, anzuführen. Es ist inzwischen weithin
anerkannt und wird auch von Köster selbst konzediert, daß
die sich der Religionsgeschichtlichen Schule verdankende
Auffassung der Gnosis als eines Phänomens, das bereits
vorchristlich ausgeprägt gewesen sei und das Christentum
an seinen Anfängen beeinflußt habe, weder durch die gnostischen noch durch die urchristlichen Quellen bestätigt
wird.

Nun geht es Köster freilich gar nicht darum, diese Frage in
der einen oder anderen Richtung zu entscheiden[410]. Worauf es ankomme, sei vielmehr zu erkennen, inwieweit das
frühe Christentum bereits Züge des späteren christlichen
Gnostizismus trage und sich somit eine Grenzziehung zwischen Gnosis und Christentum für die frühe Zeit des Christentums als untauglich erweise. Auch diese eher grundsätzlichen Erwägungen können selbstverständlich nicht
den Nachweis erbringen, daß gnostische oder verwandte
Schriften auf mit den später kanonisierten Evangelien gemeinsame Traditionen bzw. Quellenschriften zurückgehen,
auf die sie unabhängig von diesen zugreifen. Dieses
möchte Köster jedoch durch „formgeschichtliche" Argumente plausibel machen.

Hierzu ist zum einen anzumerken, daß die Rezeption paganer philosophischer und religiöser Traditionen im

---

[410]   Vgl. etwa *ders.*, GNOMAI DIAPHOROI, 108.

Urchristentum weitgehend über das hellenistische Judentum, selten dagegen auf direktem Weg erfolgte. Die direkte Auseinandersetzung mit derartigen Traditionen läßt
sich dagegen erst für das 2. Jahrhundert feststellen. Die
Rede vom Synkretismus im Urchristentum, die ihre Ursprünge in der Religionsgeschichtlichen Schule besitzt und
auch hinter Kösters Modell der mannigfaltigen Anfänge
des Christentums steht, muß darum auf jeden Fall dahingehend eingeschränkt werden, daß das hellenistische Judentum zumeist als Vermittler desjenigen Interpretations-
horizontes anzusehen ist, innerhalb dessen das das Wirken
Jesu im Urchristentum interpretiert wurde[411]. Die Auseinandersetzung mit der Gnosis – unabhängig von der Frage
nach dem Zeitpunkt von deren Entstehung – läßt sich dagegen nicht in die Anfänge des Christentums zurückdatie-
ren, sondern ist ein Phänomen des 2. Jahrhunderts. Diese
Änderung der Forschungslage wird durch konvergierende
Beobachtungen verschiedener Art belegt und nötigt dazu,
auch die Frage nach der frühen Rezeption der Jesusüberlieferung in einen solchen Rahmen zu stellen.

Zum anderen ist darauf hinzuweisen, daß das „formgeschichtliche" Modell der Erklärung der Evangelien aus
vorausliegenden Traditionen, Sammlungen oder Quellenschriften aus rezeptionsästhetischer und gattungstheoretischer Sicht als unzureichend angesehen werden muß.
Auch hier ist die veränderte Forschungslage bei einer Beschreibung der Rezeption der Jesusüberlieferung angemessen zu berücksichtigen.

---

[411] So ist es etwa keineswegs plausibel, dem Phänomen der
Spruchüberlieferung prinzipiell eine „gnostisierende Neigung" zu
attestieren, wie *Köster* dies in Aufnahme des Ansatzes von *Robinson*
tut. Daß die Spruchüberlieferung in einen gnostischen Interpretationsrahmen gestellt werden *konnte*, besagt überhaupt nicht, daß sich
daraus ein Gattungsmerkmal ableiten ließe, das es erlauben würde,
grundsätzlich gnostisierende Tendenzen in der frühesten Spruchüberlieferung zu erkennen. So ist etwa der Interpretationsrahmen für
die Sprüche Jesu in Markus und Q von demjenigen im EvThom
grundsätzlich verschieden, obwohl in allen drei Schriften Worte Jesu
überliefert werden.

In *rezeptionsästhetischer* Hinsicht sollte an den Einsichten, die von Paul Ricoeur, Wolfgang Iser, Umberto Eco u.a. formuliert wurden, nicht mehr vorbeigegangen werden. Diese Forscher haben darauf hingewiesen, daß schriftlich fixierte Texte eine Autonomie gegenüber ihren Verfassern erlangen und nunmehr darauf angewiesen sind, durch den Lesevorgang wiederum mit Sinn gefüllt zu werden. Der einmal fixierte Text hat also keinen festen, unveränderlichen Literalsinn, vielmehr muß sein Sinn von den Rezipierenden jeweils neu konstruiert werden. Diese, semiotisch orientierte Sicht auf den Zusammenhang von Sprache und Wirklichkeit[412] rückt die herkömmliche „formgeschichtliche" Sichtweise in ein anderes Licht. Sie lenkt das Augenmerk auf den Rezeptionsvorgang, der nicht als eine Umkehrung der Textproduktion, sondern als eine kreative, sinnstiftende Tätigkeit angesehen wird. Aus einer solchen Perspektive wird es unmöglich, die Evangelien auf der Grundlage vorausliegender Quellenschriften zu interpretieren und somit Hypothesen über die *Entstehung* dieser Schriften zur Basis der *Interpretation* zu machen. Eine rezeptionsästhetisch orientierte Analyse der Form der Evangelien ist dagegen von der Frage vorausliegender Quellen bzw. Traditionen zu unterscheiden und an der vorliegenden Gestalt der entsprechenden Texte zu orientieren.

In *gattungstheoretischer* Hinsicht ist die Kategorie des „Sitzes im Leben" einer Kritik zu unterziehen. Es ist ein methodisch problematisches Verfahren, aus *gattungsanalytischen* Beobachtungen zu in den Evangelien verarbeiteten Überlieferungen *soziologische* Konsequenzen im Blick auf verschiedene Gruppen im Urchristentum abzuleiten. Daß es etwa Anhänger Jesu gegeben habe, die nur an der Wunderüberlieferung oder nur an Weisheitsworten orientiert gewesen seien und Jesus demzufolge ausschließlich als Wundertäter oder Weisheitslehrer verehrt hätten, läßt sich weder durch soziologische Beobachtungen noch durch die urchristlichen Schriften selbst belegen. Es gibt keinen einzigen urchristlichen Text, der sich dafür anführen ließe, daß Erzählungen von Machttaten Jesu oder weisheitliche Worte separat gesammelt worden wären. Zudem ist zu bedenken, daß für die in einer Schrift vorhandenen Überlieferungen der literarische Kontext an die Stelle ihrer (nur hypothetisch zu erhebenden) früheren Verwendung tritt. Eine hiervon unabhängige frühere Verwendung dieser Überlieferungen ist somit prinzipiell unzugänglich, da der frühere „Sitz im Leben" durch die Literarisierung aufgehoben und durch einen neuen ersetzt wurde. Dies bedeutet, daß eine Geschichte des Urchristentums anhand der zugänglichen Texte, nicht jedoch auf der Grundlage vermuteter Quellen *hinter* diesen zu konzipieren ist.

---

[412] Vgl. etwa *Jauß*, Abgrenzung.

Bezüglich der methodischen Problematik der Rekonstruktion von Quellenschriften hinter den zugänglichen Dokumenten steht also nicht die Frage zur Disposition, ob die – kanonischen wie nichtkanonischen – Evangelien *überhaupt* Traditionen verarbeitet haben. Der „formgeschichtliche" Ansatz Bultmanns läßt sich jedoch nicht dergestalt auf das Urchristentum applizieren, daß die vermuteten Sammlungen als eigene Schriften, die in den erhaltenen Quellen verarbeitet worden seien betrachtet werden und ihnen je eigene Strömungen im Urchristentum zugewiesen werden. Die „Überlieferungslücke" des galiläischen Bereiches läßt sich somit nicht dadurch füllen läßt, daß aus gattungsanalytischen Argumenten unmittelbar historische Schlußfolgerungen abgeleitet werden.

Die drei genannten Monita erlauben somit zusammengenommen den Schluß, daß das eingangs angezeigte Problem des Verhältnisses von jerusalemisch-antiochenischer Tradition und dem Bereich der Jesusüberlieferung auf dem von Köster anvisierten Weg noch nicht wirklich als gelöst bezeichnet werden kann. Der Grund hierfür dürfte nicht zuletzt darin liegen, daß sich Köster – völlig zu Recht – dagegen wehrt, eine an den kanonischen Evangelien gewonnene „kerygmatische Struktur" zur Basis einer Definition der Evangelienliteratur zu erheben, dabei jedoch eine so kaum überzeugende Alternative entwirft[413].

Die Verlagerung des Blickwinkels auf die postulierten Quellenschriften, denen gegenüber die vorliegenden Evangelien als sekundäre Entwürfe auf „kerygmatischer" Basis erscheinen, hält – dies soll im Folgenden gezeigt werden – einer genaueren Überprüfung nicht stand. Nicht an den hypothetischen Quellenschriften, sondern an Mk und Q selbst ist darum die Frage zu diskutieren, wie sich die Jesusüberlieferung zu dem Christusbekenntnis aus dem jerusalemisch-antiochenischen Bereich verhält.

---

[413] Bei *Köster* begegnet im Kontext von Ausführungen zum Begriff Evangelium regelmäßig eine Auseinandersetzung mit *Schniewind*, der die Existenz des Kerygmas und die Entstehung der Evangelien in einen ursächlichen Zusammenhang gestellt hatte. Vgl. *ders.*, Ein Jesus, 150; *ders.*, Überlieferung, 1470f.; *ders.*, Gospels, 24f. 43f.

Im Folgenden soll darum ein anderer Weg beschritten werden, sich dieser Frage zu nähern. In einem ersten Schritt soll auf Aspekte der neueren Christologiediskussion eingegangen werden. Hieran anknüpfend wird sodann zweitens der Versuch einer Standortbestimmung der in Frage stehenden Texte unternommen. Abschließend ist der Ertrag im Blick auf die Konstellation „Jerusalem und Galiläa" zu formulieren.

2 Aspekte der neueren Diskussion um die Entstehung der Christologie

2.1 Methodische Vorüberlegungen

Es gehört zu den bemerkenswertesten Ergebnissen der Christologiediskussion der zurückliegenden Jahre, daß die Frage, was mit den sog. „Hoheitstiteln" – von denen hier insbesondere χριστός und ὁ υἱὸς τοῦ ἀνθρώπου zu nennen wären – eigentlich über Jesus ausgesagt wurde, durch die Analyse des zur Verfügung stehenden frühjüdischen Materials keineswegs leichter beantwortbar geworden ist. Die Erwartungen, die sich im Frühjudentum mit dem Kommen eines Gesalbten oder des Menschensohnes verbanden, lassen sich mit dem, was die Evangelien über Jesus berichten, allenfalls teilweise zur Deckung bringen[414]. So kommt etwa James H. Charlesworth in seinem einleitenden Beitrag zu dem die Beiträge des Princeton Symposium on Judaism and Christian Origins dokumentierenden Bandes „The Messiah" nach einem Durchgang durch die Literatur des Frühjudentums zu dem abschließenden Urteil: „We have been left with numerous questions, most notably this one: Why did Jesus' followers claim above all that he was the Messiah?"[415] Diese Frage stellt sich für Charlesworth etwa angesichts des Befundes, daß die früh-

---

[414] Vgl. *Karrer*, Jesus Christus, 18: „Nach wichtigen Studien der frühen 60er Jahre ... zerfiel allmählich die Überzeugung, die Titel ließen sich konsenshaft erhellen."
[415] *Charlesworth*, Messianology, 35.

jüdischen Texte weder Wunderwirken zu den Taten des
erwarteten Gesalbten rechnen noch einen leidenden Gesalbten kennen. Die Frage, warum Jesus bereits sehr früh
als Gesalbter bezeichnet wurde, läßt sich somit nur dann
erklären, wenn man darauf achtet, welche Aspekte seines
Wirkens dazu führen konnten, diesen Ausdruck aufzugrei-
fen[416].

Blickt man auf die anderen Ausdrücke, die zu den zentralen Bezeichnungen für Jesus gerechnet werden, so stellt
sich die Lage kaum anders dar. Die Frage, wie es zur Anwendung der Hoheitsbezeichnung κύριος auf Jesus kam,
ist ebenso in der Diskussion[417] wie diejenige nach der Bedeutung des υἱὸς θεοῦ-Ausdrucks in den ntl. Schriften[418].
Auch wenn die Qumrantexte weitere Zeugnisse für endzeitliche Erwartungen innerhalb des Judentums zutage gefördert haben und dabei auch Verwendungsmöglichkeiten
für die Ausdrücke משיח und ברה די אל bzw. בר עליון (also
die aramäischen Äquivalente von χριστός und υἱὸς θεοῦ
bzw. υἱὸς τοῦ ὑψίστου) beisteuern[419], liefern sie ebensowenig wie die bereits länger bekannten frühjüdischen
Schriften[420] ein Konzept, das als Hintergrund der frühchristlichen Verwendung dieser Ausdrücke in Anschlag
gebracht werden könnte. Was sich anhand dieser Texte
erkennen läßt, sind vielmehr Aspekte endzeitlicher Erwartungen des Frühjudentums, die das Auftreten einer Fi-

---

[416] Vgl. den immer noch lesenswerten – wenn wohl auch letztlich
nicht überzeugenden – Interpretationsversuch von *van Unnik*, Jesus
the Christ. Zur neueren Diskussion vgl. etwa *Strauss*, Davidic Messiah, 57-67.

[417] Vgl. *Fitzmyer*, Background.

[418] Vgl. etwa *Müller*, „Sohn Gottes".

[419] Zu υἱὸς τοῦ ὑψίστου vgl. das in seiner Deutung noch immer
umstrittene Fragment 4Q246. Zur Diskussion vgl. *Fitzmyer*, 4Q246:
The „Son of God" Document from Qumran, Bib. 74 (1993), 153-
174; *Collins*, Son of God Text; *ders.*, Scepter, 154-163.

[420] Für die hier zur Diskussion stehende Frage ist dabei besonders
auf die Schilderung des Wirkens des Gesalbten in PsSal 17 sowie
auf die transzendente Figur des Menschensohnes in äthHen und 4Esr
hinzuweisen. Die beiden letzteren zeigen, daß auch in jüdischen
Schriften der Gesalbte und der Menschensohn miteinander identifiziert werden konnten.

gur neben Gott einschlossen. Daß diese eine eigene Interpretation erfahren mußten, wenn sie auf eine konkrete historische Person bezogen wurden, liegt auf der Hand. Dieser Befund führt zunächst zu zwei wichtigen methodischen Einsichten für die Christologiedebatte. Zum einen muß die Grenze der Bedeutung des traditionsgeschichtlichen Hintergrundes einzelner Ausdrücke in Rechnung gestellt werden[421]. Die Möglichkeit, theologische Entwicklungen im Urchristentum über die Bedeutungen einzelner Ausdrücke, die Jesus beigelegt wurden, erheben zu können, ist mitunter zu optimistisch eingeschätzt worden. Die mit den jeweiligen Ausdrücken implizierten Inhalte stehen nicht nebeneinander, sondern lassen sich eher im Sinne eines Bedeutungsgeflechtes verstehen, innerhalb dessen sie bestimmte Akzente semantisch aktualisieren, insgesamt jedoch Teil eines umfassenderen Sprachvorganges sind, in dem sie mit anderen Bezeichnungen und Prädikationen Deutungen des Geschehens um die Person Jesus von Nazaret hervorbringen.

Zum anderen ist die seinerzeit von William Wrede aufgestellte und dann durch ihren Einfluß auf Rudolf Bultmann auch in die neuere Diskussion hineinwirkende These eines rein nachösterlichen Ursprungs der christologischen Bekenntnisbildung schwerlich länger aufrechtzuerhalten. Die Verwendung der Bezeichnungen χριστός und ὁ υἱὸς τοῦ ἀνθρώπου auf Jesus wird jedenfalls nur dann plausibel, wenn sie aus der Bezugnahme auf sein Wirken heraus erklärt wird. Anders läßt sich schwer erklären, warum gerade diese Bezeichnungen angesichts seines Todes aufgegriffen und zu nachösterlichen Bekenntnissen ausgebaut wurden. Auch wenn über die Frage, ob die Bezeichnung χριστός auf Jesus selbst zurückgeführt werden kann[422], derzeit vermutlich kein Konsens zu erzielen ist[423], so lassen die Quellen doch erkennen, daß dieser Ausdruck als

---

[421] Vgl. hierzu auch oben K.VI, 1.

[422] So z.B. *M. de Jonge*, Christological Significance; *Stuhlmacher*, Gottesknecht; *Hengel*, Jesus, der Messias Israels.

[423] Anders als die Genannten etwa *H.J. de Jonge*, Historical Jesus; *Hofius*, Ist Jesus der Messias?; *Merklein*, Auferweckung; *Dahl*, Crucified Messiah.

eine adäquate Kategorie zur Interpretation seines Wirkens angesehen wurde, an der auch angesichts seines Todes festgehalten wurde. Andernfalls wird die Tatsache, daß er nachösterlich verwandt wurde und sehr schnell zentrale Bedeutung erlangte, schlechterdings unerklärlich.

Damit wird die Verbindung zwischen dem Wirken Jesu und der Entstehung der Christologie etwas konkreter greifbar, wenngleich umstritten bleibt, worauf die Anwendung des Ausdrucks auf Jesus konkret zurückzuführen ist[424]. Festhalten läßt sich jedoch, daß diese Anwendung nach Ausweis der Quellen nur dann plausibel ist, wenn die durch Wirken und Geschick Jesu notwendig gewordene Neufassung in den Blick genommen wird. Ähnlich verhält es sich mit dem Ausdruck ὁ υἱὸς τοῦ ἀνθρώπου, dessen Vorkommen in den Quellen sich am besten so erklärt, daß Jesus mit diesem Ausdruck seinen hoheitlichen Anspruch zur Sprache gebracht hat[425].

Die Entstehung der Christologie sollte – dies ergibt sich aus diesen Erwägungen – nicht von der Deutung des Wirkens und Geschickes Jesu getrennt, die Frage nach dem historischen Jesus mithin nicht von derjenigen der Interpretation seines Auftretens in den frühesten Entwürfen abgekoppelt werden. Dies gilt um so mehr, als gerade in den Evangelien die Darstellung des Wirkens und Geschickes Jesu den entscheidenden Sachgrund dafür liefert, in ihm den entscheidenden Repräsentanten Gottes zu sehen. Unter dieser Voraussetzung soll im Folgenden die Interpretation des Wirkens Jesu in Mk und Q nachgezeichnet werden. Anders als im vorigen Kapitel geht es dabei um eine zu-

---

[424]   Bereits *W. Kramer* hatte darauf hingewiesen, daß der Christustitel bereits in den frühen Formeln mit dem Sterben des Gesalbten verbunden wird. Daraus läßt sich freilich noch nicht die Schlußfolgerung ableiten, daß er erst im Prozeß Jesu eine Rolle gespielt habe. Es erscheint jedenfalls wenig plausibel, die Anwendung der Bezeichnung auf Jesus auf seine Gegner zurückzuführen, da dies schwerlich erklären kann, warum er von seinen Anhängern aufgegriffen und schon früh als cognomen verwendet wurde. Näher liegt die Annahme, daß es sich um eine das Wirken Jesu deutende Bezeichnung handelt, die bereits zu seinen Lebzeiten auf ihn angewandt wurde.
[425]   Zur näheren Begründung vgl. K.III und VI.

sammenhängende Präsentation dieser Konzeptionen mit
besonderem Augenmerk auf der Frage nach ihrem Verhältnis zum (vor)paulinischen Bereich.

2.2 Markus

Die Christologie[426] eines Textes erschöpft sich nicht in der
Analyse der auf Jesus angewandten Bezeichnungen, sondern muß diese in ein umfassendes Bild von der Identität
und Bedeutung Jesu, die in dem entsprechenden Text entwickelt wird, einzeichnen[427]. Die Christologie des MkEv
ist deshalb als Darstellung des Wirkens und Geschickes
Jesu im Horizont des endzeitlichen Handelns Gottes zu
erfassen. Die Interpretation seines Auftretens führte dabei
zur Verwendung von Bezeichnungen, die im zeitgenössischen Judentum für endzeitliche Heilsbringer verwandt wurden. Ihre genaue Bedeutung läßt sich jedoch nur
innerhalb des Gesamtkonzeptes der jeweiligen Schrift bestimmen. Die Interpretation der für das MkEv zentralen
Bezeichnungen υἱὸς θεοῦ, χριστός und ὁ υἱὸς τοῦ
ἀνθρώπου kann dabei verdeutlichen, wie diese Ausdrücke
innerhalb der Beschreibung des Wirkens Jesu gegenüber
ihrem Gebrauch in jüdischen Schriften neu definiert wurden. Die Absicht des Verfassers des MkEv ist somit dann
zu ihrem Ziel gekommen, wenn deutlich geworden ist, daß
und in welcher Bedeutung die genannten Ausdrücke auf
Jesus anzuwenden sind. Im Folgenden soll deshalb ein

---

[426] Auf die notwendige Differenzierung zwischen einem weiteren
und einem engeren Sprachgebrauch wurde eingangs des vorigen
Kapitels hingewiesen. Weitere ist dafür zu plädieren, im Blick auf
die urchristlichen Schriften vom Gesalbten und nicht vom Messias
bzw. Christus zu sprechen, da dies dem Befund, daß mit dem Ausdruck im frühen Judentum eher eine Funktionsbeschreibung als ein
Titel gemeint ist und dies auch den Hintergrund der Anwendung des
Ausdrucks auf Jesus darstellt, besser Rechnung trägt. Vgl. hierzu
Maier, Messias oder Gesalbter?.

[427] Vgl. *Keck*, Renewal. Dieser Einsicht trägt auch *Karrer* Rech-
nung, wenn er in seine Darstellung der Christologie ausdrücklich das
Wirken des irdischen Jesus einbezieht. Vgl. *ders.*, Jesus Christus,
Teil 4: Der Sohn und sein irdisches Wirken.

Blick auf den im MkEv entworfenen Zusammenhang der
genannten Bezeichnungen geworfen werden[428].
Der Ausdruck υἱὸς θεοῦ kommt bei Mk an den bekannten
Stellen bei der Taufe, der Verklärung, beim Verhör sowie
unter dem Kreuz vor[429]. Darüber hinaus wird unter Bezugnahme auf Taufe und Verklärung im Winzergleichnis in
12,6 der letzte der in den Weinberg Gesandten als υἱὸς
ἀγαπητός bezeichnet. Schließlich wird durch 3,11 und 5,7
deutlich, daß die Dämonen wissen, daß Jesus der Sohn
Gottes ist.
Der Ausdruck wird zunächst von der Tauferzählung her
durch die Geistbegabung inhaltlich gefüllt. Damit wird das
Wirken Jesu von Beginn an in eine bestimmte Perspektive
gerückt: Er ist der durch den Geist Gottes Bevollmächtig-
te, weshalb er Macht über die Dämonen besitzt, das von
ihm heraufgeführte Reich Gottes gegen dasjenige des Satans durchsetzen kann (3,27) und es die einzige unvergeb-
bare Sünde ist, das in Jesus wirkende πνεῦμα ἅγιον zu
lästern (3,28f.). Die Tauferzählung kann dagegen nicht als
Inthronisation Jesu zum υἱὸς θεοῦ im Sinne des endzeitlich auftretenden Gesalbten aus dem Geschlecht Davids
verstanden werden (wie der Ausdruck in Lk 1,32.35 ge-

---

[428] Für die mk Christologie verweise ich auf folgende Beiträge aus
der neueren Diskussion, ohne daß hier eine detailliertere Auseinandersetzung erfolgen könnte: *Juel*, Origin; *Breytenbach*, Grundzüge;
Theobald, Gottessohn; *Kee*, Christology; *Tannehill*, Gospel of Mark;
Boring, Christology.
[429] Zum traditionsgeschichtlichen Hintergrund ist zu bemerken, daß
die Sohn Gottes-Belege in 4Esr 7,28f.; 13,32.37.52 und 14,9 jedenfalls nicht eindeutig sind. Die Diskussion um die Interpretation von
4Q246 ist hier nur insofern heranzuziehen, als die Gewaltherrschaft
des Sohnes Gottes entweder auf einen feindlichen Usurpator des
Thrones Davids bezogen oder aber in apokalyptischem Horizont
interpretiert und in Analogie zu Dan 7 als Machtergreifung des Repräsentanten des Volkes Gottes verstanden werden kann. Ob man
diesen ברה די אל bzw. בר עליון mit dem (bzw. den) in anderen Qum-
rantexten begegnenden Gesalbten gleichsetzen kann, ist dagegen
keinesfalls sicher. Ein vorchristlicher Beleg für den Gebrauch der
Sohn Gottes-Bezeichnung für den erwarteten endzeitlichen Davidi-
den könnte dagegen in der Auslegung von 2 Sam 7 in 4Q174 vorliegen. Freilich begegnet die Sohnesbezeichnung hier nur im Zitat aus
2 Sam 7,14.

braucht ist). Die Bezeichnung υἱὸς θεοῦ macht hier vielmehr eine Aussage über den Charakter des im Folgenden
geschilderten Wirkens Jesu, welches von Gott her legiti-
miert ist und in der Vollmacht seines Geistes geschieht.
Diese Linie wird in der mk Erzählung dadurch fortgesetzt,
daß die Gottessohnschaft Jesu in der Verklärungsszene
(9,2-8)[430] nach Petrusbekenntnis sowie 1. Leidensweissagung und Worten über die Kreuzesnachfolge (8,31-9,1)
von Gott bestätigt wird. Dadurch wird sein zuvor erzähltes
machtvolles Wirken auch angesichts des Ausblicks auf
Leiden und Tod von Gott ins Recht gesetzt[431]: Jesus, der
Sohn Gottes, besitzt schon als Irdischer eine einzigartige
Vollmacht als Repräsentant Gottes. Die soll nach seiner
Auferstehung verkündet werden (9,9), wird allerdings erst
bei seiner endzeitlichen Wiederkunft überall offenbar werden.
Bei dem Verhör vor dem Synhedrion wird durch den Ho-
henpriester der Ausdruck ὁ υἱὸς τοῦ ὑψίστου als Explika-
tion der χριστός-Bezeichnung verwandt. Damit offenbart
er ein Verständnis der Sohn Gottes-Bezeichnung, das diese
im Sinne des erwarteten Gesalbten aus dem Geschlecht
Davids interpretiert. Wenn Jesus die Frage, ob er dieser
sei, bejaht und mit dem Verweis auf den kommenden
Menschensohn weiterführt, dann kommen darin zwei
Aspekte zum Ausdruck, die für die mk Interpretation des
Weges Jesu von überaus großer Bedeutung sind.
Aus dem bisherigen Erzählverlauf wurde bereits deutlich,
daß Jesus nicht in der Weise, wie es der Hohepriester
meint (und es innerhalb der Passionsgeschichte auch von
den anderen Personen um Jesus angenommen wird), die
Gesalbten- und Sohn Gottes-Vorstellung ausfüllt. Der
Ausdruck χριστός wird (abgesehen von 1,1) zum ersten

---

[430] Zu religionsgeschichtlichen Aspekten in der Verklärungserzählung vgl. *Zeller*, Bedeutung.
[431] Der besondere Akzent, den die Verklärungserzählung setzt,
dürfte dabei darin bestehen, daß durch die Verwandlung Jesu – die
es bei der Taufe nicht gegeben hatte – sein exklusives Gottesverhältnis, welches seine Vollmacht bereits während seiner irdischen
Wirksamkeit begründet, vor den Augen der drei Jünger offenbar
gemacht wird.

Mal beim Petrusbekenntnis auf Jesus angewandt. Damit
wird erzählerisch zum Ausdruck gebracht: Das, was bisher
über Jesus berichtet worden ist – vornehmlich also seine
Verkündigung des anbrechenden Gottesreiches sowie seine Machttaten als dessen initiale Verwirklichung –, führt
Petrus zu der Auffassung, er sei Gottes Gesalbter. Jesus
widerspricht dem nicht, rückt das Bekenntnis jedoch in
einen Zusammenhang, der die χριστός-Bezeichnung inhaltlich neu definiert und damit zugleich die Ablehnung
seitens Petrus' provoziert.

Dieser neue Zusammenhang ist gekennzeichnet durch die
Notwendigkeit (δεῖ) des Leidens, Getötetwerdens und
Auferstehens des Menschensohnes, dem seine endzeitliche
Wiederkunft zum Gericht korrespondiert (8,31/38). Die
zwischen diesen beiden Menschensohn-Worten stehende
Belehrung über die Nachfolge (8,34-37) qualifiziert diese
damit als Leidensnachfolge im Horizont des endzeitlichen
Gerichtes: Diejenigen, die sich in der Gegenwart des Men-
schensohnes schämen, werden dann, wenn er ἐν τῇ δόξῃ
τοῦ πατρὸς αὐτοῦ wiederkommt, verlorengehen.

Über den Menschensohn ist bereits erzählt worden, daß er
vollmächtig wirkt und sogar Sünden vergeben kann, was
in 2,6f. von einigen Schriftgelehrten als Anmaßung einer
nur Gott zukommenden Aktivität verurteilt worden war. In
diesem Zusammenhang begegnet also bereits der Vorwurf
des βλασφημεῖν, der dann in 14,64 innerhalb der Rede
vom endzeitlich wiederkommenden Menschensohn noch
einmal auftaucht: Beide Male sind es im Zusammenhang
von Menschensohn-Worten ausgesprochene Aspekte der
Wirksamkeit Jesu, die seinen Anspruch, der entscheidende
Repräsentant Gottes auf der Erde zu sein, zum Ausdruck
bringen. Damit ist nunmehr eine Spannung zwischen der
χριστός-Vorstellung und der Rede von Jesus als dem
Menschensohn indiziert: Das Bekenntnis zu Jesus als Ge-
salbtem ist nur dann akzeptabel, wenn es an seinem Weg
als Menschensohn orientiert ist.

Diese in 8,31-38 erkennbar werdende inhaltliche Neufassung der χριστός-Bezeichnung durch die im MkEv entwickelte Menschensohn-Vorstellung wird bis zur Verhör-
szene (also zwischen K.8 und 14) durch eine weitere Be-

obachtung evident. Beide Aspekte – Leiden wie endzeitliche Wiederkunft als Menschensohn – werden nämlich im weiteren Fortgang der Erzählung für die richtige Interpretation der χριστός-Bezeichnung aufgenommen.
Für ersteres ist auf die Salbungserzählung in 14,1-9 zu verweisen. Hier, beim Auftakt zu den Passionsereignissen, wird mittels dieser Geschichte deutlich gemacht, daß die Salbung Jesu eine Salbung zum Begräbnis ist (V.8). Salbt die Frau Jesus, indem sie sein Haupt mit dem kostbaren Nardenöl begießt, bereits im voraus für sein Begräbnis, so vollzieht sie in einem symbolischen Akt, was die mk Christologie insgesamt prägt: Jesus wird als der Gesalbte sterben. Die Anwendung des Christustitels auf Jesus wird hier also erzählerisch umgesetzt und dem Konzept der mk Christologie eingeordnet.
Ebenso wird die endzeitliche Wiederkunft als ein dem auf Jesus angewandten Christustitel inhärentes Merkmal durch die mk Erzählung evoziert. Die von dem Hohenpriester implizierte Deutung der Bezeichnungen ὁ υἱὸς τοῦ ὑψίστου und χριστός wird zuvor in 10,47f. und 11,10 dadurch zum Ausdruck gebracht, daß Jesus als Sohn Davids angerufen, die kommende βασιλεία als diejenige τοῦ πατρὸς ἡμῶν Δαυίδ bezeichnet wird. Dieses Verständnis des χριστός als des υἱὸς Δαυίδ wird von Jesus selbst in 12,35-37 grundsätzlich in Frage gestellt. Mittels des Verweises auf Ψ 109,1 wird verdeutlicht, daß der χριστός *kein* Davidsohn ist, sondern der zur Rechten Gottes sitzende Erhöhte[432]. Die dabei aus Ψ 109,1 übernommene Wendung vom Sitzen zur Rechten Gottes, die hier also – wie aus 12,35 hervorgeht – auf den χριστός bezogen wird, taucht in 14,62 innerhalb der Rede über den erhöhten Menschensohn wieder auf. Damit wird die Gesalbtenvorstellung ein weiteres Mal in den Horizont der Rede vom Menschensohn gerückt. Der zur Rechten Gottes sitzende Erhöhte ist nach Mk also der Menschensohn Jesus, der am Ende der Zeit zur endgültigen Durchsetzung der Gottesherrschaft und zum Gericht kommen wird.

---

[432] Hierzu *Breytenbach*, Das Markusevangelium, Psalm 110,1 und 118,22f.

Die Darstellung von Wirken und Geschick Jesu ist bei Mk
somit dadurch gekennzeichnet, daß der Weg des Gottes-
sohnes Jesus als derjenige des Menschensohnes beschrieben wird, der bereits als Irdischer in der Vollmacht Gottes
auftritt und dessen Reich aufzurichten beginnt, dessen
Weg durch Leiden, Tod und Auferweckung hindurch zur
Erhöhung führt und auf dessen Wiederkommen am Ende
der Zeit man vorausblickt. Die Verwendung des Sohn
Gottes-Ausdrucks steht also am Anfang der irdischen
Wirksamkeit Jesu, sie wird zudem gerade *nicht* (wie in
Röm 1,3f.) durch die Davidsohnschaft, sondern durch
Geistbegabung, Leiden und Tod inhaltlich gefüllt[433]. Der
bemerkenswerteste Befund dürfte dabei sein, daß Mk die
Anwendung der Bezeichnung χριστός auf Jesus erst dann
als legitim betrachtet, wenn sie die skizzierte Neudefinition erfahren hat. Die Sohn Gottes-Bezeichnung ist dagegen
unproblematisch[434], allerdings ist sie auch offener und
wird nicht vor einem einheitlichen traditionsgeschichtlichen Hintergrund neu gedeutet. Der entscheidende Aspekt
ist die Geistbegabung, woraus schon erhellt, daß es sich
um eine das irdische Wirken charakterisierende Bezeichnung handelt, was von χριστός aus den genannten Gründen nicht ohne weiteres gesagt werden kann.

---

[433]   Auch für Paulus gilt freilich, daß die Vorstellung vom Sohn
Gottes nicht von der davidischen Gesalbtenvorstellung her zu erfassen ist. Schon die in Röm 1,3f. aufgegriffene Tradition zeigt, daß der
Sohn Gottes hier als der Erhöhte aufgefaßt wird. Bei Paulus wird die
Erhöhung Jesu allerdings anders als bei Mk zumeist als diejenige
des Kyrios, den es anzurufen gilt, verstanden (vgl. vor allem Röm
10,9, auch Phil 2,9-11; 1 Kor 8,5f.). Die deutlichste Analogie zur mk
Menschensohn-Vorstellung begegnet dagegen in 1 Thess 1,10, wo
die Sohn Gottes-Bezeichnung ebenfalls durch die Erwartung des
zukünftigen Bewahrtwerdens vor dem Zorn interpretiert wird.

[434]   Die häufig zu lesende Ansicht, Markus habe die Sohn Gottes-
und die Christus-Bezeichnung miteinander gleichgesetzt, übersieht
die Differenzierung in ihrer Verwendung. Es ist bereits auffällig,
daß beide Ausdrücke (sieht man von 1,1 ab) nur in 14,61 im Mund
des Hohenpriesters in direkter Verbindung begegnen und hier durch
die Menschensohn-Vorstellung interpretiert werden. Problematisiert
wird zudem stets die χριστός-, jedoch nie die υἱὸς θεοῦ-
Bezeichnung.

An dieser Stelle ist kurz auf die umstrittene Stelle in 15,39 einzugehen[435]. Diese kann mit den übrigen Verwendungen von υἱὸς θεοῦ bei Mk nicht ohne weiteres auf eine Linie gebracht werden, da es wenig plausibel wäre, ein solches Bekenntnis gerade angesichts des Todes dieses Gottessohnes ablegen zu lassen, und auch das Imperfekt bleibt bei dieser Interpretation letztlich unerklärt. Eine Deutung wie diejenige von Gnilka[436] verfehlt darum die Pointe der mk Christologie. Zu 15,39 heißt es dort: „Erst im Kreuzestod Jesu kann begriffen werden, wer dieser war. Die Offenbarung des Sohnes Gottes, die in seinen Wundern und Machttaten geschah, (vgl. 3,11; 5,7), erfährt ihre notwendige Ergänzung und Aufgipfelung am Kreuz." Ziel der mk Erzählung ist es jedoch, zu erzählen, wer Jesus *ist* (nicht *war*!). Dieses haben die Jünger bei seiner Verklärung erfahren, es wird nach seiner Auferstehung öffentlich gemacht werden (9,9; 13,10). Es ist somit im Duktus der mk Erzählung nicht plausibel, den Satz des Hauptmanns als vollwertigen Ausdruck christlichen Glaubens anzusehen, weil es diesen zum Zeitpunkt des Sterbens Jesu noch gar nicht geben kann. Das Leiden und Sterben gehört nach Markus zum Weg Jesu hinzu, es vermittelt jedoch nicht die Erkenntnis seines wahren Wesens[437]. Dieses ist vielmehr erst dann erfaßt, wenn man den Zusammenhang zwischen dem Anbruch der Gottesherrschaft im Wirken des Menschensohnes und deren Vollendung bei seiner Wiederkunft erkennt.

Pragmatisch betrachtet liegt die Aussage somit auf einer dem Satz des Hohenpriesters aus 14,61 sowie desjenigen aus Joh 11,50 (συμφέρει ὑμῖν ἵνα εἷς ἄνθρωπος ἀποθάνῃ ὑπὲρ τοῦ λαοῦ καὶ μὴ ὅλον τὸ ἔθνος ἀπόληται) vergleichbaren Ebene: Der Hauptmann bezeichnet Jesus zwar zu Recht mit dem Ausdruck υἱὸς θεοῦ, sein Verständnis von Jesu wahrem Wesen ist jedoch ebenso unvollkommen wie dasjenige des Hohenpriesters aus 14,61 und die – anders als der Sprecher es selber meint zutreffende – Aussage über den Tod Jesu in Joh 11,50[438].

---

[435]   Zur Diskussion vgl. zuletzt *Kim*, υἱὸς θεοῦ.

[436]   Vgl. *ders.*, Markus, II, 325.

[437]   Es ist auch schwerlich zutreffend, daß von dem Satz des Hauptmanns ein Bogen zur Tauferzählung geschlagen würde. Das Verbum ἐκπνεῖν kann eine solche Annahme nicht tragen, da es einfach in der Bedeutung „sterben" verwandt wird. Zudem wäre es schwer verständlich, warum die mit der Geistbegabung verbundene Gottessohnschaft Jesu am Kreuz enden sollte.

[438]   Die Verwendung der Sohn Gottes-Bezeichnung bei Mk (bzw. in der vormk Tradition) spiegelt somit kaum ein gegenüber Röm 1,3f. sekundäres Stadium wider, in dem der aufgrund des Auferstehungsglaubens bereits auf Jesus angewandte Ausdruck nunmehr auch mit der Erzählung von seinem irdischen Wirken verbunden worden sei

Die stärkste interpretatorische Kraft entfaltet somit der
Menschensohn-Ausdruck[439]. Er ist darum die wichtigste
Bezeichnung Jesu im MkEv, welche die anderen erst inhaltlich verstehen läßt[440]. Diese Beobachtung gewinnt
dann an Gewicht, wenn man in Rechnung stellt, daß es
angesichts der zur Verfügung stehenden Quellen, die plausibelste historische Hypothese darstellt, den Menschensohn-Ausdruck auf Jesus selbst zurückzuführen und zu
vermuten, daß Jesu auf diese Weise seinen Anspruch, der
entscheidende Repräsentant der Gottesherrschaft zu sein,
zum Ausdruck gebracht hat.

Aus diesen Ausführungen wird somit deutlich: Die christologische Konzeption des MkEv kann nicht als Korrektur der Wunderüberlieferung durch die Passionserzäh-
lung[441] oder als Verknüpfung verschiedener vorausliegender Sammlungen auf der Grundlage des (vor)paulinischen
Kerygmas aus 1 Kor 15,3-5 erklärt werden. Die Deutung
des Weges Jesu im MkEv läßt sich vielmehr als ein Entwurf beschreiben, der die Verkündigung des anbrechenden
Gottesreiches durch Jesus (einschließlich der dabei verwandten Selbstbezeichnung [א]נש[א] בר bzw. ὁ υἱὸς τοῦ
ἀνθρώπου), das Faktum seiner Hinrichtung sowie das Bekenntnis zu ihm als dem erwarteten Gesalbten innerhalb
einer Erzählung integriert. Erst auf dieser Basis wird es

(so *Müller*, „Sohn Gottes"). Die Bezeichnung wird bei Mk – abgesehen von der bereits besprochenen Stelle 14,62 – nie mit der Davidsohnschaft in Verbindung gebracht oder auf den Gesalbten gedeutet. Die traditionsgeschichtliche Entwicklung ist wohl eher in der
anderen Richtung verlaufen.

[439] Der Sohn Gottes-Ausdruck ist dann kaum die zentrale Bezeichnung Jesu im MkEv. Erst die Menschensohn-Bezeichnung gibt voll-
ständige Auskunft über seine Identität, erst sie liefert somit auch den
Schlüssel zum rechten Verständnis Jesu als Christus und Gottessohn. Es kommt wohl ohnehin weniger darauf an, eine dieser Bezeichnungen als die zentrale erweisen zu wollen, als vielmehr darauf, ihr Zusammenspiel zur Interpretation von Wirken und Geschick
Jesu zu beschreiben.

[440] So z.B. auch *Boring*, Christology, 131.

[441] Darauf, daß die Erzählung der Machttaten Jesu einen selbständigen, positiven Wert für die mk Erzählung besitzt, ist in K.VI bereits hingewiesen worden.

möglich, die nach Galiläa weisenden Erscheinungsberichte
in die Geschichte des Urchristentums einzuordnen und
somit die eingangs anvisierte Diskussion um das Problem
„Galiläa und Jerusalem" produktiv weiterzuführen. In einem nächsten Schritt soll hierzu ein Blick auf die Deutung
des Wirkens Jesu in Q geworfen werden.

2.3 Q

Die Logienquelle bietet – wie inzwischen vielfach herausgestellt worden ist – einen selbständigen Beitrag zur Entstehung der frühen Christologie. Für das Profil der im Bereich der Jesusüberlieferung entwickelten Ansätze steuert
dieses Dokument darum wichtige Aspekte bei[442]. Die Besonderheit gegenüber anderen urchristlichen Entwürfen
besteht zunächst darin, daß aufgrund der Konzentration
auf die Reden Jesu das Bild, das von ihm gezeichnet wird,
zu wesentlichen Teilen aus dessen eigenen Worten, also
implizit, erschlossen werden muß. Die Interpretation des
Wirkens Jesu in Q hat somit in einem ersten Schritt die
wesentlichen Konturen seiner Verkündigung nachzuzeich-
nen, um auf dieser Grundlage das christologische Profil zu
erheben.
Die Verkündigung der anbrechenden Gottesherrschaft.
unterscheidet sich darin von Mk, daß sie völlig auf die
Auseinandersetzung mit Israel konzentriert ist. So ist bereits bezeichnend, daß Q von einer Predigt des Täufers
berichtet, in der dieser Israel den unmittelbar bevorstehen-
den Zorn Gottes ankündigt und es zum Sinneswandel auf-
ruft. Die Verkündigung Jesu wird also von Beginn an in

---

[442] Dies wird auch durch den Hinweis nicht ins Unrecht gesetzt, Q
enthalte „keineswegs die ganze Christologie dieser Gemeinde, sondern nur ihre Sammlung von Jesus-Logien", weshalb die Berufung
auf Q im Blick auf die Entwicklung der frühen Christologie viel
mißbraucht worden sei (so *Hengel*, Christologie, 55.) Eine solche
Auffassung trägt der Einsicht, daß auch die Orientierung an den
Worten Jesu durch die erfolgte Selektion, Zusammenstellung und
Einordnung in einen übergreifenden interpretatorischen Zusammenhang – Aspekte, die in Q durchaus erkennbar sind – eine Interpretation von dessen Wirken vornimmt, nicht genügend Rechnung.

diesen Horizont gestellt und damit als die letzte Möglichkeit, dem Gericht noch zu entgehen, gekennzeichnet. Diese Dringlichkeit, sich der in Jesus ergehenden Einladung
zur Teilnahme am Gottesreich nicht zu verschließen, wird
im weiteren daran verdeutlicht, daß die Eröffnungsrede
mit dem Appell, die Worte Jesu auch zu tun, schließt
(6,47-49). Damit werden die Nachfolgenden also auf die
Praxis der radikalen Ethik der Seligpreisung der Armen,
Hungernden und Trauernden, der Feindesliebe, des Ver-
zichtes auf Vergeltung und des Nicht-Richtens, die in der
Eröffnungsrede entwickelt wird, verpflichtet. Dem entsprechen die kompromißlose Forderung der Nachfolge
sowie das Gebot, bei der Wandermission im Namen des
angebrochenen Gottesreiches selbst auf die notwendigste
Reiseausrüstung zu verzichten (9,57-60; 10,4). Angesichts
des bald von Gott vollständig verwirklichten Gottesreiches
gilt es, sich in der Gegenwart völlig auf die Arbeit für dieses einzulassen und alles andere Gott anheimzustellen
(12,22-31).
Dieser kompromißlosen Forderung, das im Auftreten Jesu
angebotene Heil anzunehmen, korrespondiert die Ansage
des Gerichtes über die, die ihn nicht als den entscheidenden Repräsentanten des anbrechenden Gottesreiches aner-
kennen wollen, sich angesichts seines Wirkens nicht än-
dern (10,13-15), ein Beglaubigungszeichen von ihm fordern (11,29), Johannes und Jesus ablehnen (7,31-35) oder
seine Boten und den in ihnen wirkenden Geist verwerfen
(10,16; 12,10). Q spricht in diesem Zusammenhang des
öfteren von „diesem Geschlecht", das sich selbst angesichts dessen, der mehr ist als Jona und Salomo (11,31f.),
nicht zum Sinneswandel bereitfindet und für das darum
das Gericht unausweichlich ist.
Die Interpretationskategorien für die Identität dessen, der
mit einem solchen Anspruch auftritt, stellt die Geschichte
Israels bereit, obwohl sie nicht ausreichen, die Bedeutung
Jesu zu erfassen: Sowohl der Bußprediger Jona als auch
der weise Salomo werden von Jesus überboten. Diese Anspielung an weisheitliche bzw. prophetische Tradition
klingt auch in 7,33f. in bezug auf Johannes und Jesus als
von Israel abgelehnten Gesandten an. In 11,49-51 und

13,34 wird die Tradition vom gewaltsamen Propheten-
schicksal aufgenommen und dient als Interpretationsmo-
dell für den Tod Jesu. Daß sich in Jesus mehr ereignet, als
in den Kategorien von Prophetie und Weisheit ausgesagt
werden kann, kommt dagegen in der Antwort an den Täufer zum Ausdruck, in der das Wirken Jesu im Licht der
jesajanischen Weissagungen über das Handeln Gottes in
der Endzeit gedeutet wird.

Ein weiterer Aspekt kommt in der Versuchungserzählung
zum Ausdruck. Gegenüber den Versuchungen des Teufels,
sich als Wundertäter zu erweisen, die Verheißungen Gottes auf die Probe zu stellen bzw. den Teufel anzubeten,
erweist sich Jesus als Gott ergebener, in der Schrift
bewanderter Gottessohn. Die Erzählung ist also an dem Gehorsam Jesu gegenüber Gott orientiert, nicht an einer Einsetzung in ein Amt. In der Erzählung, mit der Jesus eingeführt wird, bevor er seine erste Rede hält, wird vielmehr
deutlich gemacht, daß er exemplarisch erfüllt, was er im
weiteren von seinen Nachfolgern fordern wird: Er verzichtet darauf, sich durch ein Wunder Nahrung zu besor-
gen und vertraut statt dessen auf Gott; er lehnt es ab, von
Gott ein Wunder zu erwarten, das ihn aus akuter Gefahr
retten würde; er verzichtet auf eigene Macht, um Gott zu
dienen.

Wichtiger als diese Aspekte ist jedoch auch hier die mit
der Selbstbezeichnung Jesu als Menschensohn zur Sprache
gebrachte Autorität. Diesbezüglich besteht eine Analogie
zu der mk Christologie darin, daß mittels dieses Ausdrucks
die Vollmacht des Irdischen – deren Kehrseite die Ablehnung und daraus folgende Niedrigkeit ist – ausgedrückt
und zugleich seine Erhöhung ausgesagt wird. Die so ent-
stehende Zeitvorstellung läßt sich mit derjenigen des
MkEv vergleichen[443]: In beiden Konzeptionen wird von
der gegenwärtigen Abwesenheit Jesu ausgegangen und auf
sein (baldiges) Wiederkommen zum Gericht vorausgeblickt. Der pragmatische Ort des Hinweises auf die
Wiederkunft Jesu ist ebenfalls ähnlich: Dient er bei Mk
dazu, das Festhalten an der Nachfolge auch in der Situati-

---

[443] Vgl. oben K.III.

on von Leiden und Verfolgung zu motivieren, da der Ver-
lust des endzeitlich relevanten Lebens andernfalls unausweichlich wäre[444], so wird in Q mit diesem Hinweis die
ständige Bereitschaft gefordert, da man nie weiß, wann der
Menschensohn kommt.

Q überliefert also keineswegs einfach die Worte Jesu, so
daß man hier seiner Verkündigung ansichtig würde. Abgesehen von der hinter einer solchen Vorstellung liegenden
erkenntnistheoretischen Problematik wird dies auch dem
Befund nicht gerecht, daß die Basis für die Weitergabe der
Verkündigung Jesu in Q die Überzeugung seiner Erhöhung zum Menschensohn ist. Durch diesen Akt wird nach
Auffassung von Q seine Verkündigung des angebrochenen
Gottesreiches trotz seines scheinbaren Scheiterns ins Recht
gesetzt und erhält zugleich der Hinweis auf den wiederkommenden Jesus seine Begründung. Nur aus dieser
Spannung zwischen dem bereits angebrochenen, von Gott
unter Mitwirkung des Menschensohnes Jesu jedoch noch
zu vollendenden Durchsetzung seines Reiches heraus läßt
sich die Deutung Jesu in Q sachgemäß erfassen.

Der bei Mk problematisierte Ausdruck χριστός wird in Q
nicht verwandt. Dies kann darauf zurückzuführen sein, daß
Q weniger an einem Bekenntnis als an der Bewahrung der
Verkündigung Jesu interessiert ist. Dies würde auch erklären, warum der Menschensohn-Ausdruck hier in expo-
nierter Weise begegnet. Allerdings reicht eine solche Feststellung nicht, das Fehlen des Ausdrucks χριστός in Q zu
erklären. Vielmehr legt es sich nahe, aufgrund der auch bei
Mk zu konstatierenden Neufassung des χριστός-Begriffes
diesen als für diejenigen Entwürfe, die sich mit der Überlieferung von Wirken und Verkündigung des irdischen Jesus befassen, nicht unproblematischen – und daher gege-
benenfalls auch zu übergehenden – aufzufassen. Der
χριστός-Begriff leistet in seiner Anwendung auf den Irdi-

---

[444] Dies läßt sich als Intention von Mk 8,34-38 bestimmen: Der
Mensch hat keinen Gegenwert für seine im Gericht zu bewahrende
ψυχή. Darum muß er darauf achten, nicht um des Bewahrens der
irdischen ψυχή willen (κερδαίνειν τὸν κόσμον) die endzeitlich re-
levante zu verspielen.

schen für Mk und Q offensichtlich gerade nicht, was mit Hilfe der Menschensohn-Vorstellung ausgesagt werden konnte: die Integration des mit seinem Wirken angebrochenen Gottesreiches in die Perspektive der mit dem nochmaligen Auftreten des Menschensohnes Jesus in Zusammenhang stehenden endzeitlichen Vollendung. Der Grund hierfür könnte darin zu suchen sein, daß in der Verwendung der Menschensohn-Bezeichnung eine eigene Redeweise Jesu weitergeführt wurde, wogegen die χριστός-Bezeichnung eine erst an ihn herangetragene Interpretation seines Auftretens darstellt[445].

3 Erwägungen zum Ort des Menschensohn-Bekenntnisses in der christologischen Entwicklung des Urchristentums

Die sich aus den vorstehenden Überlegungen ergebenden Konsequenzen sollen nunmehr durch eine traditionsgeschichtliche, eine rezeptionsästhetische sowie eine historische Überlegung fokussiert werden.
1) Die oben unter 2. aufgrund traditionsgeschichtlicher Überlegungen bereits geäußerte Ansicht, die Entstehung der Christologie lasse sich nicht als eine sukzessive Übernahme jüdischer Hoheitstitel verstehen, erfährt durch die

---

[445] Man wird insofern im Blick auf die Verwendung beider Ausdrücke im frühen Christentum eine Differenz zu konstatieren haben, die sich nicht durch traditionsgeschichtliche Überlegungen einebnen läßt. Diese Tendenz besteht bei *Hengel*, Jesus, der Messias Israels, 163, der dort auf äthHen verweist, um den „Gegensatz zwischen einem irdisch-politischen ‚Messias' und einem ‚himmlisch transzendenten' Menschensohn" als fragwürdig zu erweisen. Auch wenn in äthHen der Menschensohn als Gesalbter bezeichnet werden kann (48,10; 52,4), so besagt dies noch nicht, daß beide Ausdrücke in ihrer Bedeutung prinzipiell aneinander angeglichen worden seien. Läßt man einmal die Datierungsprobleme der Bilderreden außer acht, so dürfte in bezug auf äthHen jedenfalls gelten, daß hier nicht von einem Gesalbtenverständnis im Sinne der davidisch-königlichen Tradition die Rede sein kann. Genau ein solches wird jedoch vorausgesetzt, wenn der Ausdruck auf Jesus angewandt – und entsprechend umgedeutet – wird.

Beobachtungen zu Mk und Q eine deutliche Bestätigung.
Dies stellt zugleich diejenige Position in Frage, die annimmt, am Beginn der christologischen Entwicklung habe
die Überzeugung von Jesu Auferweckung gestanden, der
dann die anderen Elemente zugeordnet worden seien.
Vielmehr läßt sich festhalten, daß die Auffassung, Jesus
sei als der Menschensohn der entscheidende Repräsentant
der Gottesherrschaft, von Beginn an einen konstitutiven
Bestandteil der Interpretation seines Auftretens dargestellt
hat. Wenn dieses – wie bei Mk – mit dem Bekenntnis zu
ihm als dem χριστός verbunden wird, so wird die könig-
lich-davidische Gesalbtenvorstellung im Horizont des an
irdischer Vollmacht und endzeitlichem Wiederkommen
orientierten Menschensohn-Bildes transformiert.
Die Sterbeformeln aus dem (vor)paulinischen Traditionsbereich stellen dagegen traditionsgeschichtlich ein Stadium dar, in welchem die Gesalbtenbezeichnung als Inter-
pretandum des Geschehens um Jesus nicht mehr als Problem empfunden wird. Wird die Anwendung dieser Bezeichnung auf die Ereignisse seines Sterbens und seiner
Auferweckung[446] hier also undiskutiert vorausgesetzt[447], so
liegt ein gegenüber Mk weiterentwickeltes Reflexionssta-
dium vor[448]. Bezieht man des weiteren den Befund, daß
χριστός in Q fehlt, wogegen Paulus umgekehrt den Menschensohn-Ausdruck überhaupt nicht verwendet, in die
Betrachtung ein, so verstärkt sich der Eindruck, daß es bei
der Orientierung an der Wirksamkeit Jesu nicht unbedingt
nahelag, diese mit dem Bekenntnis, daß er der Gesalbte
sei, zu verbinden.
Wenn dies bei Mk dennoch geschieht, so kann dies nicht
als Übernahme eines „Kerygmas" aus dem (vor)paulini-
schen Bereich verstanden werden. Die narrative Entfaltung

---

[446]   Vgl. etwa 1 Kor 15,3-5; 2 Kor 5,14f.; Röm 5,6-8.

[447]   Vgl. etwa *Hengel*, Erwägungen, 135-159. *Hengel* stellt zu Recht
fest, daß im paulinischen Bereich κύριος, jedoch nicht χριστός ti-
tular verwandt wird.

[448]   *Dahl*, Messiahship, 18: „The usage in other New Testament
writings cannot be understood as a further development of Pauline
but only of pre-Pauline usage."

der Bedeutung Jesu weist vielmehr in einen Kontext, in dem es gerade die Orientierung an der Basileiaverkündigung des Irdischen war, die zur Ausprägung des Konzeptes vom εὐαγγέλιον τοῦ θεοῦ und zu dessen Verkündigung unter den Völkern führte[449]. Die These von Nils Astrup Dahl[450], die Christusbezeichnung sei ursprünglich mit der Kreuzigung verbunden gewesen, ist von daher zu relativieren, daß sie deren völlig eigenständige, nicht an den Sterbeformeln orientierte Rezeption innerhalb der mk Jesuserzählung nicht befriedigend erklären kann.

2) In rezeptionsästhetischer Hinsicht ist darauf zu achten, daß die Aufnahme der Jesusüberlieferung in schriftliche Entwürfe nur unter Berücksichtigung des literarischen Charakters der entsprechenden Schriften angemessen zu erfassen ist. Die oben angeführte Auffassung Kösters, das MkEv sei durch die Orientierung an Jesu Tod als einem Opfertod aufzufassen, hinter der (vor)mk Passionsgeschichte sei zudem ein Bekenntnis nach Art von 1 Kor 15,3-5 zu vermuten, wird angesichts der hier vorgetragenen Überlegungen somit immer unwahrscheinlicher. Anders als bei Paulus, bei dem die χριστός-Bezeichnung dezidiert in Sterbeaussagen zur Anwendung kommt, begegnet eine solche Verbindung bei Mk gerade nicht. Des weiteren dürfen der Satz aus 10,45 und die Abendmahlsüberlieferung nicht über Gebühr in den Vordergrund geschoben werden. Ob diese eine Deutung im Sinne eines Sühne- oder gar Opfertodes zulassen, sei dahingestellt[451].

---

[449] *Dautzenberg*, Wandel.

[450] Vgl. *ders.*, Messianic Ideas sowie bereits *ders.*, Crucified Messiah.

[451] Die ἀντὶ bzw. ὑπὲρ πολλῶν-Formulierungen geben dies für sich genommen jedenfalls noch nicht her. Im weiteren Kontext der mk Erzählung spricht mehr dafür, den durch das Blut Jesu geschlossenen Bund (vgl. 14,24), der nunmehr auch für die Heiden offensteht (in diesem Sinn läßt sich möglicherweise der Verweis auf die πολλοί interpretieren), als „Effekt" des Todes Jesu – und damit als inhaltliche Füllung des ὑπέρ – anzusehen. Dafür läßt sich positiv anführen, daß nach 13,10 die Zeit der Abwesenheit Jesu durch die Verkündigung des Evangeliums an alle Völker ausgefüllt wird, negativ läßt sich dagegen nennen, daß im MkEv die Sündenvergebung nur mit der Johannestaufe (1,4f.) sowie mit dem irdischen Wirken

Auf jeden Fall aber gilt, daß die Christologie des MkEv nicht unter Absehung von dessen narrativer Struktur entfaltet werden kann, was eine einseitige Gewichtung einzelner kurzer Passagen über den Tod Jesu verbietet[452].

Für Q gilt in analoger Weise, daß die Rezeption der Jesusüberlieferung dann verzeichnet wird, wenn man die Erwartung des baldigen Wiederkommens des Menschensohnes Jesus nicht als konstitutiven Bestandteil beachtet. An die Stelle der methodisch fragwürdigen Aufteilung des Q-Materials in verschiedene literarische „Schichten" tritt somit ein an dem erkennbaren Text von Q ausgerichtetes Modell, für das die Orientierung an der baldigen Vollendung der mit Johannes und Jesus angebrochenen Gottesherrschaft kennzeichnend ist.

In bezug auf das EvThom sei hier nur angemerkt: Wie aus dem Incipit des koptischen Exemplars aus Nag Hammadi sowie – vermutlich – bereits aus POx 654,1-5 hervorgeht[453], wurden die hier zusammengestellten Worte und Gleichnisse in die Konzeption der „verborgenen Worte Jesu" eingeordnet, die nicht an einer biographischen Erinnerung orientiert ist. Die Frage, ob das EvThom für die Anfänge der Rezeption der Jesusüberlieferung relevant sei, kann darum nicht durch den Erweis der Abhängigkeit oder Unabhängigkeit einzelner Überlieferungsstücke oder durch die Hypothese einer ins 1. Jahrhundert zu datierenden älteren Fassung des EvThom, sondern nur durch eine Entscheidung darüber, ob dieses Konzept älter ist als dasjenige von Mk und Q, erbracht werden. Diese Frage ist jedoch negativ zu entscheiden, weshalb das EvThom für die hier zur Disposition stehende Frage nicht heranzuziehen ist.

3) Die eingangs aufgeworfene Frage „Jerusalem und Galiläa" führt somit zu folgender Überlegung: Der historische Ort der Ausbildung des Christusbekenntnisses wird in der die Mk-Erzählung prägenden Frage nach der Identität Jesu reflektiert. Dies zeigt, daß Mk mit der Problematisie-

---

des Menschensohnes (2,5-10), jedoch nie mit dem Tod Jesu in Verbindung gebracht wird. Anders z.B. *Lührmann*, Markusevangelium, 240, dem zufolge sowohl in 10,45 als auch in 14,24 das „Motiv des stellvertretenden Sühneleidens" verwandt worden ist.

[452] Vgl. hierzu etwa *Müller*, „Wer ist dieser?".

[453] Das Wort ἀπόκρυφοι fehlt auf dem Papyrus, kann aber wohl ergänzt werden.

rung der Anwendung dieses Ausdrucks auf Jesus an eine
gegenüber dem paulinischen Bereich selbständige Traditionslinie anknüpft, die auch in den späteren Entwürfen von
Mt und Lk noch nicht explizit mit dieser in Verbindung
gebracht wird.
Wenn das Christusbekenntnis in Q dagegen fehlt, so ist
dahinter eine eigene Interpretation der Bedeutung Jesu zu
erkennen, die ihre Brennpunkte in der Verkündigung des
anbrechenden Gottesreiches sowie der Identifizierung des
Menschensohnes Jesus als deren entscheidendem Repräsentanten besitzt. Diese Rezeption der Verkündigung Jesu
darf – darauf ist gegenüber Köster zu insistieren – nicht
mit derjenigen des EvThom auf eine Stufe gestellt werden,
denn letzteres ist gerade dadurch charakterisiert, daß in
ihm die – von Köster für Q selbst zugestandene – eschatologische Erwartung fehlt.
Die Eigenständigkeit derjenigen Entwürfe, die sich auf die
Jesusüberlieferung und nicht auf das Kerygma von Tod
und Auferweckung stützen, ist somit von Köster (und bereits von Lührmann) zu Recht betont worden. Allerdings
ist dieser Ansatz den hier vorgelegten Überlegungen zufolge darin unzureichend, daß er diese Selbständigkeit
durch den Rekurs auf hinter den zugänglichen Quellen liegende Sammlungen erbringen möchte, was eine unbefrie-
digende Beurteilung der vorliegenden, sich auf die Jesusüberlieferung berufenden Konzeptionen zur Folge hat.
Demgegenüber ist zu betonen, daß sich aus Mk und Q
selbst ein bestimmtes Profil der frühen Rezeption der Jesusüberlieferung erheben läßt, das dann auch eine eigene,
von dem jerusalemisch-antiochenischen Bereich unterschiedene Ausprägung frühchristlicher Theologie erkennen läßt. Wie dieses Verhältnis bezüglich Pluralität und
Kohärenz betrachtet werden kann, soll in einigen abschließenden Thesen summiert werden.

4 Zusammenfassende Thesen

1) In methodischer Hinsicht ist zu bemerken, daß das
MkEv nicht auf der Basis vermuteter Quellen, die in die-

sem verarbeitet worden seien, interpretiert werden kann.
Selbst wenn man die Frage der (keineswegs erwiesenen)
Existenz derartiger Quellen einmal dahingestellt sein läßt,
können diese jedenfalls keine Auskunft darüber geben, wie
das MkEv selbst zu interpretieren ist. Die Einsicht der literarischen Hermeneutik, daß sich Verstehen *vor* und nicht
hinter dem Text vollzieht, hat vielmehr zur Folge, daß der
„formgeschichtliche" Ansatz zur Erklärung der Geschichte
des Urchristentums durch ein rezeptionsästhetisch ausgerichtetes Modell zu ersetzen ist.

2) An Kösters Modell, das hier deshalb zur Auseinandersetzung gewählt wurde, weil es einen in sich konsistenten
Entwurf zur Entstehung urchristlichen Glaubens aus der
Rezeption von Wirken und Geschick Jesu darstellt, ist zunächst positiv festzuhalten, daß er der Anknüpfung an die
Verkündigung Jesu einen eigenen Ort innerhalb seines Ge-
schichtsentwurfes zukommen läßt und damit die Engfüh-
rung auf ein einheitliches Bekenntnis am Anfang vermei-
det.

Gegen seinen Ansatz muß den hier vorgelegten Überlegungen zufolge jedoch eingewandt werden, daß sich die
Anfänge der Rezeption von Wirken und Geschick Jesu
weder durch den Rekurs auf vermeintliche vorsynoptische
Quellen noch durch die Zuweisung des MkEv zu einer wesentlich an der Deutung des Todes Jesu orientierten Richtung des Urchristentums befriedigend erklären lassen. Sein
Modell der Mannigfaltigkeit am Beginn des Christentums
ist von daher einer kritisch-weiterführenden Revision zu
unterziehen. Die von ihm herausgearbeiteten Differenzierungen sind zu stark von dem Bild einer in viele unver-
bunden nebeneinanderstehende Anknüpfungen bestimmt
und lassen darum wichtige Gemeinsamkeiten unterbelich-
tet.

Läßt man dagegen die problematischen Thesen der angeb-
lichen vorsynoptischen Sammlungen beiseite, so zeigt
sich, daß die entscheidende Weichenstellung zwischen
dem galiläischen und dem jerusalemisch-antiochenischen
Bereich darin liegt, daß in letzterem eine Begründung dafür, daß das endzeitliche Heilshandeln Gottes in dem Menschen Jesus von Nazaret erfolgt ist, nicht mittels eines Re-

kurses auf dessen irdische Wirksamkeit gegeben, sondern
statt dessen durch die Betonung der sündenbeseitigenden
und eine neue Identität der sich auf seinen Namen berufenden Gemeinschaft hervorbringenden Wirkung seines
Todes entwickelt wird.
3) Das Verhältnis „Jerusalem und Galiläa" ist somit jenseits der Alternative einer Bestreitung der galiläischen
Tradition und deren Konstruktion mittels „formgeschichtlicher" Argumente zu bestimmen. Die Existenz einer galiläischen Tradition ist ernst zu nehmen, sie ist gekennzeichnet durch eine bewahrende Anknüpfung an die Verkündigung Jesu, die in die nachösterliche Situation hinein
gedeutet wird. Es ist dagegen unwahrscheinlich, daß diese
Tradition ihren Ausgang von Jerusalem und der dort ent-
standenen Überzeugung von der Heilsbedeutung des Todes Jesu im Sinne der Beseitigung von Sünden genommen
habe. Auf der anderen Seite zeigt sich, daß diese Tradition
nicht zu einer Aufsplitterung der Jesusüberlieferung in
viele verschiedene Linien führt, sondern eine Kohärenz
besitzt, die trotz eigener Akzente nicht einfach als unver-
bunden neben dem Christusglauben der (vor)paulinischen
Tradition stehend vorzustellen ist.
4) Angesichts dieser Überlegungen ist es darum erforderlich, das Verhältnis von Pluralität und Kohärenz im
Urchristentum neu zu durchdenken. Die Betonung der
mannigfaltigen Anknüpfung an Wirken und Geschick Jesu
ist hilfreich, um der Vorstellung einer gemeinsamen Überzeugung vom Handeln Gottes in Jesus Christus die Vielfalt
der Aspekte, in denen dieses Handeln versprachlicht wurde, gegenüberzustellen. Im hiesigen Beitrag wurde dies
daran deutlich, daß sich die „galiläische Tradition" literarisch deutlich als eigenständig erweist und auch inhaltlich
eigene Akzente setzt. Dies darf jedoch nicht dazu führen,
die Frage der Kohärenz zugunsten einer derart herausgestellten Mannigfaltigkeit zu nivellieren. An dieser Stelle
wären sowohl das Programm von Bauer als auch dasjenige
von Köster kritisch zu hinterfragen.
Die Rezeption von Wirken und Verkündigung Jesu führt
nicht zu einer Mannigfaltigkeit konkurrierender Interpre-
tationsansätze, sondern ist getragen von der Überzeugung,

daß sich im Auftreten des Menschensohnes Jesus das Gottesreich Bahn gebrochen hat und in naher Zukunft vollendet werden wird. Durch die Betonung der sündentilgenden Wirkung seines Todes sowie seiner Erhöhung zum κύριος werden die Akzente anders gesetzt. Die Überzeugung vom endzeitlichen Handeln Gottes in Jesus ist dabei jedoch ebenso vorausgesetzt wie die Tatsache, daß die Bedeutung Jesu durch eine Applikation jüdischer Bezeichnungen für endzeitliche Repräsentanten Gottes auf ihn zur Sprache gebracht werden muß. Schließlich läßt sich in beiden Bereichen feststellen, daß das Geschehen um Jesus als Auftrag verstanden wurde, Israel – und dann auch die anderen Völker[454] – zu Sinneswandel, Umkehr und Bekenntnis der Sünden aufzurufen. Eine Deutung seines Wirkens als Weisheitslehrer oder Wundertäter außerhalb eines solchen Deutungsrahmens liegt dagegen nicht im Horizont dieser frühen Ansätze.

5) Zum Abschluß sei noch einmal auf die methodische Bemerkung zum perspektivischen Charakter geschichtlicher Konstruktionen rekurriert. „Die" Geschichte des Urchristentums – das folgt aus einem derartigen Verständnis – wird es nicht geben, sondern nur verschiedene Weisen, die vorhandenen Quellen unter einer „Plotstruktur"[455] zu einer Kette von Ereignissen zusammenzuordnen. Die hier vorgelegten Gedanken verstehen sich dezidiert als unter dieser Prämisse formuliert. Dies bedeutet freilich nicht, daß eine Konstruktion der ersten Jahrzehnte des Christentums damit der Beliebigkeit ausgeliefert würde. Diese Gefahr besteht wohl ohnehin eher dann, wenn man nicht die zugänglichen Texte, sondern hypothetische Quellen interpretiert. Im Blick auf eine Darstellung der Anfänge des Christentums sollte jedoch an die Stelle des Rekurses auf derartige, kaum konsensfähig zu erweisende „Quellen" (die vielleicht nur die Funktion erfüllen, das fiktive Element in der entsprechenden historiographischen Darstellung zu legitimieren), eine Reflexion auf die Not-

---

[454] Für Q läßt sich allerdings, anders als für Markus und Paulus, noch keine Tendenz zur Heidenmission feststellen.
[455] Vgl. *White*, Text, 104f.

wendigkeit fiktionaler Elemente treten, um einer Ideologisierung zu wehren[456].

Der Blick auf die in der frühen Jesusüberlieferung und im jerusalemisch-antiochenischen Bereich entwickelten Ansätze zur Deutung des Geschehens um Jesus legt es dagegen nahe, mit einem Interpretationsspektrum zu rechnen, welches seine Konturen durch die unter 4) skizzierten Merkmale erhält. Daß dies in dem Augenblick anders wird, wo sich das frühe Christentum mit heidnischer Philosophie und gnostischem Denken auseinandersetzen muß, liegt auf der Hand und wird etwa durch Justin und Irenäus eindrücklich belegt. Dagegen ist es nicht plausibel, die Geschichte des Urchristentums als eine nahezu konturenlose Mannigfaltigkeit zu konzipieren. Die hier vorgestellten Gedanken sprechen eher dafür, daß die frühe Jesusüberlieferung in ihm den Menschensohn aus Galiläa sah und diese Überzeugung im jerusalemisch-antiochenischen Bereich in bestimmter Hinsicht ausgebaut wurde. Das Verhältnis von Pluralität und Kohärenz läßt sich somit am besten mit der Formel *Pluralität innerhalb einer Kohärenz* beschreiben.

---

[456] Noch einmal *White* (a.a.O., 121): „Schließlich sei bemerkt, daß, wenn die Historiker das fiktionale Element in ihren Erzählungen erkennen würden, dies nicht die Degradierung der Geschichtsschreibung auf den Status von Ideologie oder Propaganda bedeuten würde. Ja, diese Einsicht würde als ein wirksames Mittel gegen die Tendenz von Historikern dienen können, Gefangene ideologischer Vorverständnisse zu werden, die sie nicht als solche erkennen, sondern als ‚richtige' Wahrnehmungen dessen ‚wie die Dinge *wirklich* sind' nehmen" (dort kursiv).

VIII
Jesus und die Anfänge der Christologie. Eine Schlussbetrachtung

Die Beschäftigung mit den Ursprüngen des christlichen Glaubens aus der Aufnahme von Wirken und Geschick Jesu heraus beginnt mit einer grundsätzlichen Überlegung: Wie wird Vergangenheit zu einer für die Gegenwart bedeutsamen Zeit? Das historisch-kritische Bewußtsein besteht hier auf dem Eigen- und Fremdheitscharakter der Vergangenheit. Es wehrt damit der Gefahr von deren naiver oder ideologisch motivierter Vereinnahmung. Die neuzeitliche Geschichtswissenschaft hat jedoch zugleich herausgestellt, daß jeder Bezug auf die Vergangenheit den Charakter der *Konstruktion* trägt. Wir können aus der eigenen Zeit, die unsere Erkenntnismöglichkeiten determiniert, nicht heraustreten. Vielmehr eignen wir uns Vergangenheit in unserer Sprache und im Rahmen unserer Erkenntnismöglichkeiten an. Jede Interpretation der Quellen ist somit immer zugleich historische Imagination. Johann Gustav Droysen hatte hierauf verwiesen, als er neben Heuristik und Kritik die Interpretation als einen eigenen Schritt der Geschichtsforschung bezeichnete. Die neuere geschichtstheoretische Diskussion hat dies unter Aufnahme erkenntnis- und sprachtheoretischer Einsichten ausgebaut: Eine kritische Beurteilung der Quellen ist für jede historische Arbeit unerläßlich. Auch sie führt jedoch nicht zu einer Wiederherstellung der Vergangenheit, sondern zu rational nachvollziehbaren, vor den Quellen verantworteten Konstruktionen.

Die Jesusfrage findet sich damit inmitten der Relativität historischer Erkenntnis wieder, gleichermaßen angewiesen auf Quellenanalyse und produktive Einbildungskraft. Jede Jesusdarstellung im historisch-kritischen Zeitalter ist eine solche Konstruktion: Sie weiß sich an die Quellen gebunden, erweckt diese durch historische Einbildungskraft zum Leben und vermittelt Vergangenheit und Gegenwart durch die historische Erzählung. Jesusdarstellungen lassen sich so betrachtet als „Fiktionen des Faktischen" bezeichnen.

Die Grundlage jeder historischen Beschäftigung mit Jesus stellen die frühen Quellen dar. Mit Mk und Q beginnt die „produktive Erinnerung" an Jesus im Urchristentum. Dabei fällt ein Spezifikum der konstruierten Zeitspanne ins Auge: Die Zeit Jesu beginnt mit dem Auftreten des Täufers. Damit wird seine Wirksamkeit zugleich inhaltlich gedeutet, indem sie als Fortsetzung und Modifikation derjenigen des Täufers dargestellt wird: Bei beiden steht die Nähe Gottes im Zentrum, die dem Aufruf zur Umkehr eine unüberbietbare Dringlichkeit verleiht. Zugleich findet sich jedoch eine charakteristische Verschiebung: Jesus bindet das Sich-Ereignen der Gottesherrschaft an seine eigene Person. Er bezeichnet sich selbst als Menschensohn und bringt damit den Anspruch zum Ausdruck, der letzte, entscheidende Repräsentant Gottes zu sein.

Die Zeit Jesu ist in Mk und Q nicht auf die Vergangenheit begrenzt. Der Rekurs auf sein Wirken bindet vielmehr Vergangenheit, Gegenwart und Zukunft zusammen: Der Anbruch des Gottesreiches im Wirken Jesu ist ein auch die Gegenwart bestimmendes Geschehen, das in der Zukunft durch die Wiederkunft Jesu vollendet werden wird.

Die Selbstbezeichnung Jesu als Menschensohn wird aufgegriffen und auf sein zukünftiges Wiederkommen zur Vollendung der Gottesherrschaft bezogen. Die Konstruktion der Vergangenheit wird auf diese Weise zugleich zu einer Deutung von Gegenwart und Zukunft, wobei die Gegenwart zu einer „Zwischenzeit" wird: Den Nachfolgern Jesu ist aufgetragen, seine Botschaft zu verbreiten und so an der Aufrichtung der Gottesherrschaft mitzuwirken, bis Gott selbst und der Menschensohn diese ihre Herrschaft vollständig aufrichten werden. Es ist diese spezifische, Vergangenheit, Gegenwart und Zukunft verbindende Perspektive, die christliche Theologie in den Diskurs um die Deutung von Zeit und Geschichte einzubringen hat.

Die Beschäftigung mit Q verlangt angesichts der gegenwärtigen Diskussionslage nach einer Positionsbestimmung. Etliche Hypothesen über den literarischen Charakter, den zu erhebenden Wortlaut, die Entstehung und theologiegeschichtliche Bedeutung von Q gehen nach der hier vertretenen Auffassung über das aus dem Quellenbefund zu Erhebende hinaus. Die Q-Hypothese wird durch derart weitgehende Annahmen nicht selten in ihrem wissenschaftlichen Status überfordert und damit zugleich gefährdet. Demgegenüber wurden einige kritische Einwände formuliert, die die Q-Diskussion an methodische Prinzipien gegenwärtiger Evangelienforschung anbinden sollen: Q läßt sich nicht auf eine Spruchsammlung reduzieren, ebensowenig wie sich mehrere literarische Schichten dieses hypothetischen Dokumentes nachweisen lassen. Die Einbeziehung von Q in die Diskussion um die frühe Jesusüberlieferung sollte statt dessen von der hier erkennbaren Interpretation des Wirkens Jesu ausgehen und diese für eine historische Rekonstruktion fruchtbar machen.

Aus Q und Mk lassen sich weitere Charakeristika der frühen Jesusüberlieferung erheben. Q bezieht eine eigene Stellung zum Verhältnis Jesus und Gesetz, die an dem Aufweis der Konvergenz von Jesusverkündigung und Tora orientiert ist. Nicht zuletzt deshalb besteht Anlaß, das Verhältnis Jesu zur Tora einer Neubewertung zu unterziehen. Es gibt gute Gründe dafür, dieses nicht vorrangig als ein kritisches zu beurteilen, sondern innerhalb der jüdischen Diskussion um die konkrete Auslegung der Tora anzusiedeln.

Die Bedeutung Jesu wird in Mk und Q narrativ entfaltet. Dabei steht der Menschensohn-Ausdruck im Zentrum, der bei Paulus und in der vorpaulinischen Überlieferung fehlt. Umgekehrt spielt die dort wichtige Hoheitsbezeichnung Jesu als „Herr" in der frühen Jesusüberlieferung noch keine Rolle. Die Christusbezeichnung fehlt in Q völlig, sie wird bei Mk erst mit Hilfe des Menschensohn-Ausdrucks interpretiert und auf diese Weise mit der Jesuserzählung verbunden. Die Deutung Jesu in Mk und Q weist damit auf einen eigenen Überlieferungsbereich hin, in dessen Zentrum die Verkündigung der anbrechenden Gottesherrschaft und das Bekenntnis zu Jesus als dem Menschensohn stehen.

Dieses Ergebnis läßt sich ansatzweise in eine Geschichte des Urchristentums einzeichnen: Mit Jerusalem und Galiläa sind zwei Orte bezeichnet, in denen sich in den ersten Jahrzehnten unterschiedliche Anknüpfungen an Jesus feststellen lassen. Im Bereich der Jesusüberlieferung werden die christologischen Überzeugungen in enger Bindung an die Bewahrung und Interpretation des Wirkens Jesu entwickelt. Dies gibt Anlaß, die Entstehung der Christologie enger mit dem Wirken des irdischen Jesus in Verbindung zu bringen, als dies die exegetische Forschung mitunter tut. Es gibt gute Gründe dafür, nicht nur die Rede vom Menschensohn Jesus als dem endzeitlichen Repräsentanten Gottes, sondern auch die Überzeugung, er sei der Gesalbte und der Sohn Gottes, aus der Aufnahme und Interpretation seines Wirkens heraus zu verstehen und nicht erst als nachösterliche Interpretationskategorien aufzufassen.

Trotz dieser Verzweigung innerhalb der urchristlichen Theologiegeschichte läßt sich eine Kohärenz bezüglich der Auffassung über die Bedeutung Jesu erkennen: In beiden Bereichen ist die Überzeugung festzustellen, Gott habe in Jesus auf eine letztgültige Weise gehandelt. Ist er somit Gottes entscheidender Repräsentant, dann gibt es an der Zugehörigkeit zu ihm vorbei keinen Weg, zur Teilnahme an der Gottesherrschaft zu gelangen.

Die hier vorgelegten Studien haben ihren Ausgangspunkt bei der neuen Diskussion um den historischen Jesus genommen. Der Durchgang durch verschiedene Bereiche der Forschung sowie die Betrachtung einschlägiger urchristlicher Texte hat erbracht, daß die neue Jesusforschung unser Bild von der Entstehung des christlichen Glaubens bereichert und differenziert. Er hat auch gezeigt, wie wichtig es ist, die eigenen erkenntnistheoretischen Prämissen zu reflektieren. Am Ende steht der Wunsch, daß die hier vorgestellten Überlegungen zu einer intensiven und fruchtbaren Diskussion um Jesus und die Anfänge der Christologie beitragen mögen.

Literatur

Assmann, A., Zeit und Tradition. Kulturelle Strategien der Dauer, Köln u.a. 1999

Assmann, J., Religion und kulturelles Gedächtnis. Zehn Studien, München 2000

Assmann, J., Zeitkonstruktionen und Gedächtnis als Basisfunktionen historischer Sinnbildung, in *Rüsen, J. (hg.),* Westliches Geschichtsdenken. Eine interkulturelle Debatte, Göttingen 1997, 81-98

Aune, D.E., The New Testament in its Literary Environment, Philadelphia 1987

Bauer, W., Rechtgläubigkeit und Ketzerei im ältesten Christentum. Zweite, durchgesehene Auflage mit einem Nachtrag, hg. von *G. Strecker,* Göttingen 1964.

Becker, J., Das Urchristentum als gegliederte Epoche (SBS 155), Stuttgart 1993

Becker, J., Jesus von Nazaret, Berlin/New York 1996

Berger, K., Die Amen-Worte Jesu. Eine Untersuchung zum Problem der Legitimation in apokalyptischer Rede (BZNW 39), Berlin 1970

Berger, K., Die Gesetzesauslegung Jesu. Ihr historischer Hintergrund im Judentum und im Alten Testament, Teil I: Markus und Parallelen (WMANT 40), Neukirchen-Vluyn 1972

Berger, K., Jesus als Pharisäer und frühe Christen als Pharisäer, NT 30 (1988), 231-262

Best, E., Mark's Narrative Technique, JSNT 37 (1989), 43-58

Boring, M.E., The Christology of Mark: Hermeneutical Issues for Systematic Theology, Semeia 30 (1985), 125-153

Bornkamm, G., Jesus von Nazareth, Stuttgart u.a. [14]1988 (zuerst 1956)

Bousset, W., Kyrios Christos. Geschichte des Christus-glaubens von den Anfängen des Christentums bis Irenaeus, Göttingen [5]1965

Braun, E., Der Paradigmenwechsel in der Sprachphilosophie und seine Genese, in *ders. (hg.)*, Der Paradigmenwechsel in der Sprachphilosophie. Studien und Texte, Darmstadt 1997, 5-65

Breytenbach, C., Das Markusevangelium als traditionsgebundene Erzählung? Anfragen an die Markusforschung der achtziger Jahre, in: *Focant, C. (hg.)*, The Synoptic Gospels. Source Criticism and the New Literary Criticism (BETL CX), Leuven 1993, 77-110

Breytenbach, C., Das Markusevangelium, Psalm 110,1 und 118,22f. Folgetext und Prätext, in: *Tuckett*, The Scriptures in the Gospels, 197-222

Breytenbach, C., Grundzüge markinischer Gottessohn-Christologie, in: *Breytenbach/Paulsen*, Anfänge der Christologie, 169-184

Breytenbach, C./Paulsen, H. (hg.), Die Anfänge der Christologie (FS F. Hahn), Göttingen 1991

Bultmann, R., Das Verhältnis der urchristlichen Christusbotschaft zum historischen Jesus, in: *ders.*, Exegetica. Aufsätze zur Erforschung des Neuen Testaments, hg. von *E. Dinkler*, Tübingen 1967, 445-469

Bultmann, R., Die Geschichte der synoptischen Tradition (FRLANT 29), Göttingen [10]1995

Bultmann, R., Ist voraussetzungslose Exegese möglich? in: Glauben und Verstehen. Gesammelte Aufsätze. Dritter Band, Tübingen [4]1993, 142-150

Byrskog, S., Story as History – History as Story. The Gospel Tradition in the Context of Ancient Oral History (WUNT 123), Tübingen 2000

Cameron, R., The Sayings Gospel Q and the Quest for the Historical Jesus: A Response to John S. Kloppenborg, HThR 89 (1996), 351-354

Casey, P.M., General, Generic and Indefinite: The Use of the Term „Son of Man" in Aramaic Sources and in the Teaching of Jesus, JSNT 29 (1987), 21-56;

Casey, P.M., Idiom and Translation: Some Aspects of the Son of Man Problem, NTS 41 (1995), 164-82

Catchpole, D.R., The Quest for Q, Edinburgh 1993

Charlesworth, J.H., From Messianology to Christology: Problems and Prospects, in: *ders. (hg.)*, The Messiah.

Developments in Earliest Judaism and Christianity, Minneapolis 1992, 3-35

Charlesworth, J.H., Jesus within Judaism. New Light from Exciting Archaeological Discoveries, New York u.a. 1998

Charlesworth, J.H., Jesus, Early Jewish Literature, and Archaeology, in: *ders. (hg.)*, Jesus' Jewishness. Exploring the Place of Jesus within Early Judaism, New York 1996, 177-198

Charlesworth, J.H., The Concept of the Messiah in the Pseudepigrapha, ANRW II 19.1, Berlin/New York, 1979, 188-218

Charlesworth, J.H., The Foreground of the Christian Origins and the Commencement of Jesus Research, in: *ders.*, Jesus' Jewishness, 63-83

Charlesworth, J.H./Evans, C.A., Jesus in the Agrapha and Apocryphal Gospels, in: *Chilton/Evans*, Studying, 479-533

Chilton, B., John the Purifier, in: *Chilton/Evans*, Jesus in Context, 203-220

Chilton, B./Evans, C.A. (hg.), Studying the Historical Jesus. Evaluations of the State of Current Research, (NTTS 19), Leiden u.a. 1994

Chilton, B./Evans, C.A., Jesus in Context. Temple, Purity, and Restoration (AGJU XXXIX), Leiden u.a. 1997

Chladenius, J.M., Allgemeine Geschichtswissenschaft (Neudruck der Ausgabe von 1752), Wien u.a. 1985

Chouinard, L., Gospel Christology: A Study of Methodology, JSNT 30 (1987), 21-37

Collins J.J., The Son of Man in First-Century Judaism, NTS 38 (1992), 448-466

Collins, J.J., The Scepter and the Star. The Messiahs of the Dead Sea Scrolls and other Ancient Literature, New York u. a. 1995

Collins, J.J., The *Son of God* Text from Qumran, in: From Jesus to John. Essays on Jesus and New Testament Christology in Honour of Marinus de Jonge (JSNT.SS 84), Sheffield 1993, 65-82

Conzelmann, H., Geschichte des Urchristentums (GNT 5), Göttingen [6]1989

Conzelmann, H., Grundriß der Theologie des Neuen Testaments, bearbeitet von *A. Lindemann*, Tübingen [5]1992

Crossan, J.D., Historical Jesus as Risen Lord, in: *The Jesus Controversy*, 1-47

Crossan, J.D., In Parables. The Challenge of the Historical Jesus, Sonoma 1992 (zuerst New York 1973)

Crossan, J.D., The Historical Jesus. The Life of a Mediterranean Jewish Peasant, San Francisco 1991

Cullmann, O., Die Christologie des Neuen Testaments, Tübingen ³1963

Dahl, N.A., Jesus the Christ. The Historical Origin of Christological Doctrine, Minneapolis 1991

Dahl, N.A., Messianic Ideas and the Crucifixion of Jesus, in: *Charlesworth*, The Messiah, 382-402

Dahl, N.A., Sources of Christological Language, in: *ders.*, Jesus the Christ, 113-135

Dahl, N.A., The Crucified Messiah, in: *ders.*, Jesus the Christ, 27-47

Dahl, N.A., The Messiahship of Jesus in Paul, in: *ders.*, Jesus the Christ, 15-25

Danto, A., Analytische Philosophie der Geschichte, Frankfurt 1964

Dautzenberg, G., „Sohn Gottes" im Evangelium nach Markus, in: *ders.*, Studien zur Theologie der Jesustradition (SBA 19), Stuttgart 1995, 98-105

Dautzenberg, G., Der Wandel der Reich-Gottes-Verkündigung in der urchristlichen Mission, in: *ders./Merklein, H./Müller, K. (hg.)*, Zur Geschichte des Urchristentums (QD 87), Freiburg u.a. 1979, 11-32

Dautzenberg, G., Zur Stellung des Markusevangeliums in der Geschichte der urchristlichen Theologie, Kairos 18 (1976), 282-291

Davies, S.L., The Use of the Gospel of Thomas in the Gospel of Mark, Neotestamentica 30 (1996), 307-334

Davies, W.D./Allison, D.C., The Gospel According to Matthew (ICC), II, Edinburgh 1991

de Jonge, H.J., The Historical Jesus' View of Himself and of his Mission, in: From Jesus to John. Essays on Jesus and New Testament Christology in Honour of Marinus de Jonge (JSNT.SS 84), Sheffield 1993, 21-37

de Jonge, M., The Christological Significance of Jesus' Preaching of the Kingdom of God, in: The Future of Christology (FS L.E. Keck), Minneapolis 1993, 3-17 *de Jonge, M.*, The Earliest Use of Christos. Some Suggestions, NTS 32 (1986), 321-343

Dibelius, M., Die urchristliche Überlieferung von Johannes dem Täufer, Göttingen 1911

Dormeyer, D., Das Markusevangelium als Idealbiographie von Jesus Christus, dem Nazarener (SBB 43), Stuttgart 1999

Droysen, J.G., Historik. Historisch-kritische Ausgabe von P. Leyh, Stuttgart/Bad Cannstatt 1977

du Toit, D.S., Redefining Jesus: Current Trends in Jesus Research, in: *Labahn, M./Schmidt, A. (hg.)*, Jesus, Mark and Q. The Teaching of Jesus and its Earliest Records (JSNT.SS 214), Sheffield 2001, 82-124

du Toit, D.S., Theios Anthropos. Zur Verwendung von θεῖος ἄνθρωπος und sinnverwandten Ausdrücken in der Literatur der Kaiserzeit (WUNT 2.91), Tübingen 1997

Dümpelmann, M., Überschreit/bungen. Geschichte und Erinnerung in der Aufklärung, in: *Wischermann*, Legitimität, 137-148

Dunn, J.D.G., Jesus in Oral Memory: The Initial Stages of the Jesus Tradition, SBL 2000 Seminar Papers, 287-326

Ernst, J., Johannes der Täufer und Jesus von Nazareth in historischer Sicht, NTS 43 (1997), 161-183

Ernst, J., Johannes der Täufer: Interpretation – Geschichte – Wirkungsgeschichte (BZNW 53), Berlin 1989

Evans, C.A., Jesus and his Contemporaries. Comparative Studies (AGJU XXV), Leiden u.a. 1995

Evans, C.A., Jesus in Non-Christian Sources, in: *Chilton/Evans*, Studying, 443-478

Evans, C.A., Life of Jesus Research. An Annotated Bibliography (NTTS 24), Leiden u.a. 1996

Fischer, K.-M., Das Urchristentum, Berlin 1985

Fitzmyer, J.A., 4Q246: The „Son of God" Document from Qumran, Bib 74 (1993), 153-174

Fitzmyer, J.A., A Wandering Aramean, nachgedruckt in: *ders.*, The Semitic Background of the New Testament, Grand Rapids 1997

Fitzmyer, J.A., Implications of the 4Q „Son of God" Text, in: *ders.*, A Wandering Aramean, 102-107

Fitzmyer, J.A., The Contribution of Qumran Aramaic to the Study of the New Testament, in: *ders.*, A Wandering Aramean, 85-113

Fitzmyer, J.A., The New Testament Title "Son of Man" Philologically Considered, in: *ders.*, A Wandering Aramean, 143-160

Fitzmyer, J.A., The Semitic Background of the New Testament *Kyrios*-Title, in: ders., A Wandering Aramean, 115-142

Fleddermann, H., Mark and Q. A Study of the Overlap Texts (BETL 122), Leuven 1995

Frankemölle, H., Evangelium – Begriff und Gattung. Ein Forschungsbericht (SBB 15), Stuttgart 1988

Fried, J., Wissenschaft und Phantasie. Das Beispiel der Geschichte, HZ 263 (1996), 291-316

Fuller, R.H., The Foundations of New Testament Christology, London/New York 1965

Gerhardsson, B., 'If we do not cut the Parables out of their Frames', NTS 37 (1991), 321-335

Gnilka, J., Das Evangelium nach Markus (Markus 8,27-16,20) (EKK II/2), Zürich u.a. ³1989

Gnilka, J., Theologie des Neuen Testaments (HThK Suppl. 5), Freiburg u. a. 1994

Goertz, H.-J., Umgang mit Geschichte. Eine Einführung in die Geschichtstheorie, Reinbek 1995

Goetz, H.-W., Die Gegenwart der Vergangenheit im früh- und mittelalterlichen Geschichtsbewußtsein, HZ 255 (1992), 61-97.

Goppelt, L., Die apostolische und nachapostolische Zeit, Göttingen ²1966

Goppelt, L., Theologie des Neuen Testaments, hg. von *J. Roloff*, Göttingen ²1976

Gundry, R.H., Mark. A Commentary on His Apology for the Cross, Grand Rapids 1993

Haas, S., Philosophie der Erinnerung. Kategoriale Voraussetzungen einer mnemistischen Geschichtsbetrachtung, in: *Wischermann*, Legitimität, 31-53

Haenchen, E., Das Gleichnis vom grossen Mahl, in: *ders.*, Die Bibel und wir. Gesammelte Aufsätze. Zweiter Band, Tübingen 1968, 135-155

Hahn, F. (hg.), Der Erzähler des Evangeliums. Methodische Neuansätze in der Markusforschung (SBS 118/119), Stuttgart 1985

Hahn, F., Christologische Hoheitstitel. Ihre Geschichte im frühen Christentum (FRLANT 83/UTB 1873), Göttingen [5]1995

Hampel, V., Menschensohn und Historischer Jesus. Ein Rätselwort als Schlüssel zum messianischen Selbstverständnis Jesu, Neukirchen 1990

Harnack, A., Beiträge zur Einleitung in das Neue Testament II: Sprüche und Reden Jesu. Die zweite Quelle des Matthäus und Lukas, Leipzig 1907

Harnisch, W., Die Gleichniserzählungen Jesu. Eine hermeneutische Einführung, Göttingen [2]1990

Heckel, T., Vom Markusevangelium zum viergestaltigen Evangelium (WUNT 120), Tübingen 1999

Henaut, B.W., Oral Tradition and the Gospels. The Problem of Mark 4 (JSNT.SS 82), Sheffield 1993

Henderson, I.H., Jesus, Rhetoric and Law (BIS 20), Leiden u.a. 1996

Hengel, M., „Sit at my Right Hand!" The Enthronement of Christ at the Right Hand of God and Psalm 110:1, in: *ders.*, Studies in Early Christology, Edinburgh 1995, 119-225

Hengel, M., Christological Titles in Early Christianity, in: *ders.*, Studies in Early Christianity, Edinburgh 1995, 359-389

Hengel, M., Christologie und neutestamentliche Chronologie. Zu einer Aporie in der Geschichte des Urchristentums, in: Neues Testament und Geschichte (FS O. Cullmann), Tübingen 1972, 43-67

Hengel, M., Erwägungen zum Sprachgebrauch von Χριστός bei Paulus und in der vorpaulinischen Überlieferung, in: Paul and Paulinism. Essays in honour of C.K. Barrett, London 1982, 135-159

Hengel, M., Jesus, der Messias Israels. Zum Streit über das „messianische Sendungsbewußtsein" Jesu, in: Messiah and Christos. Studies in the Jewish Origins of Christianity (FS D. Flusser), Tübingen 1992, 155-176

Hengel, M., Problems of a History of Earliest Christianity, Bib 78 (1997), 131-144

Henrich, D./Iser, W. (hg.), Funktionen des Fiktiven (Poetik und Hermeneutik X), München 1983

Hertfelder, T., Neue Ansichten vom Historismus, HJ 118 (1998), 361-373.

Hezser, C., Die Verwendung der hellenistischen Gattung Chrie im frühen Christentum und Judentum, JSJ 27 (1996), 371-439

Hoffmann, P., Der Menschensohn in Lukas 12,8, NTS 44 (1998), 357-379

Hoffmann, P., Jesus versus Menschensohn. Matthäus 10,32f. und die synoptische Menschensohn-Überlieferung, in: *ders.*, Tradition und Situation. Studien zur Jesusüberlieferung in der Logienquelle und den synoptischen Evangelien (NTA NF 28), Münster 1995, 208-242

Hoffmann, P., Studien zur Theologie der Logienquelle (NTA NF 8), Münster ³1982

Hofius, O., Ist Jesus der Messias? Thesen, in: Der Messias (JBTh 8), Neukirchen-Vluyn 1993, 103-129

Hollander, H.W., The Words of Jesus: From Oral Traditions to Written Record in Paul and Q, NT 42 (2000), 340-357

Horsley, R. with Draper, J., Whoever hears you hears me. Prophets, Performance, and Tradition in Q, Harrisburg 1999

Humboldt, W.v., Ueber die Aufgabe des Geschichtsschreibers, in *ders.*, Werke in fünf Bänden. Band I: Schriften zur Anthropologie und Geschichte (hg. von *A. Flitner* und K. *Giel*), Darmstadt ²1969, 585-605

Hyldahl, N., The History of Early Christianity (ARGU 3), Frankfurt a.M. u.a. 1997

Iggers, G.G., Geschichtswissenschaft im 20. Jahrhundert. Ein kritischer Überblick im internationalen Zusammenhang, Göttingen 1993

Iser, W., Akte des Fingierens oder Was ist das Fiktive im fiktionalen Text?, in: *Henrich/Iser*, Funktionen des Fiktiven, 121-151

Jacobson, A.D., The First Gospel. An Introduction to Q, Sonoma 1992

Jäger, F./Rüsen, J., Geschichte des Historismus. Eine Einführung, München 1992

Järvinen, A., The Son of Man and his Followers: A Q Portrait of Jesus, in: *Rhoads/Syreeni*, Characterization, 180-222

Jauß, H.R., Zur Abgrenzung und Bestimmung einer literarischen Hermeneutik, in: *Fuhrmann, M./Jauß, H.R./Pannenberg, W. (hg.)*, Text und Applikation,

Theologie, Jurisprudenz und Literaturwissenschaft im hermeneutischen Gespräch (Poetik und Hermeneutik IX), München 1981, 459-481

Jauß, H.R., Der Gebrauch der Fiktion in Formen und Darstellung der Geschichte, in: *Koselleck u.a.*, Formen der Geschichtsschreibung, 415-451.

Jauß, H.R., Zur historischen Genese der Scheidung von Fiktion und Realität, in: *Henrich/Iser*, Funktionen des Fiktiven, 423-431

Jeremias, J., Die Gleichnisse Jesu, Göttingen [10]1984

Johnson, L.T., The Humanity of Jesus. What's at Stake in the Quest for the Historical Jesus, in: *The Jesus Controversy*, 48-74

Johnson, L.T., The Real Jesus. The Misguided Quest for the Historical Jesus and the Truth of the Traditional Gospels, San Francisco 1996

Juel, D.H., The Origin of Mark's Christology, in: *Charlesworth*, The Messiah, 449-460

Kähler, M., Der sogenannte historische Jesus und der geschichtliche, biblische Christus, neu hg. von *E. Wolf*, München 1953

Karrer, M., Der Gesalbte. Die Grundlagen des Christustitels (FRLANT 151), Göttingen 1991

Karrer, M., Jesus Christus im Neuen Testament (GNT 11), Göttingen 1998

Keck, L.E., Toward the Renewal of New Testament Christology, NTS 32 (1986), 362-377

Kee, H.C., Christology in Mark's Gospel, in: *Neusner u.a.*, Judaisms, 187-208

Kelber, W.H., The case of the Gospels: Memory's Desire and the limits of historical criticism (erscheint demnächst in OT)

Kelber, W.H., The Quest for the Historical Jesus. From the Perspectives of Medieval, Modern, and Post-Enlightenment Readings, and in View of Ancient, Oral Aesthetics, in: *The Jesus Controversy*, 75-115

Kim, T.H., The Anarthrous υἱὸς θεοῦ in Mark 15,39 and the Roman Imperial Cult, Bib 79 (1998), 221-241

Kingsbury, J.D., The Christology of Marks's Gospel, Philadelphia 1983

Kirk, A., Crossing the Boundary: Liminality and Transformative Wisdom in Q, NTS 45 (1999), 1-18

Kirk, A., Upbraiding Wisdom: John's Speech and the Beginning of Q (Q 3:7-9, 16-17), NT 40 (1998), 1-16

Kleinschmidt, E., Die Wirklichkeit der Literatur. Fiktionsbewußtsein und das Problem der ästhethischen Realität von Dichtung in der Frühen Neuzeit, Deutsche Vierteljahrsschrift für Literaturwissenschaft und Geistesgeschichte 56 (1982), 174-197

Klinghardt, M., Gesetz und Volk Gottes. Das lukanische Verständnis des Gesetzes nach Herkunft, Funktion und seinem Ort in der Geschichte des Urchristentums (WUNT 2.32), Tübingen 1988

Kloppenborg, J.S., City and Wasteland: Narrative World and the Beginning of the Sayings Gospel (Q), Semeia 52 (1990), 145-160

Kloppenborg, J.S., Excavating Q. The History and Setting of the Sayings Gospel, Minneapolis 2000

Kloppenborg, J.S., Nomos and Ethos in Q, in: *Goehring, J.E. u.a. (hg.),* Gospel Origins and Christian Beginnings (FS J.M. Robinson), Sonoma 1990, 35-48

Kloppenborg, J.S., The Formation of Q. Trajectories in Ancient Wisdom Traditions, Philadelphia 1987

Koch, T., Die sachgemäße Form einer gegenwärtigen Beziehung auf den geschichtlichen Jesus – Erwägungen im Anschluß an Albert Schweitzers Kritik des christologischen Denkens, in: *Kodalle, K.-M. (hg.),* Gegenwart des Absoluten. Philosophisch-theologische Diskurse zur Christologie, Gütersloh 1984, 37-67

Kosch, D., Die eschatologische Thora des Menschensohnes. Untersuchungen zur Rezeption der Stellung Jesu zur Thora in Q (NTOA 12), Freiburg (CH)/Göttingen 1989

Kosch, D., Q und Jesus, BZ NF 38 (1992), 30-58

Koselleck, R., Vergangene Zukunft. Zur Semantik geschichtlicher Zeiten, Frankfurt 1979

Koselleck, R./Lutz, H./Rüsen, J. (hg.), Formen der Geschichtsschreibung (Beiträge zur Historik 4), München 1982

Koester, H., Ancient Christian Gospels. Their History and Development, London 1990

Koester, H., The Sayings of Q and their Image of Jesus, in: Sayings of Jesus: Canonical and Non-Canonical. Essays in Honour of Tjitze Baarda, Leiden u.a. 1997, 137-154

Köster, H., Ein Jesus und vier ursprüngliche Evangeliengattungen, in: *ders./Robinson, J.M.*, Entwicklungslinien durch die Welt des frühen Christentums, Tübingen 1971, 107-146

Köster, H., GNOMAI DIAPHOROI. Ursprung und Wesen der Mannigfaltigkeit im frühen Christentum, in: *Köster/Robinson*, Entwicklungslinien, 147-190

Köster, H., Häretiker im Urchristentum als theologisches Problem, in: *Dinkler, E. (hg.)*, Zeit und Geschichte. Dankesgabe an R. Bultmann, Tübingen 1964, 61-76

Köster, H., Überlieferung und Geschichte der frühchristlichen Evangelienliteratur, ANRW II 25.2, Berlin/New York 1984, 1463-1542

Kvalbein, H., Die Wunder der Endzeit. Beobachtungen zu 4Q521 und Matth 11,5p, ZNW 88 (1997), 111-125

Lachmann, K., De ordine narrationum in evangeliis synopticis, ThStKr 8 (1835) 570-590

Lampe, P., Wissenssoziologische Annäherung an das Neue Testament, NTS 43 (1997), 347-366

Lategan, B.C., Reference: Reception, Redescription, Reality, in: *ders./Vorster, W.S.*, Text and Reality. Aspects of Reference in Biblical Texts, Philadelphia 1985, 67-93

Lindars, B., Jesus Son of Man. A Fresh Examination of the Son of Man Sayings in the Gospels in the Light of Recent Research, London 1983

Lindemann, A., Die Erzählung der Machttaten Jesu in Markus 4,35-6,6a. Erwägungen zum formgeschichtlichen und zum hermeneutischen Problem, in: *Breytenbach/Paulsen*, Anfänge der Christologie, 185-207

Lindemann, A., Erwägungen zum Problem einer „Theologie der synoptischen Evangelien", ZNW 77 (1986), 1-33

Lohmeyer, E., Das Evangelium nach Markus (KEK I/2), Göttingen [17]1967

Lohmeyer, E., Galiläa und Jerusalem (FRLANT 34), Göttingen 1936

Lorenz, C., Konstruktion der Vergangenheit. Eine Einführung in die Geschichtstheorie, Köln 1997

Lührmann, D., Das Markusevangelium (HNT 3), Tübingen 1987

Lührmann, D., Die Redaktion der Logienquelle (WMANT 33), Neukirchen 1969

Lührmann, D., Erwägungen zur Geschichte des Urchristentums, EvTh 32 (1972), 452-467

Luz, U., Das Evangelium nach Matthäus (Mt 1-7) (EKK I/1), Zürich/Neukirchen-Vluyn ³1992

Luz, U., Das Evangelium nach Matthäus (Mt 8-17) (EKK I/2), Zürich und Braunschweig/Neukirchen-Vluyn 1990

Luz, U., Die Erfüllung des Gesetzes bei Matthäus (Mt 5,17-20), ZThK 75 (1978), 398-435

Luz, U., Fiktivität und Traditionstreue im Matthäusevangelium im Lichte griechischer Literatur, ZNW 84 (1993) 153-177

Maier, J., Messias oder Gesalbter? Zu einem Übersetzungs- und Deutungsproblem in den Qumranschriften, RdQ 17 (1996), 585-612

Maser, S./Schlarb, E. (hg.), Text und Geschichte (FS D. Lührmann) (MThS 50), Marburg 1999

Meier, C., Geschichte, Historie: II. Antike, in: *Brunner, O./Conze, W./Koselleck, R. (hg.)*, Geschichtliche Grundbegriffe. Historisches Lexikon zur politisch-sozialen Sprache in Deutschland, Band 2, Stuttgart 1992, 595-610

Meier, J.P., A Marginal Jew. Rethinking the Historical Jesus, Volume One: The Roots of the Problem and the Person, New York u.a. 1991

Meier, J.P., A Marginal Jew. Rethinking the Historical Jesus, Volume Two: Mentor, Message, and Miracles, New York u.a. 1994

Meier, J.P., The Present State of the ‚Third Quest‘ for the Historical Jesus: Loss and Gain, Bib 80 (1999), 459-487

Merenlahti, P./Hakola, R., Reconceiving Narrative Criticism, in: *Rhoads/Syreeni*, Characterization, 13-48

Merklein, H., Die Auferweckung Jesu und die Anfänge der Christologie (Messias bzw. Sohn Gottes und Menschensohn), in: *ders.*, Studien zu Jesus und Paulus (WUNT 43), Tübingen 1987, 221-246

Meyer, E., Ursprung und Anfänge des Christentums, III, Stuttgart/Berlin 1923

Mommsen, W., Die Sprache des Historikers, HZ 238 (1984), 28-33

Müller, P., „Wer ist dieser?" Jesus im Markusevangelium. Markus als Erzähler, Verkündiger und Lehrer (BThS 27), Neukirchen-Vluyn 1995

Müller, U.B., „Sohn Gottes" – ein messianischer Hoheitstitel Jesu, ZNW 87 (1996), 1-32

Müller, U.B., Parusie und Menschensohn, ZNW 92 (2001), 1-19

Neirynck, F., Q 6,20b-21; 7,22 and Isaiah 61, in: *Tuckett,* The Scriptures in the Gospels, 27-64

Neirynck, F., The Historical Jesus. Reflections on an Inventory, EThL 70 (1994), 221-234

Neusner, J./Green, W.S./Fredrichs, E. (hg.), Judaisms and their Messiahs at the Turn of the Christian Era, Cambridge 1987

Niebuhr, K.-W., Die Werke des eschatologischen Freudenboten (4Q521 und die Jesusüberlieferung), in: *Tukkett,* The Scriptures in the Gospels, 637-646

Oexle, O.G., Geschichtswissenschaft im Zeitalter des Historismus, Göttingen 1996

Onuki, T., Sammelbericht als Kommunikation. Studien zur Erzählkunst der Evangelien (WMANT 73), Neukirchen-Vluyn, 1997

Perrin, N., A Modern Pilgrimage in New Testament Christology, Philadelphia 1974

Petersen, N., Die „Perspektive" in der Erzählung des Markusevangeliums, in: *Hahn,* Erzähler, 67-91

Petersen, N., Literary Criticism for New Testament Critics, Philadelphia 1978

Piper, R.A., Wisdom in the Q-tradition. The Aphoristic Teaching of Jesus (SNTS.MS 61), Cambridge 1989

Polag, A., Die Christologie der Logienquelle (WMANT 45), Neukirchen-Vluyn 1977

Porter, S.E., Literary Approaches to the New Testament: From Formalism to Deconstruction and Back, in: *ders./Tombs, D. (hg.),* Approaches to New Testament Study (JSNT.SS 120), Sheffield 1995, 77-128

Powell, M.A., What is Narrative Crititcism? A New Approach to the Bible, Minneapolis 1990

Rhoads, D., Narrative Criticism and the Gospel of Mark, JAAR 50 (1982), 411-434

Rhoads, D./Syreeni, K. (hg.), Characterization in the Gospels. Reconceiving Narrative Criticism (JSNT.SS 184), Sheffield 1999

Ricoeur, P., Erzählung, Metapher und Interpretationstheorie, ZThK 84 (1987), 232-253

Ricoeur, P., The Narrative Function, Semeia 13 (1978), 177-202

Ricoeur, P., Zeit und Erzählung, Band I: Zeit und historische Erzählung, München 1988

Ricoeur, P., Zeit und Erzählung, Band II: Zeit und literarische Erzählung, München 1989

Ricoeur, P., Zeit und Erzählung, Band III: Die erzählte Zeit, München 1991

Robinson, J.M., The Incipit of the Sayings Gospel Q, RHPhR 75 (1995), 9-33

Robinson, J.M., The Sayings Gospel Q, in: *van Segbroeck u.a.*, The Four Gospels, 361-388

Robinson, J.M., The Son of Man in the Sayings Gospel Q, in: Tradition und Translation. Zum Problem der interkulturellen Übersetzbarkeit religiöser Phänomene (FS C. Colpe), Berlin/New York 1994, 315-335

Rösler, W., Die Entdeckung der Fiktionalität in der Antike, Poetica 12 (1980), 283-319

Rüsen, J., Anmerkungen zum Thema Christologie und Narration, in: *Kodalle, K.-M. (hg.)*, Gegenwart des Absoluten. Philosophisch-theologische Diskurse zur Christologie, Gütersloh 1984, 90-96

Rüsen, J., Die vier Typen historischen Erzählens, in: *Koselleck u.a.*, Formen der Geschichtsschreibung, 514-605

Rüsen, J., Geschichtsschreibung als Theorieproblem der Geschichtswissenschaft. Skizze zum historischen Hintergrund der gegenwärtigen Diskussion, in: *Koselleck u.a.*, Formen der Geschichtsschreibung,, 14-35

Rüsen, J., Historische Vernunft. Grundzüge einer Historik I: Die Grundlagen der Geschichtswissenschaft, Göttingen 1983

Rüsen, J., Rekonstruktion der Vergangenheit. Grundzüge einer Historik II: Die Prinzipien der historischen Forschung, Göttingen 1986

Rüsen, J., Lebendige Geschichte. Grundzüge einer Historik III: Formen und Funktionen des historischen Wissens, Göttingen 1989

Sanders, E.P., Jesus and Judaism, London 1985 ([3]1991)

Sanders, E.P./Davies, M., Studying the Synoptic Gospels, London 1994 (zuerst1989)

Sato, M., Q und Prophetie. Studien zur Gattungs- und Traditionsgeschichte der Quelle Q (WUNT 2.29), Tübingen 1988

Schmidt, S.J., Gedächtnis – Erzählen – Identität, in: *Assmann, A./Harth, D. (hg.)*, Mnemosyne. Formen und Funktionen der kulturellen Erinnerung, Frankfurt 1991, 378-397

Schmithals, W., Das Evangelium nach Lukas (ZBK 3/1), Zürich 1980

Schmithals, W., Vom Ursprung der synoptischen Tradition, ZThK 94 (1997), 288-316

Schmücker, R., Zur Funktion der Wundergeschichten im Markusevangelium, ZNW 84 (1993), 1-26

Schniewind, J., Zur Synoptiker-Exegese, ThR NF 2 (1930), 129-189

Scholz, G. (hg.), Historismus am Ende des 20. Jahrhunderts. Eine internationale Diskussion, Berlin 1997

Schottroff, L., Das Gleichnis vom großen Gastmahl in der Logienquelle, EvTh 47 (1987), 192-211

Schröter, J., Erinnerung an Jesu Worte. Studien zur Rezeption der Logienüberlieferung in Markus, Q und Thomas (WMANT 76), Neukirchen-Vluyn 1997

Schröter, J., Jesus als Lehrer nach dem Zeugnis des Neuen Testaments, ZPTh 53 (2001), 107-115

Schröter, J., Partikularität und Inklusivität im Urchristentum, GuL 16 (2001), 126-136

Schröter, J., Religionsgeschichte des Urchristentums statt Theologie des Neuen Testaments? Begründungsprobleme in der neutestamentlichen Wissenschaft, BThZ 16 (1999), 4-20

Schröter, J., Zum gegenwärtigen Stand der neutestamentlichen Wissenschaft: Methodologische Aspekte und theologische Perspektiven, NTS 46 (2000), 262-283

Schulz, S., Q – Die Spruchquelle der Evangelisten, Zürich 1972

Schürmann, H., „Wer daher eines dieser geringsten Gebote auflöst …" Wo fand Matthäus das Logion Mt 5,19? in: *ders.*, Traditionsgeschichtliche Untersuchungen zu den synoptischen Evangelien, Düsseldorf 1968, 126-136

Schweitzer, A., Geschichte der Leben-Jesu-Forschung, Tübingen [9]1984

Schweizer, E., Noch einmal Mt 5,17-20, in: Das Wort und die Wörter (FS G. Friedrich), Stuttgart u.a. 1973, 69-73

Schwemer, A.M., Gott als König und seine Königsherrschaft in den Sabbatliedern aus Qumran, in: *Hengel, M./Schwemer, A.M. (hg.)*, Königsherrschaft Gottes und himmlischer Kult im Judentum, Urchristentum und in der hellenistischen Welt (WUNT 55), Tübingen 1991, 45-118

Sellin, V., Einführung in die Geschichtswissenschaft, Göttingen 1995

Spiegel, G.M., Geschichte, Historizität und soziale Logik, in: *Conrad, C./Kessel, M. (hg.)*, Geschichte schreiben in der Postmoderne. Beiträge zur aktuellen Diskussion, Stuttgart 1994, 161-202

Strauss, M.L., The Davidic Messiah in Luke-Acts. The Promise and its Fulfillment in Lukan Christology (JSNT.SS 110), Sheffield 1995

Strecker, G., Das Problem der Theologie des Neuen Testaments, in: *ders. (hg.)*, Das Problem der Theologie des Neuen Testaments (WdF 367), Darmstadt 1975, 1-31

Strecker, G., Theologie des Neuen Testaments. Bearbeitet, ergänzt und herausgegeben von *F.W. Horn*, Berlin/New York 1996

Stuhlmacher, P., Biblische Theologie des Neuen Testaments, Band 1: Grundlegung. Von Jesus zu Paulus, Göttingen 1992

Stuhlmacher, P., Der messianische Gottesknecht, in: Der Messias (JBTh 8), Neukirchen-Vluyn 1993, 131-154

Süssmann, J., Geschichtsschreibung oder Roman? Zur Konstitutionslogik von Geschichtserzählungen zwischen Schiller und Ranke (1780-1824), Stuttgart 2000

Tannehill, R.C., The Gospel of Mark as Narrative Christology, in: Perspectives on Mark's Gospel, Semeia 16 (1980), 57-95

Tannehill, R.C., The Gospel of Mark as Narrative Christology, Semeia 16 (1980), 57-95

Taylor, V., The Gospel According to St. Mark, New York [2]1966

Telford, W.T., Major Trends and Interpretative Issues in the Study of Jesus, in: *Chilton/Evans*, Studying, 33-74

The Jesus Controversy. Perspectives in Conflict (The Rockwell Lecture Series), Harrisburg 1999

Theissen, G., Die Legende vom Tod des Täufers – eine Volksüberlieferung mit Nachbarschaftsperspektive? in: *ders.*, Lokalkolorit und Zeitgeschichte in den Evangelien. Ein Beitrag zur Geschichte der synoptischen Tradition (NTOA 8), Freiburg (Schweiz)/Göttingen 1989, 85-102

Theissen, G./Merz, A., Der historische Jesus. Ein Lehrbuch, Göttingen, ²1997

Theissen, G./Winter, D., Die Kriterienfrage in der Jesusforschung. Vom Differenzkriterium zum Plausibilitätskriterium (NTOA 34), Freiburg, Schweiz/Göttingen, 1997

Theobald, M., Gottessohn und Menschensohn. Zur polaren Struktur der Christologie im Markusevangelium, SNTU 13 (1988), 37-97

Tilly, M., Johannes der Täufer und die Biographie der Propheten (BWANT 137), Stuttgart 1994

Tödt, H.E., Der Menschensohn in der synoptischen Überlieferung, Gütersloh ²1963

Tuckett, C. (hg.), The Scriptures in the Gospels (BETL CXXXI), Leuven 1997

Tuckett, C., On the Stratification of Q, Semeia 55 (1992), 213-222

Tuckett, C., Q and the History of Early Christianity. Studies on Q, Edinburgh 1996

Tuckett, C., The Historical Jesus, Crossan and Methodology, in: Maser/Schlarb, Text und Geschichte, 257-279

Tuckett, C., The Present Son of Man, JSNT 14 (1982), 58-81

Tuckett, C., The Son of Man in Q, in: From Jesus to John. Essays on Jesus and New Testament Christology in Honour of Marinus de Jonge (JSNT.SS 84), Sheffield 1993, 196-215

Tuckett, C., The Son of Man in Q, in: From Jesus to John. Essays on Jesus and New Testament Christology in Honour of Marinus de Jonge (JSNT.SS 84), Sheffield 1993, 196-215

Tuckett, C., The Temptation Narrative in Q, in: *van Segbroeck u.a.*, The Four Gospels, 479-507

Uro, R., John the Baptist and the Jesus Movement: What does Q tell us? in: *Piper, R. (hg.)*, The Gospel behind the Gospels. Current Studies on Q, Leiden u.a. 1995, 231-257

Uro, R., Sheep among the Wolves. A Study on the Mission Instructions of Q, Helsinki 1987

van Segbroeck, F. u.a. (hg.), The Four Gospels (FS F. Neirynck) (BETL C), Leuven 1992

van Unnik, W.C., Jesus the Christ, NTS 8 (1961/62), 101-116

Vermes, G., Jesus the Jew. A Historian's Reading of the Gospels, London 1973

Vermes, G., The Use of בר נשא/בר נש in Jewish Aramaic, in: *Black, M.*, An Aramaic Approach to the Gospels and Acts, Oxford ³1967, 310-330

Vielhauer, P., Aufsätze zum Neuen Testament, München 1965

Vielhauer, P., Ein Weg zur neutestamentlichen Christologie? Prüfung der Thesen Ferdinand Hahns, in: *ders.*, Aufsätze, 141-198

Vielhauer, P., Tracht und Speise Johannes des Täufers, in: *ders.*, Aufsätze, 47-54

Vögtle, A., Die „Gretchenfrage" des Menschensohnproblems. Bilanz und Perspektive (QD 152), Freiburg u. a. 1994

Vouga, F., Geschichte des frühen Christentums, Tübingen/Basel 1994

Walter, N., Mk 1,1-8 und die „Agreements" von Mt 3 und Lk 3. Stand die Predigt Johannes des Täufers in Q?, in: *van Segbroeck u.a.*, The Four Gospels, 457-478

Walter, N., Wer machte Johannes den Täufer zum „Vorläufer Jesu"?, in: *Maser/Schlarb*, Text und Geschichte, 280-293

Webb, R.L., John the Baptist and his Relationship to Jesus, in *Chilton/Evans*, Studying, 179-229

Weiß, B., Die Quellen der synoptischen Überlieferung, Leipzig 1908

Weiß, B., Die Quellen des Lukasevangeliums, Stuttgart und Berlin 1907

Weiß, B., Lehrbuch der Einleitung in das Neue Testament, Berlin 1897

Weiß, J., Das Urchristentum (hg. und ergänzt von *R. Knopf*), Göttingen 1917

Weisse, C.H., Die Evangelienfrage in ihrem gegenwärtigen Stadium, Leipzig 1856

Weisse, C.H., Die evangelische Geschichte kritisch und philosophisch bearbeitet, 2 Bd.e, Leipzig 1838

White, H., Der historische Text als literarisches Kunstwerk, in *ders.*, Auch Klio dichtet oder die Fiktion des Faktischen. Studien zur Tropologie des historischen Diskurses, Stuttgart 1991, 101-122

White, H., Metahistory. The Historical Imagination in Nineteenth-Century Europe, Baltimore 1973

Wilke, C.G., Der Urevangelist, Dresden/Leipzig 1838

Wischermann, C. (hg.), Die Legitimität der Erinnerung und die Geschichtswissenschaft, Stuttgart 1996

Wischermann, C., Geschichte als Wissen, Gedächtnis oder Erinnerung? Bedeutsamkeit und Sinnlosigkeit in Vergangenheitskonzeptionen der Wissenschaften vom Menschen, in: *Wischermann*, Legitimität, 55-85

Wittkau, A., Historismus. Zur Geschichte des Begriffs und des Problems, Göttingen 1992

Wolter, M., „Reich Gottes" bei Lukas, NTS 41 (1995), 541-563

Yarbro Collins, A., The Son of Man Sayings in the Sayings Source, in: To Touch the Text. Biblical and Related Studies in Honor of Joseph A. Fitzmyer, S.J., New York 1989, 369-389

Zeller, D., Bedeutung und religionsgeschichtlicher Hintergrund der Verwandlung Jesu (Markus 9:2-8), in: *Chilton, B./Evans, C.A. (hg.)*, Authenticating the Activities of Jesus, Leiden u.a. 1999, 303-321

Zeller, D., Entrückung zur Ankunft als Menschensohn (Lk 13,34f.; 11,29f.), in: À Cause de L' Évangile. Études sur les Synoptiques et les Actes offertes au P. Jacques Dupont, O.S.B. à l'occasion de son 70e anniversaire (Lectio Divina 123), Paris 1985, 513-530

Zeller, D., Redaktionsprozesse und wechselnder „Sitz im Leben" beim Q-Material, in: *Delobel, J. (hg.)*, Logia – Les Paroles de Jésus – The Sayings of Jesus. Memorial J. Coppens (BETL LIX), Leuven 1982, 395-409

Zeller, D., Zur Transformation des Χριστός bei Paulus, in: Der Messias (JBTh 8), Neukirchen-Vluyn 1993, 155-167

Zimmermann, M. und R., Zitation, Kontradiktion oder Applikation? Die Jesuslogien in 1 Kor 7,10f. und 9,14: Traditionsgeschichtliche Verankerung und paulinische Interpretation, ZNW 87 (1996), 83-100

Autorenregister (Auswahl)

Stellenregister (Auswahl)

Nachweis der Erstveröffentlichungen

Kapitel I und II: Die Frage nach dem historischen Jesus und der Charakter historischer Erkenntnis, in: The Sayings Source Q and the Historical Jesus, BETL 158, A. Lindemann, p. 207-254, 2001, by permission of Peeters Publishers

Kapitel III: Markus, Q und der historische Jesus. Methodische und exegetische Erwägungen zu den Anfängen der Rezeption der Verkündigung Jesu, ZNW 98 (1998), 173-200

Kapitel V: Erwägungen zum Gesetzesverständnis in Q anhand von Q 16,16-18, in: The Scriptures in the Gospels, BETL 131, C. Tuckett, p. 441-458, 1997, by permission of Peeters Publishers

Kapitel VI: The Son of Man as the Representative of God's Kingdom: On the Interpretation of Jesus in Mark and Q, in: Labahn, M. / Schmidt, A. (hg.), Jesus, Mark and Q. The Teaching of Jesus and its Earliest Records (JSNT.SS 214), Sheffield 2001, 34-68

Kapitel VII: Jerusalem und Galiläa. Überlegungen zum Verhältnis von Pluralität und Kohärenz für die Konstruktion einer Geschichte des frühen Christentums, NT 42 (2000), 127-159